ADAC Reiseführer

Lissabon

Aussichtspunkte · Kirchen und Klöster · Azulejos
Shopping · Museen · Hotels · Restaurants

Die Top Tipps führen Sie zu den Highlights

von Renate Nöldeke

☐ Intro

Lissabon Impressionen 6

Die magische Stadt der Seefahrer

Geschichte, Kunst und Kultur im Überblick 12

Von Königen und Entdeckern, Erdbeben und Feuersbrünsten

☐ Unterwegs

Die Baixa – das Tor zu Stadt 18

1 Praça do Comércio 21
2 Praça do Municipio 22
3 Museu do Design e da Moda 23
4 Núcleo Arqueológico – Fundação Millenium bcp 25
5 Elevador de Santa Justa 26
6 Rossio (Praça Dom Pedro IV.) 26
7 Igreja de São Domingos 29
8 Rua das Portas de Santo Antão 29

Die Alfama – im Labyrinth der Altstadt 32

9 Igreja da Conceição Velha 33
10 Casa dos Bicos 34
11 Sé Patriarcal 35
12 Igreja de Santo António 36
13 Museu do Teatro Romano 37
14 Castelo de São Jorge 37
15 Miradouro de Santa Luzia 41
16 Museu das Artes Decorativas 41
17 Igreja de São Miguel 42
18 Museu do Fado 42

Graça und Mouraria – bunte Arbeiterviertel jenseits der alten Stadtmauer 44

19 Mosteiro de São Vicente de Fora 44
20 Feira da Ladra 46
21 Panteão Nacional 46
22 Igreja und Miradouro da Graça 47
23 Miradouro de Nossa Senhora do Monte 48
24 Praça Martim Moniz 49

Chiado und Carmo – auf den Höhen der Kultur 50

25 Rua Garrett 50
26 Largo do Chiado 53
27 Praça Luís de Camões 55

28 Teatro Nacional de São Carlos 55
29 Museu do Chiado 56
30 Museu Arqueológico do Carmo 57
31 Igreja und Museu de São Roque 59

Bairro Alto und Bica – zwischen Tagträumen und Nachtleben 62

32 Miradouro de São Pedro de Alcântara 63
33 Pavilhão Chinês 64
34 Praça do Príncipe Real 65
35 Jardim Botânico 66
36 Convento dos Cardaes 67
37 Museu da Farmácia 67
38 Mercado da Ribeira Nova 68
39 Cais do Sodré 69

Die Avendias der Neustadt – Aufbruch nach Norden 70

40 Praça dos Restauradores 70
41 Avenida da Liberdade 71
42 Jardim do Torel 72
43 Casa-Museu Fundação Medeiros e Almeida 72
44 Parque Eduardo VII. 73
45 Museu Calouste Gulbenkian und Centro de Arte Moderna 74
46 Igreja de Fátima 75
47 Campo Pequeno 75
48 Centro Cultural Culturgest 76
49 Casa-Museu Dr. Anastácio Gonçalves 76

Der Norden – grüne Inseln im Hochhausmeer 78

50 Palácio dos Marqueses de Fronteira 79
51 Museu da Cidade 80
52 Museu Rafael Bordalo Pinheiro 82
53 Parque do Monteiro-Mor 82

Der Osten – Ausflug in die Moderne 84

54 Museu Nacional do Azulejo 85
55 Parque das Nações 88
56 Oceanário de Lisboa 89
57 Pavilhão do Conhecimento – Ciênca Viva 89

Westliche Altstadtviertel – von stillen Wassern und fernen Sternen 90

58 Basílica da Estrela 90
59 Jardim da Estrela 91
60 Casa Fernando Pessoa 92

Leserforum

Die Meinung unserer Leserinnen und Leser ist wichtig, daher freuen wir uns von Ihnen zu hören. Wenn Ihnen dieser Reiseführer gefällt, wenn Sie Hinweise zu den Inhalten haben – Ergänzungs- und Verbesserungsvorschläge, Tipps und Korrekturen –, dann kontaktieren Sie uns bitte:

Redaktion ADAC Reiseführer
ADAC Verlag GmbH
Hansastraße 19, 80686 München
Tel. 089/76 76 41 59
reisefuehrer@adac.de
www.adac.de/reisefuehrer

61 Cemitério dos Prazeres 93
62 Palácio und Tapada das Necessidades 94
63 Museu Nacional de Arte Antiga 95
64 Museu da Marioneta 96
65 Palácio de São Bento 97
66 Casa-Museu de Amália Rodrigues 97
67 Museu Fundação Arpad Szenes – Vieira da Silva 98
68 Mãe d'Água 98
69 Aqueduto das Águas Livres 99

An den Ufern des Tejo – Grüße aus aller Welt 100

70 Museu do Oriente 100
71 Museu de Macau 101
72 Ponte 25 de Abril 102
73 Cristo Rei 102

Belém – Hafen der Entdecker 104

74 Mosteiro dos Jerónimos 104
Museu Nacional de Arqueologia 106
Museu da Marinha 107
75 Centro Cultural Belém (CCB) 107
Museu Colecção Berardo 108
76 Torre de Belém 109
77 Padrão dos Descobrimentos 110
78 Museu da Electricidade 111
79 Palácio Nacional de Belém 112
80 Museu Nacional dos Coches 112
81 Palácio Nacional da Ajuda 113

Estoril und Cascais, Queluz und Sintra – königliches Vergnügen 114

82 Costa da Caparica 115
83 Estoril 115
84 Cascais 116
85 Palácio Nacional de Queluz 118
86 Sintra 120

Ein Tag in Lissabon/ Ein Wochenende in Lissabon 143

Lissabon Kaleidoskop

Das Erdbeben von Lissabon und der Optimismus 24
Pombal und die Baixa – von Stadtplanung und Reformen 30
Antonius oder Party für einen Heiligen 38
Fado – Volksmusik voller Melancholie 43

Camões oder ein abenteuerliches Dichterleben 54
Die Nelkenrevolution – von Diktatur und Putsch 58
Kunst im Untergrund – Metro ganz bunt 77
Lokalderby – Rote Adler gegen Grüne Löwen 83
Azulejos – wie die Wände sprechen lernten 87
Mit Schiene und Seil – musealer Stadtverkehr 103
Manuelinik – Baudekor aus der Schatztruhe der Seefahrer 108
Pasteis de Belém oder ein süßer Traum 111
Paula Rego – von der Hund-Frau und den tanzenden Straußen 118

Karten und Pläne

Lissabon – Innenstadt vordere Umschlagklappe
Lissabon – Großraum und Metroplan hintere Umschlagklappe
Baixa 20
Alfama, Graça und Mouraria 34
Chiado, Carmo, Bairro Alto und Bica 52
Der Norden 80
Der Osten, Parque das Nações 86
Lissabon und Umgebung 116
Metroplan 137

☐ Service

Lissabon aktuell A bis Z 125

Vor Reiseantritt 125
Allgemeine Informationen 125
Anreise 127
Bank, Post, Telefon 127
Einkaufen 128
Essen und Trinken 128
Feiertage 131
Festivals und Events 131
Klima und Reisezeit 132
Kultur live 132
Nachtleben 133
Sport 134
Stadtbesichtigung 134
Statistik 134
Unterkunft 135
Verkehrsmittel 136

Sprachführer 138

Portugiesisch für die Reise

Register 140

Impressum 142
Bildnachweis 142

Linie 202 etc auf blauem Grund = Nachtlinie

Lissabon Impressionen

Die magische Stadt der Seefahrer

»Das leuchtende Meer von Häusern, wie in Trauben über die Hügel verteilt. Das ist Lissabon.« Fernando Pessoa, 1925

Sein schönstes Antlitz präsentiert Lissabon (port. *Lisboa*, 548 000 Einw.) dem Reisenden, der sich auf dem Wasserweg nähert. Wie die Orchestra eines antiken Amphitheaters öffnet sich gerahmt von Hügeln die Unterstadt, **Baixa**, mit der *Praça do Comércio* am Südufer des **Tejo**. Der mit 1007 km längste Fluss der Iberischen Halbinsel weitet sich bei Lissabon zu einem 260 km² großen Becken und bildet einen Naturhafen, bevor er 18 km westlich der Stadt ins Meer mündet.

Europas Tor zur Welt

Stets belebt eine leichte, seetanggewürzte Brise vom **Atlantik** die Lissaboner Großstadtluft und macht auch glühend heiße Sommertage erträglich. Im hellen Geschrei der Möwen und tiefen Dröhnen der Schiffssignale meint man den lockenden Ruf des Ozeans zu hören, dem einst die kühnen Seefahrer und Entdecker des

portugiesischen Königreichs auf dem Weg zu fernen Kontinenten folgten. Es war insbesondere die Lage am südwestlichen Rand Europas, die Lissabon die große Bedeutung als **Hafenstadt** und als **Hauptstadt** einer aufstrebenden Seefahrernation eintrug. Portugals Expansion begann 1415 unter *Heinrich dem Seefahrer* (1394–1460) mit der Eroberung von Ceuta in Nordafrika und setzte sich entlang der Küsten Afrikas um das Kap der Guten Hoffnung (Bartolomeu Dias, 1488) bis nach Indien (Vasco da Gama, 1498) und zu den Gewürzinseln, den Molukken (1529), sowie über den Atlantik nach Brasilien (Pedro Álvares Cabral, 1500) fort. Gerne erinnert man sich in Portugal an die stolze Vergangenheit als Kolonialreich, ungern aber an 40 Jahre Diktatur unter Salazar ab Anfang der 1930er-Jahre und die blutigen Kolonialkriege ab den 1960er-Jahren. Erst nach der **Nelkenrevolution** 1974, die das Ende des rechtsautoritären *Estado Novo* Salazars (bis 1968) und Caetanos erzwang, wurden Länder wie Mosambik und Angola in die Unabhängigkeit entlassen.

Von Gewürzen und Legenden

Von Lissabon aus gelangten im 15.–17. Jh. Pfeffer, Zimt, Nelken und Ingwer, Ananas und sogar Goldstaub in die europäischen

Oben: *Heinrich der Seefahrer und Vasco da Gama, Padrão dos Descobrimentos (1. li, 3. li.)*
Rechts oben: *Tafeln in den Straßen von Lissabon – Rua das Portas de Santo Antão*
Rechts: *Strahlendes Panorma – São Vicente de Fora (li.) und Panteão Nacional (re.)*

Küchen. Kaffeehäuser kredenzten Kaffee, Kakao oder Tee aus fernen Ländern. Bunt gemusterte Baumwollstoffe und feine Seide kamen in Mode. Edelhölzer, Elfenbein und Gold zierten fortan das erlesene Mobiliar der Kirchen, Klöster und Paläste.

Die große Bedeutung der Stadt wurde von portugiesischen Humanisten im 16. Jh. mythisch untermauert. Am nachhaltigsten beschwor **Luís Vaz de Camões** in seinem Nationalepos ›*Die Lusiaden*‹ (Os Lusíadas, 1572), dass **Odysseus** (Ulisses) die Stadt gegründet und *Ulissipo* getauft habe. Die Römer machten daraus *Olisipio*, unter den Mauren hieß es *Al-Uxbona* und im portugiesischen Königreich wurde es endlich Lisboa. Etwas nüchterner betrachtet geht der Name wohl eher auf die Phönizier zurück, die das Tejo-Becken *Alis Ubbo*, liebliche Bucht, nannten. Camões

aber war der Hinweis auf den mythischen Gründer Odysseus nicht genug, er titulierte Lissabon gar als neues Rom. Diesen Faden nahmen andere Denker bereitwillig auf. So wies *Frei Nicolau de Oliveira* in seinem *›Buch über die Herrlichkeiten Lissabons‹* (Livro das Grandezas de Lisboa, 1620) darauf hin, dass Lissabon wie Rom auf **sieben Hügel** gebaut sei: Burgberg und São Vicente im Osten, Santo André, Sant'Ana und São Roque im Norden, Chagas und Santa Catarina im Westen.

Der höhenreichen Topografie verdankt die Stadt übrigens ihre **Miradouros**, grandiose Aussichtspunkte wie den von *Santa Luzia* auf dem Burgberg. Über die sieben Hügel allerdings ist die Metropole mit ihren modernen Trabantenstädten längst hinausgewachsen. Zugleich hat sie sich dank tragender Rollen als Kulturhauptstadt Europas 1994, Schauplatz der EXPO 1998 und der Fußball EM 2004 prächtig herausgeputzt. Viele Altstadtviertel wurden restauriert und die Moderne prägt das Lissabonner Stadtbild mit spektakulären Bauten wie dem **Gare do Oriente** am Parque das Nações östlich des Zentrums.

Auch wenn Portugal als EU-Mitglied seit 1986 fest in Europa verankert ist, sind den *Lisboetas* ferne Gestade immer noch näher als so manches Land auf dem hiesigen Kontinent. Nicht zuletzt, weil viele von ihnen aus den früheren Kolonien stammen. Es sind Afrikaner, Brasilianer, Inder und Chinesen, die einigen Vierteln sowie der Gastronomie- und Musikszene ihr besonderes Gepräge geben.

Oben: *Barocke Baixa – Praça do Comércio mit Arco Triunfal und Denkmal König Josés I.*
Rechts oben: *Kunst der Kurven – Modernisme am Bahnhof Estação de Rossio und Avantgarde im Centro Cultural de Belém*
Rechts: *Blick über den Tellerrand – von der Doca de Santo Amaro auf die Ponte 25 de Abril und das Denkmal des Cristo Rei (li.)*

Goldene Zeiten und großes Beben

Zu den steinernen Zeugen aus dem Goldenen Zeitalter Lissabons gehören die UNESCO Weltkulturerbestätten in Belém, das Kloster **Mosteiro dos Jéronimos** und der **Torre de Belém**, die *König Manuel I.* (reg. 1495–1521) mit Gewinnen aus dem Überseehandel errichten ließ. Ihr überschwengliches Dekor, in dem Symbole der Seefahrernation (Armillarsphäre, Karavelle und Christusritterkreuz) neben exotischen Tieren und Pflanzen erscheinen, gibt sie als Meisterwerke der **Manuelinik** zu erkennen, jener eigentümlich portugiesischen Variante der Spätgotik.

Lissabons **Barockkirchen**, São Miguel, São Roque und Madre de Deus, wiederum setzten sich mit reich vergoldeten Holzschnitzereien (*Talha dourada*), herrlichen Azulejos und kostbarem Sakralgerät ins beste Licht. Diesmal waren es die Goldfunde in Brasilien, die Lissabon ab 1692 solch üppigen Glanz bescherten.

Doch am 1. November 1755 traf die blühende Weltstadt am Tejo ein tödlicher Schlag. Das **Erdbeben von Lissabon**, eine der schlimmsten Naturkatastrophen, die Europa je heimsuchten, legte drei viertel der Bauwerke in Schutt und Asche, und etwa 50 000 der damals 270 000 Einwohner verloren ihr Leben. Als Mann der Tat erwies sich in dieser düsteren Stunde der von *König José I.* ernannte Premierminister, der spätere **Marquês de Pombal**. Unverzüglich leitete er den Wiederaufbau Lissabons ein. Die zerstörte **Baixa** ließ er im Schachbrettmuster mit breiten Straßen und einheitlichen Häuserblocks neu gestalten. Seine *Baixa Pombalina* gelang dermaßen elegant, dass Stadtplaner wie Haussmann in Paris und Cerdà in Barcelona ihrem Vorbild nacheiferten.

Von Flaneuren und Fahrzeugen

Heute ist die Baixa ein beliebtes Pflaster für Flaneure aus aller Welt. Sie schlendern am Tejo entlang, über die **Praça do Comércio** und durch den pompösen Arco Triunfal, mustern die Schaufenster in der **Rua Augusta** und genießen im Café Nicola am **Rossio** einen *Galão* (Milchkaffee) und süßes Gebäck wie *Pasteis de Nata*.

Schweißtreibender gestaltet sich der Aufstieg zu den Sehenswürdigkeiten in der **Alfama** um die Kathedrale *Sé Patriarcal*, die ihre Türme trutzig über die Dächer erhebt, und das zinnenbewerte *Castelo São Jorge* hoch oben auf dem Burgberg. Hier ließen sich schon Phönizier, später Römer, Westgoten und Mauren nieder, und hier residierten die portugiesischen Könige von Afonso I. bis Manuel I. Die Anhöhe weiter östlich markiert das gewaltige Kloster *Mosteiro de São Vicente de Fora*, das dem hl. Vinzenz, Lissabons erstem Schutzpatron, geweiht ist.

Bergauf geht es auch westlich der Baixa, zu den Szenevierteln **Chiado** und **Bairro Alto**, wo herrliche Cafés, coole Bars, knallige Boutiquen und gemütliche Restaurants locken – die besten Adressen für gesellige Abende. Übrigens, wer seine Füße mal schonen möchte, dem sei der Aufzug **Elevador de Santa Justa** für den Weg von der Unter- in die Oberstadt empfohlen – das Architekturmonument gehört zu den großen Attraktionen der Stadt, die man *erfahren* muss. So lassen sich auch die Touren mit den sonnengelben **Eléctricos** rechtfertigen. Die Straßenbahnen meistern jede Steigung und Kurve ratternd, aber mühelos und leisten besonders in den Altstadtvierteln von *Graça* im Osten bis Belém im Westen wertvolle Dienste. Auf die Hilfe der modernen **Metro** kann man bei Ausflügen entlang der Avenidas Novas in die Neustadt, in den Norden oder Osten zählen. Die Metrostationen entpuppen sich als wahre Kunstwerke, denn sie sind über und über mit Azulejos geschmückt.

Lissabon hat wahrlich viele faszinierende Facetten zu bieten, da sind die hübsch geplasterten Plätze mit ihren Kopfsteinmosaiken aus schwarzem Basalt und weißem Kalkstein, da sind die Häuser des 19. Jh., deren mit Azulejos verkleidete Wände im Sonnenlicht leuchten, das Ganze zauberhaft von Blumen und Blätterranken überwuchert. Duftet es nicht gar nach Rosen, Orangen und Äpfeln? Der Wind erzählt von blühenden Gärten mit allerlei exotischen Pflanzen, wie etwa dem **Jardim Botânico** nahe der begrünten Praça do Principe Real im Bairro Alto, dem großräumigen **Parque Eduardo VII.** oberhalb der Avenida da Liberdade oder dem verwunschenen **Jardim da Estrela** im Westen der Stadt. Pinkblühende Bougainvillea und zartrosa Oleander zieren Mauern und Straßen. Und immer wieder blitzt am Horizont oder am Fuße steiler Gassen, das mal blau, mal grün, mal schwarz schimmernde Wasser des Tejo auf – und flugs ziehen die Gedanken wieder hinaus in die weite Welt.

Meer, Kunst und Lebensfreude

Von der Weltläufigkeit der Seefahrerstadt Lissabon berichten auch ihre großen Kunstsammlungen. Die Bilderwelten von Hieronymus Bosch, Albrecht Dürer und

Oben: *Himmlischer Aufzug – der Elevador de Santa Justa von der Baixa in die Oberstadt*
Rechts oben: *Farbe ist Trumpf – Museu do Design e da Moda und Metrostation Olaias*
Rechts Mitte: *Grimmige Schwimmer – Haie auf Pirsch im Oceanário de Lisboa*
Rechts: *Wahrzeichen – der manuelinische Torre de Belém im Westen Lissabons*

Lucas Cranach werden im **Museu Nacional de Arte Antiga** lebendig. Das **Museu do Oriente** gewährt Einblicke in die geheimnisvollen und feinsinnigen Kunstkosmen Indiens, Japans und Chinas. Eine Sammlung von Weltrang präsentiert das **Museu Calouste Gulbenkian** mit Meisterwerken aus dem alten Ägypten, von Rembrandt und Renoir, Monet und Turner. Das **Museu Nacional do Azulejo** wiederum bietet die ganze Vielfalt der Fliesen-Kunst, jenes farbenfrohen und erzählfreudigen Wandschmucks, den die Mauren einst nach Lissabon brachten. Doch auch angesichts all dieser Schätze spielt das Meer stets die Hauptrolle, kein Wunder also, dass das **Oceanário de Lisboa**, in dem 8000 Wassertiere aus aller Welt ihre Bahnen ziehen, zum absoluten Publikumsliebling avancierte.

Kurzum – Lissabon, die Stadt der Seefahrer und Entdecker, fasziniert durch reizvolle Kontraste zwischen altmodisch-schön und ultramodern, eine überaus lässige Atmosphäre mit aufregendem **Nachtleben** im Bairro Alto oder entlang der Docas am Tejo und äußerst liebenswürdigen Menschen. Am fröhlichsten erlebt man die Lisboetas im Juni, bei den bunten Kostümparaden, den **Marchas Populares**, und den Volksfesten **Arraiais Populares** zu Ehren des Stadtheiligen *Antonius*. Dann kehrt auch der **Fado** aus den Fado-Lokalen zurück zu seinen Wurzeln, auf die Straße. Ob die herzzerreißenden Gesänge oder die beim Grillen frischer Sardinen aufsteigenden Rauchschwaden den Anwesenden die Tränen in die Augen treibt, das bleibt ein Rätsel.

Geschichte, Kunst, Kultur im Überblick

Von Königen und Entdeckern, Erdbeben und Feuersbrünsten

vor 1000 v. Chr. Auf ihren Handelsfahrten erreichen die Phönizier die iberische Atlantikküste. Einer ihrer Stützpunkte entsteht am nördlichen Ufer der Tejo-Mündung. Sie nennen die Siedlung Alis Ubbo.

um 600 v. Chr. Das Volk der Lusitanier dringt aus dem Alpenraum nach Portugal vor und besiedelt das Hinterland von Alis Ubbo.

ab 240 v. Chr. Karthago, selbst eine phönizische Gründung, greift nach der iberischen Halbinsel und verbündet sich dort mit den Lusitaniern.

205 v. Chr. Alis Ubbo verbündet sich mit den Römern. Fortan trägt die Stadt den Namen Olisipo. Nach der Niederlage Karthagos im 2. Punischen Krieg geraten auch die Lusitanier unter römische Herrschaft.

ab 400 n. Chr. Germanische Stämme dringen auf die iberische Halbinsel vor und lassen sich vornehmlich in ihrem Norden nieder.

585 Die Westgoten unter König Leowigild erobern Lusitanien und vereinen es mit dem Königreich von Toledo. Unter westgotischer Herrschaft verliert Olisipo an Bedeutung und verfällt.

711–718 Die arabischen Umayyaden, später allgemein Mauren genannt, überqueren das Mittelmeer und erobern die iberische Halbinsel. Lissabon gliedern sie ab 714 als Al-Uxbuna ins Emirat von Córdoba ein. Die Stadtbevölkerung wächst, Handel, Wissenschaft und Handwerk florieren. Christen und Juden genießen weitgehend Religionsfreiheit.

722 Im Norden der iberischen Halbinsel rebellieren Bergstämme unter Führung des Fürsten Pelayo gegen die Mauren. Das christliche Königreich von Asturien entsteht. Ab 913 heißt es Königreich von León.

1058 König Fernando I. von Kastilien und León nutzt die Zersplitterung des Kalifats von Córdoba in mehrere Kleinkönigreiche für Kriegszüge nach Süden. Damit beginnt die Reconquista, die Rückeroberung der spanischen Halbinsel von den Mauren. Fernando dringt bis an das Nordufer des Tejo vor und gründet dort die Grafschaft Portucale.

1095 König Afonso VI. von León und Kastilien belehnt seinen Schwiegersohn Heinrich von Burgund mit der Grafschaft Portucale.

1143 Heinrichs Sohn Afonso Henriques besiegt die Mauren in der Schlacht von Ourique, etwa 200 km südlich von Lissabon. Anschließend lässt er sich als Afonso I. zum ersten portugiesischen König ausrufen.

1147 König Afonso I. erobert Lissabon. Die verbleibenden Mauren dürfen nur außerhalb der Stadtmauern nördlich des Burgbergs siedeln (die heutige Mouraria).

1250 Afonso III. vertreibt die Mauren aus der Algarve. Damit ist die Reconquista vollendet.

1256 Lissabon wird anstelle von Coimbra die Hauptstadt Portugals.

1279–1325 Unter König Dinis I. erlebt Portugal dank erfolgreichen Seehandels eine kulturelle und wirtschaftliche Blütezeit. Kaufleute aus Venedig und Genua gründen Niederlassungen in Lissabon. Um Platz für Werften und Warenhäuser zu schaffen, lässt der König Land am Tejo aufschütten. So entsteht die Unterstadt, die heutige Baixa.

1317 Der Papst löst den Templerorden auf. König Dinis reagiert darauf mit der Gründung des Christusordens, dem er alle Besitzungen der Templer überträgt. In den folgenden Jahrhunderten avanciert der Orden zu einer wichtigen Stütze des Königshauses.

1367–83 König Fernando I. von Portugal beansprucht den kastilischen Thron und führt deshalb mehrere Kriege gegen das Nachbarland. Nach der Niederlage muss er Beatriz, seine einzige legi-

1147 befreit Afonso Henriques Lissabon von den Mauren

time Tochter, mit seinem Kontrahenten Juan I. von Kastilien vermählen.

1385 Nach dem Tod König Fernandos I. ist Beatriz rechtmäßige Thronerbin. Damit steht die Vereinigung Kastiliens mit Portugal unter einem Königspaar bevor. Allerdings stellt sich Dom João, Halbbruder Fernandos und Großmeister des Aviz-Ordens, gegen die dynastische Erbfolge. Nach seinem Sieg über Kastilien wird João portugiesischer König.

1415 Die Eroberung der nordafrikanischen Hafenstadt Ceuta markiert den Beginn der portugiesischen Expansionspolitik. Joãos vierter Sohn Heinrich der Seefahrer organisiert mit finanzieller und militärischer Unterstützung des Christusordens die Erkundung der afrikanischen Westküste. Auch die anschließende wirtschaftliche Ausbeutung Afrikas leitet Heinrich bereits in die Wege.

1479 Im Vertrag von Alcáçovas verzichtet Kastilien zugunsten Portugals auf die Seefahrt südlich des mauretanischen Kap Bojador. Damit ist Kastilien vom Afrikahandel und der Erkundung des Seewegs nach Indien um Afrika herum ausgeschlossen.

1487/88 Bartolomeu Dias umsegelt erstmals die Südspitze Afrikas, das Kap der Guten Hoffnung.

1492 Christoph Kolumbus segelt im Auftrag Spaniens über den Atlantik. Statt des erhofften Seeweges nach Indien entdeckt er die Bahamas und Kuba.

1494 Im Vertrag von Tordesillas teilen Portugal und Spanien die Welt entlang des 46. Längengrades in Interessensphären auf. Die Territorien östlich des Längengrades, darunter auch Brasilien, werden Portugal zugeschlagen.

1495–1521 Unter Manuel I. erlebt Portugal sein Goldenes Zeitalter. Es avanciert zur führenden Seemacht Europas mit Stützpunkten in Afrika, Brasilien, Indien und Ostasien. Der Handel mit Stoffen, Teppichen, Perlen, Edelsteinen, Edelhölzern und Gewürzen beschert Lissabon ungeheure Reichtümer und eine kulturelle Glanzzeit.

1496 Nach seiner Hochzeit mit der strenggläubigen Isabel von Kastilien lässt König Manuel I. alle Juden aus Portugal vertreiben. Es kommt zu Gewaltexzessen.

Heinrich der Seefahrer (1415), Padrão dos Descobrimentos

1497–99 Vasco da Gama entdeckt den Seeweg um Afrika herum nach Indien.

1500 Pedro Álvares Cabral nimmt Brasilien für Portugal in Besitz.

1504 In Lissabon bricht die Pest aus. Extremisten machen zum Christentum konvertierte Juden dafür verantwortlich. Bei Progromen ermorden sie über 2000 dieser Conversos.

1527 König João III. befiehlt die erste Volkszählung in der portugiesischen Geschichte. In Lissabon werden etwa 60 000 Einwohner erfasst.

1537 João III. führt die Inquisition ein. Sie richtet sich vor allem gegen die Neuchristen, denen die Inquisitoren die Fortführung jüdischer Riten vorwerfen. In Lissabon werden Ketzer verbrannt.

1540 João III. holt die Jesuiten ins Land. Ordensmitbegründer Francisco de Xavier treibt die Missionierung in Goa und Japan voran.

1557 Portugiesen gründen in Macau die erste europäische Niederlassung auf chinesischem Boden. Joãos III. Enkel Sebastião wird im Alter von drei Jahren König. Die Amtsgeschäfte führt allerdings sein Onkel, Kardinal Henrique.

1572 Luís de Camões besingt in seinem Nationalepos ›Os Lusíadas‹ (Die Lusiaden) die Fahrten Vasco da Gamas und anderer portugiesischer Entdecker.

1578 Nach seiner Thronbesteigung bricht Sebastião einen Krieg gegen den Sultan von Marokko vom Zaun, um Nordafrika für Portugal zu erobern. Er fällt in der Schlacht von Alcácer-Quibir, fast der gesamte Adel Portugals gerät in Gefangenschaft. Kardinal Henrique übernimmt daraufhin erneut die Regentschaft.

1580 Mit dem Tod des kinderlosen Henrique erlischt die Aviz-Dynastie. Spanien besetzt das von der Niederlage in Marokko geschwächte Portugal.

1581 Philipp II. von Spanien lässt sich zum portugiesischen König krönen. Damit beginnt die Personalunion zwischen den beiden Ländern. Während die Außenpolitik künftig von Madrid bestimmt wird, bleibt Portugal im Inneren zunächst relativ autonom.

ab 1603 Die englische East India Company und die niederländische Vereenigde Oostindische Compagnie gewinnen auf Kosten Portugals an Einfluss in Asien. Wichtige Kolonien gehen verloren. Gleichzeitig erhöht Madrid die Steuern und beginnt, portugiesische Ämter mit Spaniern zu besetzen.

1620 Lissabon hat 165 000 Einwohner und ist damit die größte Stadt der iberischen Halbinsel.

Brand und Flut – das große Erdbeben von Lissabon 1755

1640 Die Bevormundung durch Spanien sorgt für Unmut im portugiesischen Adel. Der Herzog von Bragança lässt sich als João IV. zum portugiesischen König krönen (Dynastie Bragança). Die Restaurationskriege gegen Spanien beginnen.
1668 Im Frieden von Lissabon erkennt Spanien die Unabhängigkeit Portugals an.
ab 1692 Goldfunde in Brasilien führen zu einem neuen Aufschwung in Portugal.
1703 England und Portugal schließen den Methuen-Vertrag. Er sichert Englands aufblühender Textilindustrie das Recht, zollfrei nach Portugal exportieren zu dürfen. Durch ihre marktbeherrschende Stellung verhindern die Briten in den folgenden Jahrzehnten die Entwicklung einer eigenständigen Textilindustrie in Portugal. Zugleich gerät Portugal in wirtschaftliche und später auch politische Abhängigkeit von England.
ab 1750 Unter José I. reformiert Marquês de Pombal (1699–1782) den Staat im Sinne des aufgeklärten Absolutismus. Dabei weitet Pombal die Macht des Königs auf Kosten des Adels und der Kirche aus, modernisiert die Verwaltung und verbietet den Sklavenhandel im Mutterland. Um die Wirtschaft zu stärken, lässt er in Lissabon Manufakturen gründen.
1755 An Allerheiligen (1. Nov.) erschüttert ein schweres Erdbeben Lissabon. Die folgende Flutwelle und tagelange Brände zerstören zwei Drittel Lissabons. Von den etwa 270 000 Einwohnern sterben 30 000–50 000.
1757 Die Jesuiten betreiben in Brasilien Fabriken, Minen und große Landwirtschaftsbetriebe. Nach Pombals Auffassung entwickelt sich daraus ein Staat im Staate, den es zur Sicherung der königlichen Macht zu bekämpfen gilt. Also weist er den Orden aus allen portugiesischen Territorien aus.
1807 Angesichts der nach Portugal vorrückenden napoleonischen Truppen entschließt sich das Königshaus um João VI. zur Flucht. Im November legen in Lissabon 36 Schiffe mit 15 000 Passagieren gen Brasilien ab. Fortan ist Rio de Janeiro Hauptstadt des portugiesischen Reiches.
1810/11 Großbritannien vertreibt die Franzosen aus Portugal und errichtet ein Protektorat. Gesandter ist General William Beresford. Unterdessen gestattet die Regierung in Rio de Janeiro allen Nationen den freien Handel mit Brasilien. Lissabon, über das bis dahin der Großteil des brasilianischen Außenhandels abgewickelt wurde, erlebt daraufhin eine schwere Wirtschaftskrise.
1820 In Porto beginnt die Liberale Revolution, die rasch auch auf Lissabon übergreift. Die Aufständischen fordern die Rückkehr des Königs aus Brasilien und eine Verfassung. Das erste liberale Parlament tritt zusammen.
1821 Unter dem Druck der Ereignisse kommt João VI. aus Brasilien nach Portugal zurück.
1822 Portugal wird konstitutionelle Monarchie. Das Bürgertum dominiert das Parlament und verlangt die Aufhebung des Freihandels für Brasilien, um die eigene wirtschaftliche Situation zu verbessern. Erbost über diese Forderung erklärt Brasilien seine Unabhängigkeit. Joãos VI. Sohn Pedro wird König von Brasilien.
1828 Nach dem Tod des Vaters Joao VI. kehrt Pedros jüngerer Bruder Miguel aus seinem Wiener Exil nach Portugal zurück, hebt die Verfassung auf und errichtet eine absolutistische Gewaltherrschaft.
1832 Pedro dankt als brasilianischer König zugunsten seines Sohnes ab und kehrt nach Portugal zurück. Dort stellt er sich auf die Seite der Liberalen. Es kommt zum Bürgerkrieg zwischen Pedros Anhängern und den Miguelisten.
1833 Pedro nimmt Lissabon ein.
1834 Alle Klöster werden verstaatlicht, da der Klerus im Bürgerkrieg für Miguel Partei ergriffen hatte. Das liberale Parlament tagt erstmals im einstigen Benediktinerkloster São Bento.
1856 Am 28 .Oktober fährt die erste portugiesische Eisenbahn von Lissabon nach Carregado.
1891 Eine andauernde Wirtschaftskrise und die zunehmende Bevormundung durch Großbritannien steigern die Unzufriedenheit mit der Regierung. In Lissabon kommt es zu Unruhen. Die Protestierenden fordern die Abschaffung der Monarchie und die Ausrufung der Republik.
1907 König Carlos I. ernennt João Franco zum Mi-

nisterpräsidenten, der die zunehmenden republikanischen Tendenzen mit Zensur und Repression bekämpft.

1908 Franco erlässt ein Dekret, das vorsieht, Oppositionelle in die Kolonien zu deportieren. Daraufhin erschießen republikanische Extremisten König Carlos I. und Kronprinz Luís Filipe auf der Praça do Comercio. Luís Filipes jüngerer Bruder Manuel II. besteigt den Thron, kann die Lage aber nicht beruhigen.

1910 Am 5. Oktober gibt es eine Militärrevolte in Lissabon. Vom Rathausbalkon wird die Republik ausgerufen. Manuel II. flieht daraufhin nach England.

1910–26 Die Erste Republik verschleißt 44 Regierungen. Politische und wirtschaftliche Instabilität stürzen Portugal ins Chaos.

1916–18 Portugal kämpft im Ersten Weltkrieg (Grande Guerra) auf Seiten der Entente gegen Deutschland und Österreich.

1926 Ein Militärputsch unter General Gomes da Costa stürzt die Erste Republik. António de Oliveira Salazar wird Finanzminister. Er saniert den Staatshaushalt durch Steuererhöhungen und Etatkürzungen.

1932 Salazar steigt zum Ministerpräsidenten auf.

1933 Die Verfassung von Salazars Estado Novo, dem Neuen Staat, tritt in Kraft. Die eigentliche Gewalt liegt fortan beim Ministerpräsidenten. Er installiert eine Geheimpolizei (PVDE, später PIDE) und eine paramilitärische Miliz. Pressezensur und Versammlungsfreiheit schränken die Rechte der Bürger ein.

1939–45 Im Zweiten Weltkrieg bleibt Portugal neutral, die Alliierten dürfen ab 1943 Flugzeuge und Schiffe auf den Azoren stationieren.

1949 Portugal ist Gründungsmitglied der NATO.

ab 1960 Portugal führt Kolonialkriege in Indien und Afrika.

1966 Die erste Tejo-Brücke Ponte de Salazar wird eingeweiht. Seit 1975 heißt sie Ponte 25 de Abril.

1968 Marcello Caetano löst den erkrankten Salazar ab.

1974 Am 25. April setzt die Nelkenrevolution der Diktatur ein Ende.

1974/75 Es regieren sozialistisch-kommunistische Militärs. Die Kolonien werden in die Unabhängigkeit entlassen. 800 000 Rückwanderer (Retornados) strömen nach Portugal. Am Rande Lissabons entstehen Slums. Das Land gerät in eine Wirtschaftskrise.

1976 Die Sozialistische Partei (PS) setzt sich bei den ersten freien Parlamentswahlen durch. Sie verfolgt eine gemäßigt sozialdemokratische Politik.

1986 Portugal tritt der EG bei. Der folgende wirtschaftliche Aufschwung basiert auf Strukturförderung durch die EG und Verlagerung von Produktionsbetrieben anderer Mitgliedsstaaten ins Billiglohnland.

1988 Ein Brand in Lissabons Stadtteil Chiado zerstört historische Bauten.

1998 Zur Weltausstellung EXPO entsteht im Osten Lissabons ein modernes Viertel mit dem Hauptbahnhof Gare do Oriente und der zweiten Tejo-Brücke Ponte Vasco da Gama.

Estado Novo – Salazars Herrschaft währt 40 Jahre

1999 Portugal tritt Macau an China ab.

2007 Während Portugals EU-Ratspräsidentschaft unterzeichnen die 27 Mitgliedstaaten den Vertrag von Lissabon. Er soll die Institutionen der EU reformieren.

2010 Im Mai besucht Papst Benedikt XVI. Lissabon. – Am 18. Juni stirbt 87-jährig der portugiesische Literaturnobelpreisträger José Saramago.

2011 Portugal erhält wegen der Finanzkrise Hilfen von EU und IWF. Gegen die strikte Sparpolitik der Regierung kommt es in Lissabon wiederholt zu Demonstrationen. – Die UNESCO erklärt den Fado zum immateriellen Erbe der Menschheit.

2012 Im Frühjahr fusionieren Lissabons Verkehrsbetriebe Metro und Carris.

2007 – Kloster von Belém und der Vertrag von Lissabon

Unterwegs

Abendstimmung in Lissabon – Blick am Elevador de Santa Justa entlang auf den Burgberg

Esplanada
Céu de Lisboa

Die Baixa – das Tor zur Stadt

Lissabons Unterstadt, die **Baixa,** liegt in einer weiten Senke am Nordufer des Tejo, malerisch umrahmt vom Burgberg im Osten, von den Anhöhen Sant'Ana im Norden und Chagas im Westen. Das Gelände bestand ursprünglich aus großen Sandbänken, die von Flussläufen durchzogen waren. 1290 ließ *König Dinis* dann Land aufschütten, um Platz für Werften, Werkstätten und Lagerhäuser zu schaffen. Die Stadt wuchs rasant und der natürliche **Hafen**, den das Tejobecken am Atlantik bot, florierte im 14. Jh. als Warenumschlagplatz. Kaufleute aus ganz Europa eröffneten ihre Kontore in der Unterstadt, die sich im 15. Jh. als wirtschaftliches Zentrum der portugiesischen Hauptstadt etablierte. Anfang des 16. Jh. verlegte dann *Manuel I.* seine **Residenz** vom 126 m hohen Burgberg im alten Stadtkern ins quirlige Handelszentrum. Direkt am Tejo-Ufer, am Terreiro do Paço (Palastplatz), der heutigen **Praça do Comércio**, ließ er einen neuen Königspalast errichten, den seine Nachfolger zu einem prächtigen Gebäudekomplex erweiterten. Das große **Erdbeben** vom 1. November 1755 machte jedoch all das zunichte.

Nach dem Beben ließ der von *König José I.* zum Premierminister ernannte und später zum *Marquês de Pombal* erhobene Politiker die völlig zerstörte Baixa ganz im Sinne moderner Stadtplanung konzipieren und innerhalb weniger Jahre neu bebauen. Seitdem präsentiert sie sich zwischen den beiden weiträumigen Plätzen, der Praça do Comércio am Tejo und der als **Rossio** bekannten Praça Dom Pedro IV. weiter nördlich, im charakteristischen Schachbrettmuster mit rechtwinklig angeordneten breiten Straßen – acht in Längs- und acht in Querrichtung –, gesäumt von eleganten Häuserblocks.

Einen fantastischen Blick über die auch **Baixa Pombalina** genannte Unterstadt gewährt die Aussichtsplattform des Aufzugs **Elevador de Santa Justa**, der die Lisboetas seit 1902 in die Oberstadt befördert. Die Unterstadt

Liebliches Lissabon – Blick durch die Rua Augusta auf das Triumphtor Arco Triunfal und die Praça do Comércio

selbst ist heute Regierungs- und Wirtschaftszentrum mit Ministerien, Banken, Büros und zugleich **Hauptanziehungspunkt** Lissabons, mit Geschäften, Hotels, Restaurants und Cafés. Die *Lisboetas* kommen tagtäglich zu Tausenden hierher, viele pendeln von Almada am Südufer des Tejo über den Fluss. Doch während die meisten von ihnen eilig über die Praça do Comércio, vorbei am Reiterstandbild Josés I. und durch den Arco Triunfal, zur Arbeit streben, genießen Besucher aus aller Welt die Aussicht vom Kai *Cais das Colonas* über den Tejo, der an dieser Stelle etwa 8 km breit ist. Gern spürt man hier dem Gefühl nach, nicht nur Lissabon, sondern die ganze Welt stünde einem offen. Anschließend lädt die belebte Fußgängerzone **Rua Augusta** zum Schaufenster- oder Einkaufsbummel ein. Die hier ansässigen Läden offerieren Souvenirs, trendige Klamotten und internationale Modelabels, während in der Umgebung traditionsreiche Herren- und Damenausstatter, gutsortierte Haushalts-, Eisen- und Kurzwarenhändler den Charme vergangener Zeiten verbreiten. Und wenn die Praça do Comércio der Empfangssaal der Stadt ist, so ist der **Rossio** Lissabons Salon. Hier locken die ehrwürdigen Kaffeehäuser Nicola und Suiça mit süßen *Pasteis de Nata* zum starken Cafè. Die Gäste blicken zufrieden über das Meer aus schwarz-weißen Pflastersteinen und betrachten das bunt zusammengewürfelte Publikum. Beliebte Treffpunkte sind auch die kleinen Bars am Bahnhof **Estação do Rossio**, dessen neomanuelinische Fassade mit der Sonne um die Wette strahlt, und die vielen Restaurants in der **Rua das Portas de Santo Antão**.

Lissabon
1–9
0 50m
Metrostation
Denkmal
Fußgängerzone
Rua das Portas de São Antão
Beco de São Luís da Pena
Calçada de Santana
Rua Martim Vaz
Travessa de Santana
Rua do Arco da Graça
Martim Moniz
Rua da Palma
Praça Martim Moniz
24
Praça dos Restauradores
Rua do Jardim do Regedor
8
Restauradores
Largo São Domingos
Rua da Palma
Rua da Mouraria
Estação do Rossio
7
Igreja de São Domingos
Travessa Nova de São Domingos
Rua João das Regras
Praça Dom Pedro IV.
6
Rossio
Praça da Figueira
Rua Dom Duarte
Poço do Borratém
Rua 1 Dezembro
Rua do Duque
Calçada do Carmo
Rua da Betesga
Rua dos Correeiros
Rua da Prata
Rua dos Douradores
Rua dos Franqueiros
Rua da Madelena
Rua das Farinhas
Costa do Castelo
Rua Aurea (Rua do Ouro)
Rua dos Sapateiros
Rua Augusta
Rua de Santa Justa
Museu Arqueológico do Carmo
30
Rua do Carmo
5
Elevador de Santa Justa
Largo Adelino Amaro da Costa
Rua da Assunção
BAIXA
Rua de São Mamede
Travessa do Carmo
CARMO
Rua Garrett
25
Rua da Vitória
Baixa-Chiado
Travessa do Almada
Rua Anchietta
Rua Ivens
Rua Nova do Almada
Rua do Crucifixo
Rua Aurea (Rua do Ouro)
Rua dos Sapateiros
Núcleo Arqueológico
4
Rua dos Correeiros
Rua da Prata
Rua dos Douradores
Rua dos Franqueiros
Rua da Madelena
Rua da Conceição
Rua Capelo
Largo da Boa Hora
Rua de São Julião
Rua da Padaria
CHIADO
Rua da Conceição
Largo da Bibliotheca Pública
Calçada de São Francisco
Rua de São Julião
Museu do Design e da Moda
3
Rua do Comércio
9
Igreja da Conceição Velha
Museu do Chiado
29
Rua Augusta
Rua da Prata
Rua da Alfândega
Rua do Comércio
Arco Triunfal
Praça do Município
2
Município
Praço do Comércio
1
Rua do Arsenal
Terreira do Paço
Estação Fluvial
Avenida da Ribeira das Naus
Tejo

Triumphaler Rahmen - Der Arco Triunfal geleitet von der Praça do Comércio in die Baixa

1 Praça do Comércio

Der weitläufige Platz, an dem einst der portugiesische König mit Blick auf den Tejo residierte, wird heute von wichtigen Ministerien gerahmt.

Metro: Terréiro do Paço
Tram: 15E, 25E
Bus: 36, 44, 92, 706, 709, 711, 714, 732, 759, 794

Seit dem 15. Jh. schlägt das Herz der Stadt am Tejo. Ursprünglich verlief die Uferlinie an der jetzigen Nordseite der Praça do Comércio, entlang der Rua do Arsenal und Rua da Alfândega. Im 13. Jh. wurde Land aufgeschüttet und es entstanden Werften und Werkstätten. Der hiesige **Naturhafen** wurde Ende des 14. Jh. ausgebaut. Gehandelt wurde zunächst vorwiegend mit Öl, Wein und Salz. Im Laufe des 15. Jh. ließen sich schließlich Kaufleute aus Deutschland, England, Italien, Frankreich und Spanien in der Baixa nieder. In ihren Lagerhäusern am Tejo-Ufer stapelten sich exotische Waren aus Afrika, Indien, Ostasien und Südamerika – den portugiesischen Kolonien. Die Schiffe brachten Stoffe, Seide, Teppiche, Perlen und Edelsteine sowie Hölzer und Gewürze. Auch den König zog es schließlich vom Burgberg in die Nachbarschaft des florierenden Handelshafens am Tejo. *Manuel I.* ließ 1500–21 einen neuen **Königspalast** an der Westseite des Platzes errichten. Die Residenz fiel dem großen Erdbeben von 1755 zum Opfer. Fortan hielten sich die portugiesischen Könige lieber in ihren Palästen westlich der Stadt auf, zunächst im Palácio de Belém [Nr. 79], ab 1853 dann im Palácio das Necessidades [Nr. 62] und 1862–1910 im Palácio Nacional da Ajuda [Nr. 81].

Die Lissabonner nennen die Praça do Comércio übrigens heute noch **Terreiro do Paço** (Palastplatz), und so heißen auch die 2008 eröffnete Metrostation und das Fährterminal Estação Fluvial weiter südöstlich, von dem man nach Barreiro übersetzen kann.

Beim Wiederaufbau der Baixa im 18. Jh. wurde die 177 x 192,5 m große Praça do Comércio als Handels- und Regierungszentrum konzipiert. In den sonnengelben Barockbauten mit den hohen Arkadengängen, die den Platz an drei Seiten rahmen, sind Marine-, Landwirtschafts-, Innen-, Justiz- und Finanzminsterium sowie der 2011 neugestaltete *Pátio da Galé* mit Fremdenverkehrsamt, Ausstellungsräumen, Läden, Restaurants und Eisdielen untergebracht. Am Tejo-Ufer schiebt sich der **Cais das Colonas**, der 2008 rekonstruierte Pier des 18. Jh., in den Fluss. Von seiner großen halbkreisförmigen Terrasse führt eine gewaltige Marmor-

Von Sieg und Unterwerfung – allegorische Figurengruppe zu Füßen König Josés I.

treppe zum Wasser hinab. Wo einst Könige anlegten und Staatsmänner empfangen wurden, genießen heute Verliebte das milde Abendlicht mit Blick auf das leise gluckernde Wasser des Tejo.

Ebenfalls dem Tejo zugewandt ist das 14 m hohe **Reiterstandbild für König José I.** (1771–74) in der Platzmitte. Die 29 t schwere, aus einem Stück gegossene Bronzestatue ist ein Meisterwerk von *Joaquim Machado de Castro* (1731–1822). Mit der Enthüllung dieses ersten öffentlichen Denkmals Portugals am 6. Juni 1775, dem Geburtstag des Königs, wurde gewissermaßen auch das neue Lissabon eingeweiht. *Marquês de Pombal*, der Wegbereiter der modernen Stadt und des aufgeklärten Absolutismus am Hofe Josés I. wurde auf einem Medaillon an der Vorderseite des Denkmalsockels gewürdigt.

Verewigt wurde der Staatsmann Pombal auch am monumentalen **Arco Triunfal** (1775–1873) von *Veríssimo José da Costa*. Der eintorige säulengeschmückte Triumphbogen ragt elegant über der nördlichen Häuserzeile des Platzes auf. Die Skulpturen von *Vítor Bastos*, die das Königswappen in der Attika flankieren, stellen bedeutende portugiesische Persönlichkeiten dar: rechts neben Pombal, Vasco da Gama, den Entdecker des Seewegs nach Indien, links den hl. Nuno, den 1385 gegen die Spanier siegreichen Heerführer, und den Lusitanier Viriato, der im 2. Jh. v. Chr. einen Aufstand gegen die Römer anführte. Auf den Voluten lagern Allegorien der beiden großen portugiesischen Flüsse Tejo und Douro. Die den Torbogen krönende Figurengruppe von *Anatole Camels* (1822–1906) verknüpft die Geschichte des portugiesischen Kolonialreich mit dem des römischen Imperiums. Der französische Bildhauer schuf freie Interpretationen antiker Allegorien. Die zentrale Figur mit Toga und Lorbeerkranz erinnert an den römischen Kaiser Augustus. Er bekränzt zwei zu seinen Füßen Sitzende: Der geflügelte Mann links von ihm verweist mit Attributen wie Lyra und Palette auf Musik und Malerei. Die auf einem Löwen sitzende Frau mit Helm und Schwert auf der anderen Seite beschwört dagegen Tugenden wie Kraft und Mut.

Der Arco Triunfal bildet gewissermaßen das würdige Eingangstor zur Baixa, Lissabons Geschäftszentrum. Von hier führt die prächtige **Rua Augusta** nordwärts zum Rossio. Die einstige Hauptverkehrsachse ist heutzutage eine beliebte Fußgängerzone mit Filialen internationaler Modeketten, Parfümerien und Souvenirläden. Eisverkäufer, Straßenkünstler und Musikanten buhlen um die Gunst der Flaneure. Dennoch sollte man seine Aufmerksamkeit ab und zu dem polierten schwarz-weißen Straßenpflaster aus Kalk- und Basaltsteinen zuwenden, das Steinsetzer im 19./20. Jh. mit geometrischen und floralen Mustern, manchmal auch mit Namen und Gründungsdaten ansässiger Geschäfte dekorierten.

Vor der Post an der Nordwestecke der Praça do Comércio zur **Rua do Arsenal** wurden am 1. Februar 1908 *König Carlos I.* und *Kronprinz Luís Filipe* von zwei Attentätern erschossen. Politischer Hintergrund dieser Morde waren die seit 1890 anhaltende Wirtschaftskrise und die Auflösung des Parlaments 1907, welche einen wachsenden Widerstand gegen die Monarchie begründeten. Deren Ende sollte tatsächlich wenige Jahre später kommen. Folgt man der Rua do Arsenal, gelangt man zur nächsten Kulisse dieser historischen Ereignisse, dem Rathausplatz.

2 Praça do Municipio

Vom Balkon des Rathauses wurde 1910 die portugiesische Republik ausgerufen.

Metro: Baixa-Chiado

Die kleine quadratische Praça do Municipio wurde wie die Praça do Comércio nach dem Beben im 18. Jh. angelegt. In ihrer Mitte erinnert eine imposante gedrehte *Doppelsäule* aus dem späten

18. Jh. als Symbol der Gerichtsbarkeit und der Stadtrechte an den mittelalterlichen Pranger (*Pelourinho*).

Die prachtvollste Erscheinung am ansonsten eher unscheinbaren Platz ist das neoklassizistische Rathaus **Câmara Municipal** (Tel. 213236200, Mo–Fr 8–20, So 10–20 Uhr, Führungen jeden 2. und 4. So im Monat 10.30 Uhr). Der weiße zweigeschossige Bau wurde 1866–75 errichtet, nachdem der Vorgängerbau abgebrannt war. Im Giebelfeld des hohen Portikus prangt das Stadtwappen – ein Schiff mit zwei Raben, Attribut des hl. Vinzenz [s. S. 44]. Auf dem Balkon weiter unten präsentierte sich am 5. Oktober 1910 die provisorische Regierung der ersten portugiesischen Republik unter Teófilo Braga dem Volk. Die Ermordung des Vorsitzenden der Republikanischen Partei, Miguel Bombara, am 3. Oktober 1910 hatte das Ende der Monarchie besiegelt. Mit der Flucht König Manuels II. ins Exil nach England war nun der Weg frei für eine neue Staatsform.

Im *Inneren* des Rathauses beeindruckt die überkuppelte Eingangshalle mit breiter Marmortreppe. Kuppel und Wände zieren Trompe-l'oeil-Reliefs und große Medaillons mit Szenen aus *Luís de Camões* Epos ›Os Lusíadas‹ sowie Personifikationen von Musik, Gesang, Kunst und Literatur. Urheber dieser Werke waren die Hauptvertreter des portugiesischen Realismus, *José Malhoa* (1855–1933) und *Columbano Bordalo Pinheiro* (1857–1929) von der Künstlergruppe ›Grupo do Leão‹ [vgl. Nr. 29, 48]. Im Rahmen der Führungen oder beim Besuch der hier stattfindenen Wechselausstellungen zu historischen Themen kann man sich einen Eindruck von den Räumlichkeiten des Amtsgebäudes verschaffen.

Links vom Rathaus, an der Ecke zur Rua do Comércio, über die man zur Rua Augusta zurückkehren kann, steht eine mit Stahltüren verriegelte frühere Kirche, die *Igreja de São Julião*. Sie wurde in den 1980er-Jahren an die Banco de Portugal verkauft und zum Parkhaus für den nahen Hauptsitz der Bank am Rathausplatz umfunktioniert.

3 Museu do Design e da Moda (MUDE)

Schick, neu, modern ergänzt dieses Museum ideal die Angebote der in der Nachbarschaft ansässigen internationalen Modelabels.

Rua Augusta 24
Tel. 218 88 61 17
www.mude.pt
Juni–Sept. Di–So 10–20,
Okt.–Mai Di–So 10–18 Uhr
Metro: Baixa-Chiado

In der Rua Augusta kann man sich nicht nur gegenwärtigen sondern auch vergangenen Modeströmungen widmen: Seit 2009 präsentiert das kurz MUDE ge-

Von Geld zu Glamour – Museu do Design e da Moda in der früheren Schalterhalle einer Bank

Untergang einer stolzen Metropole – Schreckensbild von der Zerstörung Lissabons 1755

Das Erdbeben von Lissabon und der Optimismus

Am Morgen des **1. November 1755** wurde Lissabon durch drei rasch aufeinanderfolgende **Erdstöße** erschüttert, die vermutlich einer Stärke von 8–9 auf der heutigen Richterskala aufwiesen und in ganz Europa und Nordafrika zu spüren waren. Das Epizentrum des Bebens lag vermutlich 200 km südwestlich von Lissabon vor der Küste der Algarve. Überall in der Stadt brachen Brände aus. Die meisten Einwohner suchten Schutz im Freien – vor allem auf dem Terreiro do Paço am Tejo. Aber auch durch die trümmerübersäten engen Gassen der Unterstadt drängten sich Menschen auf der Flucht vor den Flammen brennender Häuser und Kirchen. Sie alle wurden von einer bis zu 7 m hohen **Flutwelle** überrascht, die dem gewaltigen Erdbeben folgte. Der Tsunami rauschte über die **Baixa** hinweg und vollendete das Werk der Zerstörung. In den höher gelegenen Stadtvierteln Carmo, Chiado und Bairro Alto wütete die Feuersbrunst insgesamt sechs Tage lang.

Eine Vorstellung vom Ausmaß der Katastrophe vermitteln noch die Ruinen des *Convento do Carmo* [Nr. 30]. Das Erdbeben von Lissabon, eine der schlimmsten Naturkatastrophen in der europäischen Geschichte, tötete nach Schätzungen 30 000–50 000 von 270 000 Einwohnern und vernichtete drei viertel der Stadt, darunter auch den *Königspalast* am Tejo mitsamt wertvoller Kunstwerke von Dürer, Rubens und Tizian und der umfangreichen Bibliothek, die u. a. die Logbücher und Berichte des Entdeckers Vasco da Gama aufbewahrte, sowie der Casa da Índia, der zentralen Verwaltung des portugiesischen Überseehandels.

Die Königsfamilie verdankte ihr Leben nur dem Umstand, dass sie der Allerheiligen-Messe im Hieronymuskloster von Belém beiwohnte. **König José I.** lebte fortan in panischer Angst vor geschlossenen Räumen. Statt nach Lissabon zurückzukehren, residierte er in einem Zeltlager auf dem Hügel von Ajuda oberhalb Beléms.

Die Nachricht über die Zerstörung der portugiesischen Metropole hatte sich wie ein Lauffeuer in ganz Europa verbreitet. Ausländische Kaufleute und Händler schickten Augenzeugenberichte über die schrecklichen Ereignisse nach Hause. England gewährte dem Handelspartner Portugal finanzielle Hilfe in der Not. Doch nicht nur Mitleid bewegte die europäische Öffentlichkeit. Tief erschüttert stellten sich die Menschen die Frage, wie ein gütiger und allmächtiger Gott eine solche Katastrophe hatte zulassen können, bei der Gottes Geschöpfe, Unschuldige genauso wie Sünder, zu Tausenden umkamen. Besonders tragisch und gänzlich unverständlich erschien es, dass das Erdbeben sie an **Allerheiligen** zur Gottesdienstzeit heimgesucht hatte, so viele Kirchen zerstört und so viele Gläubige unter deren Trümmern begraben hatte, während die verruchte Alfama relativ unbeschadet davon gekommen war.

Auch die großen **Philosophen** jener Zeit hatte das Erdbeben aufgerüttelt und veranlasst, ihre Theorien zu überdenken. Das optimistische Weltbild, welches *Leibniz* 1710 in seiner ›Theodizee‹ überzeugend dargelegt hatte, der zufolge dies »die beste aller möglichen Welten« sei, schien ausgedient zu haben. *Voltaire*, einst einig mit Leibniz, wandelte sich, wie sein satirischer Roman ›Candide oder der Optimismus‹ (1759) bezeugt, zum Spötter, der das Böse in der Natur allgegenwärtig sah und die Existenz Gottes in Frage stellte. *Rousseau* verwahrte sich in einem Brief an Voltaire nach dem Beben entschieden gegen solche Schlussfolgerungen. Statt an Gott und seiner Güte zu zweifeln, solle man den Realitäten ins Auge sehen. Das Ausmaß der Katastrophe hätten die Menschen selbst zu verantworten, weil sie in Missachtung der Naturgesetze eine viel zu dicht besiedelte Stadt geschaffen hätten. *Kant* wiederum schrieb, dass der Glaube an ein göttliches **Strafgericht**, wie es Prediger und Moralisten propagierten, in die Irre führe. Die Naturgewalten seien zu achten und wissenschaftlich zu erforschen, zumal sie Dinge nicht nur zum Schlechten, sondern auch zum Guten wenden könnten. In Bezug auf Erdbeben gelangte Kant zu der Erkenntnis, dass sie durch brodelnde heiße Gase in Höhlen unter dem Meeresboden hervorgerufen würden.

Auch wenn Kants Theorie später revidiert wurde, so ist anzuerkennen, dass er damals wie auch *Marquês de Pombal* [s. S. 30] erste Grundlagen der modernen **Seismologie** erarbeitete. Pombal ließ gleich nach dem Beben von den Kirchengemeinden überall im Land Daten über den Verlauf des Erdbebens und die Schäden erheben. Diese Informationen sind heute im Stadtmuseum *Museu da Cidade* [Nr. 51] archiviert, das außerdem eine umfassende Sammlung mit Stadtansichten und Flugblättern zur Katastrophe besitzt. Getreu seinem Motto: »Begrabt die Toten und sorgt für die Lebenden« kämpfte Pombal gegen das Chaos im zerstörten Lissabon und organisierte den zügigen Wiederaufbau der Hauptstadt.

nannte Museu do Design e da Moda Sonderschauen zu Design und Mode des 20. und 21. Jh. auf zwei Etagen im ehemaligen Sitz der Banco Nacional Ultramarino (BNU). In der entkernten Schalterhalle, die bis auf die nackten Betonstützen, Böden und Decken frei gelegt wurde, sind die Objekte besonders wirkungsvoll in Szene gesetzt. Die Kuratoren können aus dem reichen Fundus der Mode- und Design-Sammlung des portugiesischen Medienmoguls Francisco Capelo schöpfen. Zu den etwa 11000 Exponaten von den 1930er-Jahren bis in die Gegenwart gehören Designklassiker wie der von Vitra produzierte *Lounge Chair* (1956) des US-amerikanischen Ehepaars Charles und Ray Eames oder Arne Jacobsens *Egg Chair* von 1955 für das dänische Möbelunternehmen Fritz Hansen. Beide wurden sogar auf der Documenta III 1964 in Kassel ausgestellt. Von schnörkelloser Schönheit ist Philippe Starcks Wasserkessel *Hot Bertaa* (1990) für Alessi. Weitere Glanzstücke sind Haute Couture und Prêt-à-Porter von Coco Chanel, John Galliano, Karl Lagerfeld usw.

4 Núcleo Arqueológico – Fundação Millenium bcp

Archäologische Funde unter der Unterstadt zeigen einen Querschnitt der vielschichtigen Besiedlung Lissabons durch Phönizier, Römer, Westgoten, Mauren.

Rua dos Correeiros 9
Tel. 211 13 10 04
www.millenniumbcp.pt
Führung nur auf Voranmeldung:
Do 15–17, Sa 10–13 und 15–17 Uhr
Metro: Baixa-Chiado

Schlendert man nach dem Besuch des MUDE die Rua Augusta entlang gen Norden, bietet sich ein Abstecher über die Rua Conceição in die Rua dos Correeiros an, die östliche Parallelstraße der Rua Augusta. Gleich am Eck befindet sich der Eingang zu den *Ausgrabungen* Núcleo Arqueológico – Fundação Millenium bcp. Unter der *Banco Comercial Português* entdeckte man 1991–95 bei Bauarbeiten Siedlungsspuren von Phöniziern, Römern, Westgoten und Mauren in mehreren übereinanderliegenden Schuttschichten. Besonders bedeutend sind die Funde aus dem 7.–5. Jh. v. Chr.: Die Scherben einer Amphore mit der Darstellung einer Barke

Eleganteste Technik – der Aufzug Elevador de Santa Justa leuchtet schön wie eine Fackel

belegen erstmals die Anwesenheit der Phönizier in der Stadt. Die Römer hinterließen Relikte des 1.–4. Jh. n. Chr., etwa Becken für die Herstellung der Fischsauce *Garum* und Teile eines Mosaiks. Außerdem sieht man im Kellergeschoss Holzbalken. Sie sind Bestandteil der typischen Fachwerkkonstruktion, wie sie beim Wiederaufbau nach dem Erdbeben 1755 für die Bauten der Baixa Pombalina Verwendung fand.

5 Elevador de Santa Justa

TOP TIPP

Der Aufzug bringt die Lisboetas seit 1902 von der Unter- in die Oberstadt.

Rua de Santa Justa
Sommer tgl. 7–23, Winter tgl. 7–22 Uhr
Metro: Baixa-Chiado

Wenn man auf der Rua Augusta Richtung Rossio geht, sieht man linker Hand in der Querstraße Rua Santa Justa die überaus elegante Stahlfachwerkkonstruktion des Elevador de Santa Justa (auch Elevador do Carmo) – eine der berühmtesten Sehenswürdigkeiten Lissabons. Der von *Raoul Mesnier du Ponsard* entworfene Aufzug wurde am 10. Juli 1902 eingeweiht. Die zwei holzvertäfelten Kabinen für 15–20 Personen überwinden 30 m Höhenunterschied zwischen Unter- und Oberstadt. Oben angekommen, sollte man unbedingt die Wendeltreppen zur luftigen *Aussichtsplattform* hinaufsteigen, die eine phänomenale Sicht über das gleichmäßige Straßenraster der Baixa, den Tejo sowie auf den Burgberg mit dem Castelo São Jorge bietet. Das Café hier oben ist wegen überhöhter Preise bei minderer Qualität allerdings nicht zu empfehlen. Vom oberen Ausstieg des Aufzuges führt ein mit Schmiedearbeiten verzierter gedeckter Gang über die Rua do Carmo hinweg durch einen Strebebogen der berühmten Kirchenruine Igreja do Carmo [Nr. 30] zum Largo do Carmo.

6 Rossio

Praça Dom Pedro IV.

In den Cafés am Platz debattierten zu Zeiten der Salazar-Diktatur Intellektuelle über Politik, Literatur und Kunst.

Metro: Rossio

Der lang gestreckte Rossio am nördlichen Ende der Rua Augusta war einer der großzügigen Platzanlagen in Pombals Aufbauplänen für die Baixa nach dem Erdbeben 1755 und ist heute nicht nur Verkehrsknotenpunkt sondern auch beliebter Treffpunkt einheimischer und auswärtiger Flaneure, die das muntere

Treiben auf dem Platz beobachten. Inzwischen beherbergen die umliegenden Wohn- und Geschäftshäuser neben Cafés und Kiosken vor allem Büros, Fast-Food-Ketten und Souvenirläden.

In der Platzmitte erhebt sich zwischen zwei Brunnen mit Bronzefontänen (1889) das von *Elias Robert* geschaffene 28 m hohe **Bronzedenkmal für Pedro IV.** (1887), nach dem der Platz offiziell Praça Dom Pedro IV. heißt. Er war 1822–30 als Pedro I. Kaiser von Brasilien und erstritt im Bürgerkrieg 1832–34 die portugiesische Krone gegen seinen jüngeren Bruder Miguel. Als Pedro noch 1834 starb, folgte ihm seine erst 15jährige Tochter Maria II. auf den Thron. Das charakteristische wellenförmige **Pflastermosaik** aus schwarzem Basalt und weißem Kalkstein wurde bei der Restaurierung des Platzes 2001 nach dem Originalentwurf von Pinheiro Furtado aus dem Jahr 1849 wiederhergestellt. Anfang des 21. Jh. baute man auch die Straße um den Platz zurück – zugunsten breiterer Bürgersteige, gesäumt von Bäumen und Bänken. Dazwischen setzen einige Blumenstände fröhliche Farbtupfer.

TOP TIPP

Zur lebendigen Atmosphäre des Rossio tragen auch die traditionsreichen Kaffeehäuser bei. Das **Café Nicola** (Nr. 24, Tel. 213 46 05 79, tgl 8–22 Uhr), gegründet 1787, an der Westseite lockt mit Kaffeespezialitäten und süßen Versuchungen. Dazu genießt man innen die Art-déco-Ausstattung und außen die Morgensonne. Während sich die **Pasteleria Suiça** (Nr. 96, Tel. 213 21 40 90 www.casasuica.pt, tgl. 8–20 Uhr), seit 1922 an der Ostseite des Platzes, für ein Glas Portwein in der Abendsonne anbietet.

Das Suiça hat übrigens zusätzliche Sitzplätze auf der Rückseite, an der **Praça**

Art déco zum Frühstück – sonnige Aussichten vor dem Café Nicola am Rossio

Romantische Abendstimmung mit Brunnenspielen auf dem Rossio

Süßes Tröpfchen, holdes Lächeln – Kirschlikör Ginjinha am Ausschank in der Rua Almada

da Figueira, die von 1775 bis Mitte des 20. Jh. als Marktplatz genutzt wurde, heute aber von Taxis, Straßenbahnen, Tauben und Bettlern in Beschlag genommen wird. Die noch Ende des 20. Jh. in Lissabon allgegenwärtigen *Schuhputzer* sieht man nur noch selten. Früher wurden feine portugiesische Lederschuhe von ihnen sachkundig gepflegt und hielten ein Leben lang. Doch angesichts des Heers von Sneakern, Turnschuhen und Flip Flops kann ein Schuhputzer heutzutage nur resigniert Bürste und Polierlappen einpacken.

Die nördliche Stirnseite des Rossio nimmt das 1842–46 erbaute Nationaltheater **Teatro Nacional Dona Maria II.** (Tel. 213250828, www.teatro-dmaria.pt, Führungen Mo 11.30 Uhr, nicht im Aug.) ein. Der Italiener *Fortunato Lodi* entwarf die klassizistische *Fassade* mit sechssäuligem Portikus. Den Giebel krönt eine Statue des Dramatikers *Gil Vicente* (um 1465–1536), der als Begründer des modernen portugiesischen Theaters gilt. Er wurde mit Komödien und satirischen Werken voller Anspielungen auf die damalige Gesellschaft bekannt. Zum Repertoire der Bühne gehören heute Klassiker der Weltliteratur, aber auch Dramen portugiesischer Autoren wie João Brites. Vorgängerbau des Nationaltheaters war ein Gästepalais, das König Afonso V. im 15. Jh. in Auftag gegeben hatte, ein Jahrhundert später diente es als Sitz der Inquisition.

Westlich vom Theater erhebt sich der imposante Kopfbahnhof **Estação do Rossio**, den *José Luís Monteiro* 1887–90 errichtete. Die breitgelagerte neomanuelinische Fassade mit den auffälligen, vom Modernisme beeinflussten Portalen in Hufeisenform und das prächtig, teils mit Marmor, ausgestattete Innere verweisen auf die enorme Bedeutung des Eisenbahnverkehrs. Die erste Strecke zwischen Lissabon und dem nordöstlich gelegenen Carregado war 1856 eröffnet worden. Bis zur Inbetriebnahme des Gare do Oriente 1998 diente der Rossio als Hauptbahnhof Lissabons. Seit der umfassenden Restaurierung 2004–2008 fahren von hier die Nahverkehrszüge nach Sintra.

An der Ostseite des Theaters gelangt man über den Largo de São Domingos zur gleichnamigen Kirche und am Palácio da Independência (s. u.) vorbei in die Rua das Portas de Santo Antão.

Amouröses Arrangement – Teatro Nacional Dona Maria II. mit Brunnen und Liebesmonument

Mit der Aura antiker Ruinen verzaubert die Igreja de São Domingos seit dem Brand von 1959

7 Igreja de São Domingos

Das Erdbeben von 1755 und ein Brand 1959 haben sichtbare Schäden an der mächtigen Barockkirche hinterlassen.

Largo de São Domingos
Mo–Sa 13–17, So 14–17 Uhr
Metro: Rossio

Die Kirche, die ursprünglich zu einem 1241 gegründeten Dominikanerkonvent gehörte, wurde 1724–48 unter João V. vom deutschstämmigen Architekten *João Frederico Ludovice* (1670–1752) im Barockstil völlig umgebaut. Nach dem Erdbeben 1755 konnte man das wenig beschädigte Gotteshaus rekonstruieren. Die hohe zweigeschossige *Fassade* mit dem Volutengiebel fügt sich in die Häuserflucht, nur das säulengerahmte Portal ist hervorgehoben. Das nüchterne Äußere lässt kaum erahnen, wie prachtvoll die Kirche einst ausgestattet war. Doch 1959 brannte sie bis auf die azulejoverkleidete Sakristei (nicht zugänglich) aus. Der *Chor* mit seinem von edlen Marmorsäulen gerahmten Hochaltar wurde rekonstruiert. Im übrigen zeigt das Innere die Spuren der Zerstörung, Säulen und Wandnischen wirken wie vernarbt, das Tonnengewölbe wurde geflickt und terrakottarot übermalt. Der gewaltige Raum strahlt heute jene stolze Würde und stille Versunkenheit aus, wie man sie von antiken Ruinen kennt – ein idealer Ort für Gebet und Kontemplation.

Schräg gegenüber der Kirche lockt Erbauung anderer Art: Ein Plastikbecher nach dem anderen, randvoll mit dem berühmten Kirschlikör **Ginjinha**, geht über den Tresen des winzigen *Stehausschanks* (Rua D. Almada, tgl. 8–20 Uhr).

8 Rua das Portas de Santo Antão

Von Restaurants gesäumte, geschäftige Fußgängerzone unterhalb des Hügels Sant'Ana.

Metro: Rossio oder Restauradores

Am Anfang der Rua das Portas de Santo Antão steht erhöht und dem Largo São Domingos zugewandt der dunkelrote **Palácio da Independência** (Palast der Unabhängigkeit). Seinen Namen erhielt der 1509 für den Grafen von Almada erbaute Palast, weil sich hier im 17. Jh. portugiesische Verschwörer zum Aufstand gegen die spanischen Herrscher formiert hatten, der 1640 schließlich zur Unabhängigkeit Portugals führte.

Die Fußgängern vorbehaltene Straße verlief einst im Schatten der ferdinandinischen Stadtmauer, von den hiesigen Stadttoren blieb ihr nur der Name. Heute reihen sich hier viele günstige Pensionen und noch mehr Restaurants aneinander, aber das Schönste übersieht man fast – das Kulturzentrum der Portugiesen aus dem Alentejo, einer Region südlich von Lissabon. Die äußerlich unscheinbare **Casa do Alentejo** (Nr. 58, Tel. 213405140, tgl. 11–22 Uhr) entfaltet im Inneren maurisch-orientalische Pracht. Zur Ausstattung des Palastes aus dem 17. Jh. gehören dunkles Holz, bunte Azulejos und farbiges Glas, feingearbeitete Intarsien und Mosaiken. Ein langer Windfang führt in den glasgedeckten, lauschigen *Innenhof* mit einem kleinen plätschernden Brunnen in seiner Mitte – eine Oase der Ruhe. Zwei Stockwerke umschließen das Geviert, ins untere leitet ein mit Arabesken verzierter maurischer Bogengang, das Obergeschoss liegt hinter hohen, hufeisenförmigen Fenstern mit französischen

Ein Mann der Tat – Marquês de Pombal in der Pose des visionären Baumeisters

Pombal und die Baixa – von Stadtplanung und Reformen

Die Geschichte der Baixa ist mit einem Namen eng verbunden: *Sebastião José de Carvalho e Melo* (1699–1782). Der Premierminister *König Josés I.* wurde unter dem Namen **Marquês de Pombal** berühmt, obgleich ihm dieser Titel erst 1770 verliehen wurde.

Als José I. (1714–1777) 1750 seinem Vater João V. auf den Thron folgte, berief er Pombal auf den wichtigen Ministerposten, um mit seiner Hilfe **Reformen** im Sinne des aufgeklärten Absolutismus in Portugal durchzusetzen. Zuvor war Pombal, der dem niederen Adel entstammte und in Coimbra studiert hatte, als portugiesischer Gesandter in London und Wien tätig gewesen. Mit ihm kamen aufgeklärte Beamte an führende Positionen. Noch vor dem großen Erdbeben 1755 widmete Pombal sich der **Stadtplanung**. Er ließ die alten Stadtmauern schleifen, die Tore einreißen und die Straßen verbreitern. Darüber hinaus versuchte er, den Einfluss des Adels und der Kirche auf Politik, Bildung und Handel zu Gunsten des Staates einzudämmen. Erbost beschimpfte man ihn seiner Herkunft wegen als ›Landjunker‹.

Bereits der Künstler und Humanist *Francisco de Holand* (1517–1585) hatte in ›Da Fabbrica Que Falece à Cidade de Lisboa‹ (Von den Bauarbeiten, die die Stadt Lissabon benötigt, 1571) die portugiesische Kapitale als schmutzig, gefährlich und chaotisch kritisiert. Nach dem Beben nutzte Pombal die Chance für eine **Modernisierung** und leitete 1756–75 die Neugestaltung der verwüsteten Unterstadt nach Ideen des Bautheoretikers *Manuel da Maia* (1680–1768). Als verantwortliche Architekten engagierte er *Eugenio dos Santos* (1711–1760) und *Carlos Mardel* (1695–1763). Strenge Bauvorschriften sollten Lissabon gegen künftige Katastrophen wappnen und für die Zukunft rüsten. Die neue **Baixa Pombalina**, die pombalinische Unterstadt, war derart überzeugend, dass sie sogar zum Vorbild für Haussmann in Paris und Cerdà in Barcelona avancierte.

Zunächst ließ Pombal die Baixa von Trümmern befreien, dann den Grund planieren und die Preise für Baumaterialien einfrieren, um Spekulationen zu verhindern. Die auffälligste Neuerung waren neben der Anlage des Viertels im Schachbrettmuster die durch breite Straßen verbundenen Plätze: Praça do Comercio, Praça do Municipio und Rossio. Noch heute erinnern einzelne Straßennamen daran, dass sie für bestimmte Gewerbe vorgesehen waren: Rua dos Sapateiros (Schuster), Rua da Prata (Silberschmiede), Rua Áurea (Goldschmiede), Rua dos Douradores (Vergolder). Erstmals eingeplant waren auch Bürgersteige und Abwasserkanäle. Und die einheitliche Blockbebauung erfolgte mit vorproduzierten Bauteilen. Für die Gebäude mit ihren fünf Geschossen,

Balkonen. Dort befinden sich neben einem **Restaurant**, das Spezialitäten aus dem Alentejo auftischt, ein Tanzsaal und und Räume für Ausstellungen, Vorträge oder zum Lesen.

Ein Stückchen weiter erhebt sich das 1890 eingeweihte, imposante **Coliseu dos Recreios** (Nr. 96), ein beliebter Veranstaltungsort. Hinter der mächtigen von Bögen, Balkonen, Säulen und Nischen gegliederten Fassade finden internationale Ballett- und Theatergastspiele sowie große Konzerte statt. Die runde Arena im Zentrum des Gebäudes, die von einer Glas-Gusseisen-Kuppel mit 25 m Durchmesser überspannt wird, fasst etwa 8000 Zuschauer. Am besten kann man diese Kuppel aus der Höhe etwa vom Miradouro de São Pedro de Alcântara [Nr. 32] bewundern.

einheitlichen Dächern, Fenster- und Türmaßen waren Brandmauern und Fluchtwege vorgeschrieben sowie eine standardisierte, erdbebensichere **Fachwerkstruktur**, der sog. *Gaiola pombalina*, der pombalinischen Käfig. Um die genauso stabile wie elastische Holzkonstruktion auf ihre Standfestigkeit zu prüfen, hatte Pombal mit Holzmodellen gearbeitet, um die im Gleichschritt herummarschierende Soldaten ein Erdbebenszenario simulieren mussten.

1758 lieferte ein Attentat auf José I., der in Ajuda angeschossen wurde, Pombal den Vorwand, seine Gegenspieler auszuschalten. Der Tat beschuldigt wurde die Adelsfamilie Tavora. Nachdem man die Tavoras 1759 hingerichtet hatte, bemächtigte man sich ihrer Besitztümer. Auch der Jesuit Madrigal, Hauslehrer der Familie, bekam die Todesstrafe. Noch im selben Jahr wies Pombal die **Jesuiten** aus Portugal und Brasilien aus. Sie hatten nicht nur riesigen Kolonialbesitz angehäuft, sondern nach dem Beben mit ihren Predigten die Angst der Menschen vor weiteren göttlichen Strafgerichten geschürt. Als der Papst deswegen bei Pombal protestierte, drohte dieser mit der Einrichtung einer portugiesischen Nationalkirche. Die Inquisition wurde in die Hände des Staates übertragen, Hexengerichte verboten. Außerdem ging Pombal gegen die Diskriminierung der Neuchristen, der konvertierten Muslime und Juden, vor. Der König verlieh ihm für seine Verdienste den Titel eines Grafen *de Oeiras*.

Pombal konnte seine **Reformpolitik** mit dem vollen Vertrauen des Königs verfolgen. 1761 wurde die Sklaverei in Portugal untersagt und das Schulwesen verstaatlicht. Im früheren Jesuitenkolleg, der späteren Escola Politécnica [s. S. 66], wurden Adlige in Verwaltungswesen, Literatur und Naturwissenschaften unterrichtet. Zur Modernisierung des Landes gehörte auch die Förderung der Wirtschaft, um die Abhängigkeit von England zu reduzieren. Es wurden Manufakturen wie jene zur Seidenfabrikation in Amoreiras eingerichtet, ferner staatliche Gesellschaften zur Kontrolle des Überseehandels. 1770 erhielt Pombal, längst mächtigster Mann im Königreich, den hohen Adelstitel des Marquês de Pombal. Aber nach dem Tod Josés I. 1777 verbannte seine Tochter, *Königin Maria I., die Fromme*, den wegen seiner antiklerikalen Reformen verhassten Minister auf seinen Landsitz in Mittelportugal, wo er die letzten fünf Jahre seines Lebens unter Hausarrest verbrachte.

Die Beseitigung Pombals zeitigte aber keineswegs die erhoffte Wirkung. Kirche und Adel sollten ihre alten Machtpositionen nie wieder erlangen, das Bürgertum war erstarkt und der Fortschritt nicht mehr aufzuhalten.

›Sorgt für die Lebenden‹ – Hoffnungsträger Pombal in den Trümmern von Lissabon 1755

Die Alfama – im Labyrinth der Altstadt

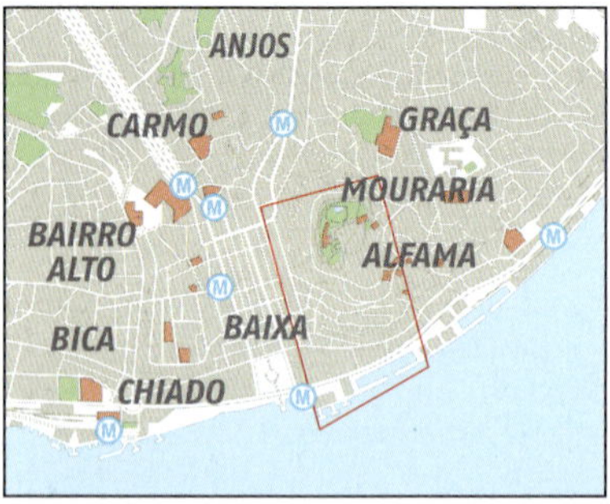

Größer könnten die Kontraste nicht sein: Wer aus der wohlgeordneten und planmäßig angelegten Baixa durch das östlich gelegene Altstadtviertel **Alfama** (arab. *al-hamma* – heiße Quellen) zur Burg hinaufsteigt, bekommt einen guten Eindruck davon, wie Lissabon vor dem Erdbeben von 1755 ausgesehen hat, denn die Alfama kam damals fast ohne Schäden davon. Folglich ziehen sich hier noch heute enge Straßen, steile Treppen und unzählige Sackgassen vom Tejo am Süd- und Osthang des Burgbergs nach oben. Die Häuser drängen sich an- und übereinander, ihre Fassaden sind gezeichnet von der feuchtsalzigen Atlantikluft. Und über allen Dächern thront stolz das zinnenbewehrte **Castelo de São Jorge**. Die Festung in 126 m Höhe bietet nicht nur die beste Übersicht über die Stadt und den gemächlich dahinströmenden Tejo, sondern gibt mit einer hervorragend konzipierten Ausstellung auch einen Überblick über die Entwicklungsgeschichte Lissabons. Phönizier, Römer, Westgoten, Mauren und die portugiesischen Könige hinterließen architektonische Spuren auf dem Burgberg, das Altstadtviertel zu Füßen des Castelo aber prägten vornehmlich die Fischer, Hafenarbeiter und Marktfrauen.

Viele Jahrhunderte liegen zwischen dem Bau des antiken **Teatro Romano** und der romanischen Kathedrale **Sé Patriarcal** sowie der dem Stadtpatron Antonius geweihten **Igreja de Santo António** und der goldstrotzenden **Igreja de São Miguel**, beide aus dem 18. Jh., doch nur kurze Fußwege liegen zwischen ihnen – wenn auch mitunter recht steile, holprige und verschlungene. Es empfiehlt sich daher unbedingt, auf diesem Erkundungsgang bequemes Schuhwerk zu tragen. So macht es Spass, sich treiben zu lassen und in die quirlige, an eine orientalische Medina erinnernde Atmosphäre der Alfama einzutauchen. Man spaziert vorbei an winzigen überquellenden Krämerläden, gemütlichen Cafés und *Tascas*, begleitet von Fado-Klängen, maunzenden Katzen, spielenden Kindern und zeternden Alten. Und

Burgenromantik über den Dächern Lissabons – das stolze Castelo de São Jorge

zuweilen ertönt das Rattern der legendären Straßenbahn **Eléctrico 28**, die seit über hundert Jahren unverdrossen durch die Alfama rumpelt.

Besonders interessant ist dieses Viertel im Juni, wenn die Bewohner zum Fest des hochverehrten Stadtheiligen *Antonius* am 12./13. Juni die Gassen mit bunten Girlanden schmücken und allabendlich im Freien Sardinen grillen und feiern.

Viele betagte Wohnhäuser in der Alfama wurden inzwischen restauriert, doch hinter hübsch herausgeputzten Fassaden hausen in wenig komfortablen, engen Wohnungen noch oft ärmere Menschen. Ihre Sehnsucht nach einem besseren Leben drückt der *Fado* aus. Der für Lisabon seit dem 19. Jh. typischen Musikform ist das hiesige **Museu do Fado** gewidmet, und tatsächlich schwingt in vielen Fado-Melodien der melancholische Charme der Alfama mit.

9 Igreja da Conceição Velha

Das manuelinische Portal mit der Schutzmantelmadonna im Tympanon überstand das Beben von 1755.

Rua da Alfândega 112
Mo–Fr 8–17, Sa/So 10–13 Uhr
Metro: Terréiro do Paço, Tram: 25E

Vorgängerbau der Igreja da Nossa Senhora da Conceição Velha war die 1516–20 errichtete Kirche *Nossa Senhora da Misericórdia*, die dem Erdbeben von 1755 zum Opfer fiel. Die Überreste des 16. Jh. integrierte *António Ferreira Cangalhas* 1770 geschickt in seinen Neubau. Die erhaltene Fassade des südlichen Querschiffarms gestaltete er zur *Hauptfassade* um, unter dem neuen Dreiecksgiebel kam das meisterhafte alte **Südportal** zu neuen Ehren. Seine üppigen manuelinischen Steinmetzarbeiten werden zwei 1502–17 am Hieronymuskloster von Belém beschäftigten Künstlern, *Diogo Boytac* und *João de Castilho*, zugeschrieben. Glanz-

punkt des mit Kreuzblumen, Armillarsphären und Christusritterkreuz bekrönten triumphbogenhaften Portals ist das Tympanon mit einem Halbrelief der *Schutzmantelmadonna*. Die barmherzige Muttergottes breitet ihren Mantel mit Hilfe zweier Engel schützend über Stifter und Würdenträger aus: König Manuel I., seine Schwester Königin Leonor und einige Adlige zu ihrer Linken, sowie Papst Leo X. und Bischöfe zu ihrer Rechten. Typisch für die Manuelinik [s. S 108] ist die Kombination von spätgotischem Dekor mit Renaissance-Ornamenten. Unzählige Putten, Grotesken und Greifen, fein ziseliertes Blumen- und Blattwerk schmücken die Portalgewände und die Laibungen der beiden flankierenden Rundbogenfenster.

Im einschiffigen, klassizistisch inszenierten **Inneren** unter eleganter Stuckdecke öffnet sich der *Chor* mit hoher, profilierter Kassettentonne. Dieser geht auf die Allerheiligen-Kapelle des Vorgängerbaus aus dem frühen 17. Jh. zurück. Auf dem *Hochaltar* ist die Maria der Unbefleckten Empfängnis (*Conceição*) dargestellt, der das Gotteshaus im 18. Jh. geweiht wurde.

10 Casa dos Bicos

Das einzige erhaltene Renaissancegebäude Lissabons begeistert durch seine exzentrische im Diamantschnitt dekorierte Fassade.

Rua dos Bacalhoeiros
Metro: Terréiro do Paço,
Tram: 25E, Bus: 28, 735, 759, 794

Die Casa dos Bicos, das Haus der Spitzen, wurde 1521–23 für *Brás de Albuquerque*, Sohn des Vizekönigs von Indien Afonso de Albuquerque, errichtet. Als Lissabons Bevölkerung im 16. Jh. in Folge der Expansion des portugiesischen Kolonialreiches anwuchs, bauten viele der Adligen neue Paläste außerhalb der Stadtmauer, deren Schutz die Hauptstadt eines Weltreiches ohnehin nicht mehr bedurfte.

Die dem Tejo zugewandte **Fassade** mit den spitz behauenen Steinquadern, die

an geschliffene Diamanten erinnern, orientiert sich an Vorbildern der italienischen Frührenaissance wie dem *Palazzo dei Diamanti* (1493) in Ferrara. Die Anregungen brachte Brás de Albuquerque vermutlich selbst aus Italien mit, das er 1521 im Gefolge der portugiesischen Prinzessin Beatriz bereist hatte.

Das Erdbeben von 1755 überstanden nur die zwei unteren Geschosse der Casa dos Bicos. Die beiden oberen mit den fantasievoll profilierten Fenstern und der dreiteiligen Loggia wurden erst 1983 nach alten Stadtansichten rekonstruiert. Als Sitz der **Fundação José Saramago** (www.josesaramago.org), der Stiftung des portugiesischen Nobelpreisträgers für Literatur, beherbergt das Gebäude nun Bibliotheks-, Ausstellungs- und Vortragsräume.

Die Urne mit der Asche von *José Saramago* (1922–2010), nach dessen Tod am 18. Juni 2010 die Regierung eine zweitägige Staatstrauer verhängte, wurde gegenüber der Casa dos Bicos unter einem Baum im kleinen Park *Campo das Cebolas* bestattet.

Munteres Straßenbahn-Gelb vor der strengen Doppelturmfassade der Sé Patriarcal

11 Sé Patriarcal

TOP TIPP

Die romanische Basilika ist Lissabons ältestes Gotteshaus und Sitz des Patriarchen.

Largo da Sé
Kirche: tgl. 9–19 Uhr
Schatzkammer: Mo–Sa 10–17
Chor und Kreuzgang: Mai–Sept. Mo–Sa 10–19, So 14–19, Okt.–April Mo–Sa 10–18, So 14–18 Uhr
Metro: Terréiro do Paço
Tram: 12E, 28E, Bus: 737

Das Häusermeer der Alfama überragt die kantige zinnenbekrönte **Doppelturmfassade** der Sé Patriarcal, mit vollem Namen *Igreja de Santa Maria Maior Sé Patriarcal de Lisboa*. Der Grundstein zur Kathedrale wurde gleich nach der Rückeroberung Lissabons von den Mauren durch Afonso I. im Jahr 1147 gelegt. Damals wurde das bereits im 4. Jh. gegründete, doch 716 unter den Mauren erloschene Bistum erneuert. Die Erhebung zum Erzbistum erfolgte 1394, seit 1716 trägt der hiesige Erzbischof den Titel eines *Patriarchen*.

Die dreischiffige romanische Basilika, sie folgte dem Vorbild normannischer *Wehrkirchen*, wurde über den Grundmauern zweier Vorgängerbauten errichtet, einer frühchristlichen Kirche und einer großen Moschee. Zwei Jahrhunderte nach ihrer Fertigstellung wurde die Kathedrale Opfer der schweren Erdbeben von 1344 und 1380. Im Rahmen der Wiederherstellung erhielt der romanische Bau auch gotische Architekturelemente wie Chor, Chorumgang und Kreuzgang. Auch die trutzige *Westfassade* stammt vom Ende des 14. Jh. Beim Beben 1755 stürzte der Glockenturm an der Ostseite ein, doch man verzichtete auf seinen Wiederaufbau. Die Schäden am Chor wurden im Barockstil behoben.

Das heutige Erscheinungsbild der Sé geht auf die Restaurierungsmaßnahmen zu Zeiten Salazars in der ersten Hälfte des 20. Jh. zurück. Alle Zutaten, die den romanisch-gotischen Charakter zuvor verfälscht hatten, beseitigte man und fügte die große zwölfspeichige *Fensterrose* über dem Hauptportal als neuen Akzent in alten Stilformen hinzu.

Das **Innere** der Kathedrale besteht aus einem hoch aufragenden tonnengewölbten Mittelschiff, kräftigen Arkaden unter umlaufender Triforiengalerie sowie den von Kreuzrippengewölben überfangenen Seitenschiffen. Gleich links vom Eingang steht ein *Taufbecken* aus dem 12. Jh. Über ihm soll einst der *hl. Antonius*

Antonius, ein Sohn Lissabons, als Statue mit Jesuskind vor seiner Igreja de Santo António

von Padua (1195–1231), der in seinem Geburtsort selbstverständlich als hl. Antonius von Lissabon bekannt ist, getauft worden sein. Die Taufkapelle wurde im 18. Jh. mit blau-weißen Azulejos des ›Meisters PMP‹ ausgeschmückt. Eines der Fliesenbilder zeigt, wie der hl. Antonius zu den Fischen predigt.

Unerwartete Einblicke in das portugiesische Leben des 18. Jh. liefert die barocke *Weihnachtskrippe* (1766) von Joaquim Machado de Castro (1731–1822) in der ersten nördlichen Seitenkapelle. Der Bildhauer, der das Reiterdenkmal Josés I. auf der Praça do Comércio [Nr. 1] schuf, unterhielt auch eine gut gehende Krippenwerkstatt. Detailfreudig mit bunt bemalten Terrakottafiguren sind hier die Geschehnisse um die Geburt Christi inmitten von Alltagsszenen dargestellt. Kinder, Mägde, Bauern, Fischer, Handwerker und Musikanten in landestypischen Trachten und in Portugal heimische Tiere bereichern das biblische Ensemble.

Rechts vom barocken, mit Deckenmalereien verzierten **Chor** (18. Jh.) befindet sich der Zugang zum gotischen **Chorumgang**, der im Auftrag Afonsos IV. (reg. 1325–57) erbaut wurde, mit einem Kranz von neun Kapellen. Gleich die erste ist dem *hl. Vinzenz* geweiht, dessen Gebeine Afonso I. 1160 aus einer Kapelle am Cabo de São Vicente im Süden der Algarve nach Lissabon hatte holen lassen. Inzwischen werden sie allerdings im Tesouro (s. u.) aufbewahrt.

Vom Chorumgang kann man einen Abstecher in den gotischen **Kreuzgang** aus dem frühen 14. Jh. machen. Neben Fragmenten mittelalterlicher Säulen, Kapitelle und Reliefs kann man hier freigelegte Mauerreste aus römischer und maurischer Zeit studieren.

Die wahren Kostbarkeiten aber ruhen im **Tesouro da Sé**, der Schatzkammer, die über dem südlichen Seitenschiff und der Sakristei eingerichtet wurde. Auf Galerie und Empore, in Kapitelsaal und Bibliothek sind erlesene liturgische Gefäße und Gewänder ausgestellt, darunter vergoldete Abendmahlskelche und silbergewirkte Messgewänder des Patriarchen. Ferner gibt es mit Buchmalerei geschmückte Bibeln und eine große Reliquiensammlung. Ihr Glanzstück ist das mit einer silbernen Krone verzierte *Schädelreliquar des hl. Vinzenz*, des 304 verstorbenen Märtyrers und offiziellen Schutzpatrons von Lissabon, São Vicente [s. S. 44]. Der Kapitelsaal überrascht durch eine reiche Ausstattung mit exotisch dunklen Holzböden und idyllischen Hirtenszenen auf Azulejos. Von unschätzbarem Wert ist die 90 cm hohe und 17 kg schwere Monstranz *Custódia da Sé* (um 1760) aus purem Gold, an der über 4000 Diamanten, Smaragde, Rubine und andere Edelsteine funkeln.

12 Igreja de Santo António

Die Kirche des hl. Antonius, des hochverehrten inoffiziellen Stadtpatrons. .

Largo de Santo António da Sé
Tel. 218 86 04 47
Kirche: Di–Sa 9.30–11.30 und 15.30–18 Uhr
Museum: Di–So 10–13 und 14–18 Uhr
Metro: Terréiro do Paço,
Tram: 12E, 28E, Bus: 737

Etwas unterhalb der Kathedrale soll das Geburtshaus von *Fernando de Bulhões e Taveira Azevedo* (1195–1231) gestanden haben, der später als Franziskanermönch in Italien tätig war und unter dem Namen **Antonius von Padua** durch seine Predigten und Wunder berühmt wurde. Schon elf Monate nach seinem Tod wurde er heilig gesprochen. Die Lisboetas nennen ihn stolz Antonius von Lissabon und verehren ihn als Stadtpatron, eine Rolle, die offiziell São Vicente inne hat.

Seit dem 15. Jh. ist an diesem Ort eine Kapelle bezeugt. Noch im selben Jahrhundert gab König João II. ein größeres Gotteshaus in Auftrag, das aber erst unter Manuel I. im 16. Jh. vollendet wurde. Das Erdbeben 1755 ließ vom ursprünglichen Bau nur die *Krypta* übrig, unter der die Reste von Antonius' Elternhaus liegen sollen. Die heutige Kirche (1767–87) ist ein spätbarocker Bau von *Mateus Vicente de Oliveira* (1706–1786), der auch die Basílica da Estrela und den Palácio Nacional de Queluz [Nr. 58 und 85] entwarf. Über eine schmale Treppe gelangt man hinauf zum Portal und in den einschiffigen, lichtdurchfluteten *Innenraum* mit hoher Vierungskuppel. Die Ausstattung wirkt insgesamt recht farbenfroh, besonders schön ist der Fußboden mit polychromen Marmorintarsien.

Links von der Kirche befindet sich das kleine **Museu Antoniano**. Die Sammlung birgt zahlreiche Votivbilder und Statuen des hl. Antonius, die von großer Volksfrömmigkeit zeugen. Zu den wenigen qualitätvollen Exponaten zählen Werke des 17. Jh.: indische Elfenbeinfiguren und das Gemälde ›Hl. Antonius mit Jesuskind‹ von *Joaquim Manuel da Rocha*. Eine Legende erzählt, dass eines Nachts ein Wirt aus der Kammer des Heiligen helles Licht dringen sah, statt des befürchteten Brandes aber nur den glückselig lächelnden Antonius mit dem Jesuskind im Arm vorfand.

Dieses Motiv wählte auch *Soares Branco* für sein **Bronzedenkmal des hl. Antonius** (1982) auf dem Platz vor der Kirche. Der durchbrochene spiralförmige *Sockel* stellt die wichtigsten Stationen des Heiligenlebens dar. Zu Füßen des Denkmals zünden am 13. Juni, der *Dia do Santo António*, Frauen Kerzen an, damit ihr Kinderwunsch in Erfüllung gehen möge.

13 Museu do Teatro Romano

Antike Statuen und die Reste eines römischen Theaters erinnern an Lissabons glorreiche Vergangenheit.

Pátio de Aljube 5
Tel. 218 82 03 20
www.museuteatroromano.pt
Di–So 10–13 und 14–18 Uhr
Metro: Terréiro do Paço,
Tram: 12E, 28E, Bus: 737

Der Eingang zum Museu do Teatro Romano versteckt sich in einem kleinen Hof oberhalb der Rua Augusto Rosa. Das 2001 eröffnete *Museum* ist teils in einem Bau aus dem 17. Jh. untergebracht, der dem Domkapitel der nahen Sé als Kutschenhaus diente, teils in einem Anbau aus dem 18. Jh. Ausgestellt sind antike Exponate wie ionische und korinthische Kapitelle, Säulenschafte und Säulenbasen, anmutige Marmorskulpturen sowie einige römische Münzen und Tongefäße – allesamt Ausgrabungsfunde vom südlichen Burgberg. Multimediastationen zeigen 3-D-Rekonstruktionen des Theaters und informieren über die Fortschritte der Archäologen. Diese arbeiten auf dem überdachten Ausgrabungsfeld an der Rückseite des Museums.

Die Reste des *Römischen Theaters* vermögen durch ihre enormen Ausmaße zu beeindrucken, dabei wurde bisher nur etwa ein Drittel des Baus, der zu den wichtigsten des römischen *Olisipo* zählte, freigelegt. Wahrscheinlich wurde er in der ersten Hälfte des 1. Jh. n. Chr. auf der Anhöhe zwischen Burgberg und Tejo errichtet und zu Zeiten Neros etwa 57 n. Chr. umgebaut. Als Baumaterial diente der vor Ort verfügbare Muschelkalkstein. Erst im Jahr 57 dekorierte man den Bühnenraum mit Marmor. Bis ins 4. Jh. diente das Theater als Aufführungsstätte, geriet dann aber in Vergessenheit. Erst bei Bauarbeiten nach dem großen Erdbeben wurden 1798 seine Überreste wiederentdeckt. Durch die seit 1964 andauernden Ausgrabungsarbeiten sind inzwischen Zuschauerränge (*Cavea*), Teile des Bühnenraums (*Orchestra*) und des Bühnenhauses (*Skene*) zu besichtigen.

14 Castelo de São Jorge

TOP TIPP

Die alles überragende Burganlage gewährt herrliche Ausblicke und erinnert an die Anfänge Lissabons.

Tel. 218 80 06 20
www.castelodesaojorge.pt
März–Okt. tgl. 9–21,
Nov.–Febr. tgl. 9–18 Uhr (letzter Einlass jeweils 30 Min. früher)

Torre de Ulisses: tgl. 10–17 Uhr (nur bei gutem Wetter)
Metro: Terréiro do Paço,
Tram: 12E, 28E, Bus: 737

Das Castelo de São Jorge, das nach dem Schutzpatron Portugals benannt wurde, erhebt sich als imposantes und zugleich romantisches Wahrzeichen über dem

Antonius oder Party für einen Heiligen

Im Sommer feiert Lissabon seinen Lieblingsheiligen, den **hl. Antonius**, der 1195 nahe der Kathedrale geboren wurde und 1231 in Padua starb. Rechtzeitig stimmen sich die Lisboetas mit Volksfesten, den **Arraiais Populares**, auf den offiziellen Feiertag der Stadt am **13. Juni**, dem Todestag des Heiligen, ein. Man genießt gegrillte Sardinen und gekochte Schnecken, dazu gibt es Sangria oder Bier. Bunte Girlanden schmücken die Straßen, an vielen Stellen stehen Tribünen für die Bands, die allabendlich zum Tanz aufspielen – vor allem in den Altstadtvierteln Alfama, Mouraria und Bica. Am 12. Juni erreichen die Feierlichkeiten ihren ersten Höhepunkt. **Kinder** stellen selbstgebastelte knallbunte Reliquienthröne mit kleinen Statuen oder Bildern des Stadtpatrons und Schutzheiligen der Kleinsten auf und freuen sich, wenn sie durch freiwillige Spenden ihr Taschengeld aufbessern können. Einst sollen von Kindern gesammelte Spenden den Bau der *Igreja de Santo António* finanziert haben. Auch den **Armen** hilft der hl. Antonius. Das geweihte *Antoniusbrot*, das man in seiner Kirche kaufen kann, sorgt dafür, dass man das ganze Jahr über etwas zu Essen im Hause hat – die Einnahmen gehen an Notleidende. Und die Stadt nutzt den Tag, um bedürftigen Paaren eine rauschende Hochzeit auszurichten, die **Cassamento do Santo Antonio**. Nicht nur die Lissabonner nehmen begeistert Anteil daran, wenn die Oldtimer mit Bräuten und Brautjungfern an der Kathedrale vorfahren, wo die jeweiligen Bräutigame warten. Nach der Trauung werden die Frischvermählten zum großen Festmahl kutschiert – das Fernsehen überträgt live. Allerdings sollten die Glücklichen um Mitternacht noch geradeaus gehen können, denn dann müssen sie in der schrillen Parade **Marchas Populares** die Avenida Liberdade hinunterziehen. Hier wetteifern die einzelnen Stadtteile in aufwendigen, glitzernden Kostümen, mit fantasievollen Themenwagen, Tanz, Trommeln und Trompeten um die Gunst des Publikums. In der Nacht vom 12. auf den 13. Juni scheinen alle Lisboetas auf den Beinen zu sein, drängen nach der Parade durch die Altstadtviertel, deren Gassen sich nun endgültig in Partymeilen verwandeln. Frisch Verliebte genauso wie alte Ehepaare schenken sich Töpfe mit dem Glücksbringer **Basilikum** (*Manjerico*), in die farbige Papierblüten und romantische Zweizeiler gesteckt sind. Ruhiger geht es am 13. Juni zu, wenn die mit Blumen geschmückte Statue des hl. Antonius in einer feierlichen **Prozession** durch die Alfama gefahren wird. Und anschließend werden auf den Straßen vor den Wohnhäusern mal wieder fröhlich die Grills angeheizt.

Antonius sei Dank – im Juni spendiert die Stadt bedürftigen Paaren ein rauschendes Fest

Friedliche Invasion im Castel de São Jorge – Defilée der Besucher auf der Rampe des Castelejo

Häusermeer der Alfama auf dem höchsten Hügel (126 m) Lissabons.

Immer hangaufwärts gelangt man vom Eingangstor, dem *Arco de São Jorge*, zunächst in den von der äußeren Ringmauer umfassten Bereich vor der eigentlichen Burg, d. h. auf die terrassenähnliche *Praça de Armas*, die unter *Salazar* in den 1940er-Jahren mit der Statue des Maurenbezwingers *König Afonso I.* und mit Pinien geschmückt wurde. Von hier bietet sich ein weiter Blick über die Baixa, den Tejo und auf das südliche Flussufer. Aufgrund seiner strategisch günstigen Lage oberhalb des Naturhafens am Tejo bot sich der *Burghügel* von jeher als idealer Siedlungsplatz an. Wer also heute, über 3000 Jahre nach der Geburtsstunde Lissabons, hier oben lustwandelt, genießt nicht nur den Weitblick über die Stadt und ihre herrliche Flusslandschaft, sondern spürt auch in den begrünten Burghöfen im Schatten von Pinien und Zypressen, auf den Wehrgängen und auf den Zinnen der Wehrtürme den Anfängen der stolzen portugiesischen Hafenstadt nach.

Schon die *Phönizier* (vor 1000 v. Chr.) hatten den späteren Burgberg als Stützpunkt gewählt. Sie nannten ihre Handelsniederlassung am Flussbecken, das damals noch bis zum Fuß des Hügels reichte, *Alis Ubbo* (liebliche Bucht). 205 v.Chr. folgten die *Römer*, die ihre hiesige Siedlung *Olisipo* nannten und im Jahr 138 v. Chr. befestigten. Die Westgoten fügten ab dem 6. Jh. neue Wehrmauern hinzu. Doch erst die Mauren bauten nach 714 ihr *Al-Uxbuna* mit einem *Alcaçova* genannten Palast und einer Moschee auf dem Burgberg prachtvoll aus. Außerdem errichteten sie einen Getreidespeicher und erneuerten die römische Mauer, *Cerca Velha* oder *Cerca Moura* genannt, die in etwa das Gebiet der heutigen Alfama umfasste. Am 25. Oktober 1147 eroberten die Truppen *Afonso Henriques'* im Rahmen der *Reconquista* (Rückeroberung) – unterstützt von Kreuzfahrern aus Flandern, England und Deutschland –, nach fünfmonatiger Belagerung die Stadt. In der Alcaçova residierte er von nun an als König Afonso I., die Moschee baute man zu einer Kirche, der *Igreja de Santa Cruz* (nicht zu besichtigen), um. In ihrer Nachbarschaft ließ sich der Bischof von Lissabon einen Palast errichten. Im 14. Jh. gruppierten sich um Königs- und Bischofspalast ein weiterer für die Königin, ferner das Königliche Archiv im *Torre do Tombo*, Verwaltungsgebäude sowie Adelsresidenzen, Stallungen, ein Hospital und ein Friedhof.

Seit dem 15. Jh. hatte sich das städtische Leben zunehmend ins Handelszentrum am Tejo verlagert, daher entschloss sich König Manuel I. Anfang des 16. Jh. einen neuen Palast am Flussufer in Auftrag zu geben. Das Castelo wurde nun anderen Nutzungen zugeführt. So diente es 1580–1640 als Sitz des spanischen Gouverneurs und der Garnison, später als militärisches Hauptquartier und Gefängnis. Nach dem Erdbeben 1755 lag die Burg in Trümmern, nur die Igreja de Santa Cruz wurde zunächst wieder aufgebaut. Erst

mit der Ernennung zum Nationalmonument 1910 und einer Rekonstruktion der meisten Festungsbauten unter Salazar anlässlich des 800. Jahrestages der Reconquista 1947 erwachte das Castello de São Jorge zu neuem Leben. Heute kann man bei einer Besichtigung innerhalb der großen Ringmauer neben Resten des *Paço Real de Alcaçova* (Königspalast) vor allem die größtenteils nachgebaute Zitadelle, das *Castelejo* mit seinen zinnenbewehrten Mauern und acht wuchtigen Wehrtürmen, bewundern.

Besondere Aufmerksamkeit verdient die Ausstellung *Núcleo Museológico* im **Paço Real de Alcaçova** (Königspalast), die ebenso spannend ist wie die wechselvolle Geschichte der Burg und der Stadt, zu deren Erkundung sie einlädt. In drei Sälen dokumentieren die Funde vom Burgberg – seit den 1990er-Jahren finden auf dem Burgareal systematische archäologische Grabungen statt – die Entwicklungsgeschichte vom 7. Jh. v. Chr. bis 1755. Aufgeboten sind rotglasierte Fischplatten der Phönizier, römische Amphoren für Wein, Öl und Garum (Fischpaste), offene Tonpfannen und Schüsseln der Mauren und tiefe Töpfe der Portugiesen.

In der *Sala Ogival* stehen die Hinterlassenschaften der Mauren im Fokus, darunter mit feinen Linien gemusterte Ziegel, Brettspiele, Kupfermünzen, tönerne, bemalte und glasierte Öllampen sowie solche aus Glas oder Eisen, die für Paläste und Moscheen bestimmt waren, und islamische, mit Koranversen versehene Grabstelen. In der anschließenden *Sala das Colunas* rückt die Zeit der portugiesischen Könige in den Mittelpunkt. Mit dem Anwachsen der Stadt und dem steigenden Wohlstand ihrer Bewohner wurde die Keramik im 15./16. Jh. immer feiner, vielfältiger geformt und glasiert. Neben lokal produzierten Azulejos und Fayencen fand man Importe aus Valencia und Majolika aus Italien. Im 17. Jh. kam das Rauchen in Mode, daran erinnert eine Sammlung verschieden langer Tabakspfeifen vor allem aus Holland und England. Dann geht es hinunter in die Zisterne, die *Sala da Cisterna*, die im Mittelalter dazu diente, das Regenwasser aufzufangen. Eindrucksvoll sind die zierlichen Spitzbögen, auf denen das Gewölbe ruht, und die weit ins tiefe Dunkel des Burgbergs reichende Zisterne selbst.

Anschließend spaziert man hinauf zum Eingang des wuchtigen **Castelejo**. Die Zitadelle ragt hinter einer etwas niedrigeren Vormauer mit wuchtigen Türmen auf. Die einer Zugbrücke nachempfunden Rampe führt in den ersten von zwei Burghöfen, von denen Steintreppen auf die umlaufenden Wehrmauern führen. Nach einem herrlichen, panoramareichen Spaziergang in luftigen Höhen sollte man noch die **Torre de Ulisses** besichtigen. Der Odysseus-Turm birgt ein *Periskop*, dessen Spiegelsystem einen interessanten Rund-um-Blick über Lissabon und den Tejo ermöglicht.

Pittoreskes Panorama mit jungen Damen – Blick vom Miradouro de Santa Luzia

15 Miradouro de Santa Luzia

Mit Azulejos geschmückter und von Bougainvillea umrankter Aussichtsposten über dem Tejo.

TOP TIPP

Tram: 28E

Der Miradouro de Santa Luzia liegt etwas versteckt hinter der Rokokokirche **Igreja de Santa Luzia** (18. Jh.). Deren Südfront zieren Fliesenbilder, das eine zeigt die Praça do Comércio, wie sie vor 1755 aussah, das andere schildert den Ansturm christlicher Truppen auf das Castelo 1147.

Die bezaubernde *Aussichtsterrasse* selbst ist mit pinkblühender Bougainvillea verziert. An den Steinbänken prangen blau-weiße Azulejos. Weit schweift der Blick von hier über die Kirchturm- und Dachlandschaft der Alfama und den türkis glitzernden, behäbig dahinfließenden Tejo. Ein beschauliches Plätzchen, an dem man wunderbar entspannen, sinnieren und die Abendsonne genießen kann.

Weniger ruhig, aber ebenfalls mit besten Aussichten gesegnet ist der benachbarte *Largo das Portas do Sol*, an dem sich eines der Stadttore der alten Mauer *Cerca Velha* befand, daher seine Name. Auf dem gen Süden terrassenartig ausgebauten Platz steht eine **Statue des São Vicente** (1970). Die Skulptur zeigt den Stadtheiligen Vinzenz mit einem Schiff im Arm, auf dem zwei Raben hocken. Einer Legende zufolge wurden die Gebeine des Märtyrers im 4. Jh. per Schiff von Spanien kommend bei Sagres (Algarve) an Land gespült. Begleitet und behütet wurde der Heilige von zwei Raben [s. S. 44].

16 Museu das Artes Decorativas

Einer der reichsten Männer Portugals vermachte der Stadt wertvolles Mobiliar, Tafelsilber, Porzellan, Gemälde, Wandteppiche und Kunsthandwerk.

Largo das Portas do Sol 2
Tel. 218 88 19 91
www.fress.pt
Mi–Mo 10–17 Uhr
Tram: 28E

Grundstock für das Museu das Artes Decorativas, das Museum für Angewandte Kunst, ist die *Fundação Ricardo do Espírito Santo Silva*. Der Bankier Silva trug die reiche Sammlung an Textilien, Möbeln, Silberwaren, Porzellan, Fayencen und Gemälden – vornehmlich portugiesische Stücke aus dem 17./18. Jh. – überall auf der Welt zusammen. 1953 überließ er sie dem Staat zusammen mit dem *Azurara-Palast* (17. Jh.), den er restauriert und im Stil eines Aristokratenhaushalts jener Zeit eingerichtet hatte. Der Besucher flaniert an einer Kutsche (18. Jh.) vorbei, die standesgemäß in der Einfahrt wartet, durch das Treppen-

Das Museu das Artes Decorativas bewahrt die glanzvolle Wohnkultur des 17./18. Jh.

José Malhoas Genrebild ›O Fado‹ (1910) ist der Stolz des Museu do Fado

haus in die *2. Etage*, wo verschiedene Salons und die Glanzstücke der Sammlung bewundert werden können, darunter orientalisch-bunte Teppiche aus Arraiolos, Reisesekretäre im indischen Stil mit zarten Intarsien aus Perlmutt, Elfenbein und Ebenholz (alles 17. Jh.) und der französisch-flämische Wandteppich ›O Cortejo com Girafas‹ (16. Jh.) mit einem amüsanten Triumphzug, begleitet von Giraffen. Im *Dachgeschoss* angekommen, würde man sich am liebsten gleich an den mit blitzendem Porzellan und Silber des 18. Jh gedeckten Tisch setzen oder sich im Schlafzimmer, einem eher kargen Ambiente des 17. Jh., unter dem goldigen Reisealtar (16. Jh.) ein Päuschen gönnen. Doch auch wenn man hier so nah an die Kostbarkeiten heran darf, zum Ausruhen muss man wieder hinunter in die 1. Etage, wo sich eine kleine *Cafeteria* befindet.

17 Igreja de São Miguel

Ein wahrer Goldrausch im Gassenlabyrinth der Alfama.

Praça São Miguel
Tram: 28E

Dass auch auf engstem Raum genug Platz für ein würdevolles Gotteshaus ist, beweist die Igreja de São Miguel, die über Treppen vom höher gelegenen Largo das Portas do Sol aus zu erreichen ist. Sie wurde 1673–1720 von *João Nunes Tinoco* anstelle eines Vorgängerbaus aus dem 12. Jh. errichtet. Mitten im Gassengewirr der Alfama erhebt sich die eher schlichte weiße *Barockfassade* mit zwei Türmen. Ihre ganze Pracht entfaltet die Kirche im einschiffigen **Inneren**, besonders auffällig sind die üppig vergoldeten Schnitzarbeiten (*Talha Dourada*) im Chor, gedrehte Säulen, Ranken, Blattwerk und Putten rahmen die Nische mit dem pyramidenförmigen Altarthron [s. Nr. 31], bekrönt von einer Statue des Erzengels Michael (*São Miguel*). Brasilianisches Gold hatte Portugal ab 1692 reich gemacht und ermöglichte es, zahlreiche Kirchen dermaßen prunkvoll auszustatten. Und die Alfama überstand das Erdbeben von 1755, das die meisten Schätze unwiderbringlich hinwegfegte, fast ohne Schäden. Deshalb scheint hier die Welt noch in Ordnung zu sein, zumal auch 16 opulente Gemälde von *Bento Coelho* in schweren Gold- und Silberrahmen die Wände schmücken. Sie zeigen biblische Szenen sowie den Erzengel Michael als Drachenbezwinger und Anführer himmlischer Herrscharen. Die hölzerne Kassettendecke ist prachtvoll mit Rankenwerk und Heiligenbildern auf weißem Grund bemalt.

18 Museu do Fado

TOP TIPP

Das Fado-Museum ist ein Erlebnis für Augen und Ohren. Es würdigt die identitätsstiftende Rolle, die der Fado seit dem 19. Jh. spielt.

Largo do Chafariz de Dentro 1
Tel. 218 82 34 70
www.museudofado.pt
Di–So 10–18 Uhr (Einlass bis 17.30 Uhr)
Metro: Santa Apolónia,
Bus: 12, 28, 34, 706, 735, 794

Das 1998 gegründete Museu do Fado präsentiert sich seit 2008 hinter der rosa gestrichenen Fassade eines einstigen *Wasserwerks* (19. Jh.), das um einen verglasten Anbau erweitert wurde, grundlegend modernisiert. Von der hohen Eingangshalle führen Treppen und Rampen hinauf in die drei Stockwerke der Sammlung. Im Zentrum der gelungen inszenierten Ausstellung stehen die Interpreten, die *Fadista* (meist Frauen), welche von Gitarristen (meist Männern) begleitet werden. Vorgestellt werden ihre Biografien und Lieder sowie die typischen Fado-Instrumente – allen voran die 12-saitige, birnenförmige *Guitarra Portuguesa*. Die Dokumentation umfasst zudem zahlreiche Fotos, Zeitungsartikel, Plakate und Bühnenkostüme. Besonders stolz ist man auf das Genregemälde ›O Fado‹ (1910) des renommierten Künstlers *José Malhoa* [s. Nr. 49]. Es zeigt einen Mann, der hingebungsvoll ein Lied auf seiner Gitarre vorträgt, während ihn eine Frau versunken anschmachtet.

Audioguides und Filme vertiefen die Eindrücke, indem sie die Geschichte des Fado mit jener der Lissabonner Armenviertel Alfama, Mouraria, Bairro Alto und ihrer Bewohner in Beziehung setzen. Das Museum würdigt außerdem die aktuellen Entwicklungen des Fado. Besonders stimmungsvoll eingerichtet ist der *Musikraum* – mit alten Platten und Grammophonen sowie drei tiefen Sesseln, die sich als Multimediastationen entpuppen. Hier können sich Besucher durch unzählige Stücke der Fadista samt Biografien und Fotos wühlen und über Kopfhörer der selbstgewählten Begleitmusik lauschen. Beachtung verdient nicht zuletzt das abendliche Fado-Programm im *Museumscafé*, das von 19 Uhr bis 2 Uhr nachts als Restaurant fungiert (Mo geschl.).

Fado – Volksmusik voller Melancholie

Der Fado (von lat. *fatum* – Schicksal) entstand im 19. Jh. in Lissabons ärmeren Vierteln Mouraria, Alfama und Bairro Alto, wo Seeleute und Tagelöhner, Prostituierte und Kleinkriminelle lebten, und sich noch heute die meisten Fado-Lokale befinden. Die schmachtenden Gesänge handeln von Sehnsucht (*Saudade*) und Liebe, Einsamkeit und Trauer, Fernweh und Heimweh. Begleitet werden die **Fadista** (beim Lissabonner Fado traditionell Sängerinnen) von ein oder zwei Musikern. Wichtigstes Instrument ist die um 1840 entwickelte birnenförmigen **Guitarra Portuguesa**, eine Gitarre mit 12 paarweise angeordneten Saiten und senkrecht angebrachten Wirbeln. Als weiteres Begleitinstrument fungiert meist die sechssaitige spanische Gitarre.

Aufgrund seiner Herkunft galt der Fado zunächst als nicht gesellschaftsfähig. Doch gegen Ende des 19. Jh. wurden seine meist sozialkritischen und politischen Texte in Intellektuellenkreisen populär. Schon bald wies man den Fado in enge Grenzen: 1927 stellte ein Gesetz die Texte unter Zensur, und nur wer eine Lizenz erhielt, durfte auftreten. Um etwa 1950 fand der Fado erstmals international Gehör, vor allem dank **Amália Rodrigues** (1920–1999), die trotz ihrer unkritischen Haltung gegenüber der Salazar-Diktatur hochverehrte *Rainha do Fado* (Königin des Fado). 2011 erklärte die **UNESCO** den Fado, der auch heute noch viele begeisterte Anhänger hat, zum immateriellen Erbe der Menschheit. Gekonnt und stimmungsvoll vorgetragen wird er z. B. in **Clube de Fado** (Rua de San João da Praça 94, www.clube-de-fado.com) und **Parreirinha de Alfama** (Beco Espírito Santo 1) in der Alfama, sowie in **Café Luso** (Travessa da Queimada 10, cafeluso.pt) und **Tasca do Chico** (Rua do Diário de Notícias 39) im Bairro Alto. Gleichzeitig interpretieren Künstlerinnen wie **Misia**, **Cristina Branco** und **Mariza** den Fado neu – die Variationen reichen von Schlager über Jazz bis zu Hip-Hop – und weltweit jubeln Fans ihnen zu.

Sehnsuchtsgesang – Fado-Trio mit Fadista, spanischer Gitarre und Guitara Portuguesa (hi.)

Graça und Mouraria – bunte Arbeiterviertel jenseits der alten Stadtmauer

Beherrscht wird das Gebiet östlich der Alfama vom **Mosteiro de São Vicente de Fora**, das mit seiner eleganten Klosterkirche einen Hügel hoch über der Stadt besetzt. Das Kloster birgt Azulejos mit Szenen aus den Fabeln La Fontaines. Weiter nördlich winkt die windumsäuselte **Igreja da Graça** von einer Anhöhe. Entweder findet man in der Kirche oder auf dem *Miradouro* davor ein ruhiges Plätzchen. Auf dem Höhensattel zwischen beiden Hügeln erstreckt sich das Stadtviertel **Graça**, das bis ins 19. Jh. weitgehend unbebaut war. Damals entstanden vorbildliche Wohnkomplexe für Arbeiter, die nach wie vor die Mehrheit der Bevölkerung stellen. Charakteristisch ist die geschlossene Bebauung mit Vorder- und Hinterhäusern, deren hohe Fenster auch auf lauschige Innenhöfe blicken. Breite Straßen sorgen für Luft und Licht. Die meist mit Azulejos geschmückten Fassaden glitzern ansprechend im Sonnenlicht.

Von der Igreja da Graça winden sich Treppen hinab ins alte Maurenviertel **Mouraria**. Als die Muslime, nach der Rückeroberung Lissabons durch die Christen im 12. Jh., aus der Stadt verwiesen wurden, ließen sie sich hier nördlich des Burgbergs nieder. Die Mouraria ist wie die Alfama von einem kaum durchschaubaren Gassengewirr durchzogen. Im 19. Jh. war sie vor allem von Tagelöhnern bewohnt und durch Diebe und Dirnen in Verruf geraten. Zugleich gilt sie als Geburtsstätte des **Fado**, ein Titel, den ihr die Alfama durchaus streitig macht. Anders als in der Alfama dämmern die verschachtelten Häuser hier noch im Dornröschenschlaf vor sich hin. Auf dem Weg durch krumme Gassen und über schief getretene Treppenstufen tritt man plötzlich mitten ins bunteste Leben: Die **Praça Martim Moniz**, einst dicht bebautes Zentrum des Stadtteils, heute ein großer Platz, ist nicht nur Ausgangspunkt der legendären Straßenbahn **Eléctrico 28**, sondern geschäftiger Treffpunkt der Bewohner, von denen viele aus den ehemaligen Kolonien in Afrika, Indien oder Fernost stammen.

19 Mosteiro de São Vicente de Fora

TOP TIPP

Eine leuchtend-weiße Erscheinung hoch über der Stadt.

Largo de São Vicente
Tel. 218 82 44 00
Kirche: Di–So 9–17 Uhr
Kloster: Di–So 10–18 Uhr
Tram: 28E, Bus: 34

Weithin sichtbar auf einem Hügel im Osten der Stadt thront das einstige Augustinerkloster mit seiner repräsentativen Kirche. Schon der *Vorgängerbau*, ein von Afonso I. im 12. Jh. außerhalb der Stadtmauern (*de Fora*) gegründeter Konvent, war dem Schutzpatron Lissabons, dem **hl. Vinzenz** von Saragossa, geweiht. Der Legende nach starb dieser um 304 in Spanien als Märtyrer. Seinen Leichnam warf man auf einen Acker und überließ ihn den Vögeln zum Fraß. Doch zwei Raben erschienen zu seinem Schutz und wichen auch nicht von Vinzenz Seite, als man ihn mit einem Boot auf dem Meer aussetzte, das später am südwestlichsten Punkt Portugals, dem nach ihm benannten *Cabo São Vicente*, angespült wurde. Dort errichtete man zu Ehren des hl. Vinzenz eine Kapelle. 1160 holte Afonso I. die Gebeine des Heiligen nach Lissabon, wo er mitsamt Schiff und Raben auch im Stadtwappen verewigt wurde.

Erhaben – Mosteiro de São Vicente de Fora mit Klosterkirche (li.) und Panteão Nacional (re.)

Doch zurück zum Kloster: Die heutigen Bauten im Stil der Spätrenaissance entstanden 1582–1629 im Auftrag Philipps II. von Spanien. Die Entwürfe für den Komplex werden *Juan de Herrera* (1530–1593) zugeschrieben, der auch Philipps El Escorial in Spanien gestaltete. Die Ausführung übernahm aber wohl der Italiener *Filippo Terzi* (1520–1597), 1597–1624 war nachweislich der Portugiese *Baltazar Álvares* beteiligt. Vor allem die *Doppelturmfassade* der **Kirche** trägt seine Handschrift. Elegant und klassisch-klar gegliedert ragt die majestätische Front über der breiten Freitreppe empor. Oberhalb der drei Portale öffnen sich giebelbekrönte Ädikulen mit den Statuen der hll. Vinzenz, Augustinus und Sebastian. In den Nischen der flankierenden Türme posieren unten die hll. Antonius und Dominicus und oben die hll. Bruno und Norbert.

Den hellen, in weißem und rosa Marmor gehaltenen einschiffigen *Innenraum* mit Querhaus überspannt ein hohes, mit Kassetten geschmücktes Tonnengewölbe. Wie ein Fremdkörper wirkt in diesem klassischen Ambiente der prunkvolle Barockbaldachin des Hochaltars (18. Jh.) von *Joaquim Machado de Castro*.

Südlich der Kirche schließt sich das **Kloster** an. Der hier bis zur Säkularisierung 1834 tätige Augustinerorden war 1290 Initiator der ersten *Universität* Portugals, die bis 1537 ganz in der Nähe residierte. Der hiesige Konvent war übrigens nicht dem Bischof, sondern direkt dem Königshaus unterstellt. Erst in neuerer Zeit nahm der *Patriarch* von Lissabon hier seinen Amtssitz. Durch ein opulent dekoriertes *Portal* (ebenerdig, rechts vor der Freitreppe der Kirche) gelangt man zunächst in einen stillen, mit Bougainvillea und Klematis bewachsenen Vorhof und von dort ins Klostergebäude mit seinen beiden *Kreuzgängen*. Hier sieht man unterhaltsame blau-weiße Azulejos (18. Jh.) mit Szenen von Jagdausflügen und Kutschfahrten, vom Bau des Klosters und von der Rückeroberung Lissabons 1147 – in einer Kulisse des 18. Jh. Zwischen Kreuzgängen liegt die mit dunklen Höl-

Landschaftsidyll mit Jägern – ein Azulejo des 18. Jh. aus dem Kreuzgang von São Vicente

zern und Marmorintarsien reich ausgestattete *Sakristei*. Schräg gegenüber vom Eingang zur Sakristei führt vom zweiten Kreuzgang aus eine Treppe ins Obergeschoss, wo 38 blau-weiße Azulejos (18. Jh.) mit Szenen aus Fabeln von **La Fontaine** zu bewundern sind, darunter ›Das Huhn, das goldene Eier legt‹, ›Der Wolf und der Storch‹ und ›Die Katze und die Maus‹.

Das einstige Refektorium hinten links ließ Fernando II. 1855 zum **Panteão da Casa de Bragança**, zur Grablege des Hauses Bragança umfunktionieren, das 1640–1910 die portugiesischen Könige stellte. In den Prunksarkophagen aus Marmor und Silber ruhen u. a. João IV., der Begründer der Dynastie, und Pedro IV., dessen Sarg mit zwei Kronen geschmückt ist, weil er auch noch Kaiser von Brasilien war, sowie die 1908 ermordeten Carlos I. und Kronprinz Luís Filipe. Im Kloster finden aber auch die Patriarchen von Lissabon ihre letzte Ruhe, in schlichteren Sarkophagen mit eingeprägter Tiara.

Der Rundgang durch das Kloster endet im Ostfügel mit dem Aufstieg zu einem *Balkon*, der über die gesamte Breite der Klosterfassade reicht und einen grandiosen Blick über die Stadt und den Fluss bietet.

20 Feira da Ladra

Der ›Markt der Diebin‹ ist der bekannteste Flohmarkt Lissabons.

Campo de Santa Clara
Di, Sa 8–13 Uhr
Tram: 28E, Bus: 34

Gleich hinter dem Kloster herrscht seit 1882 jeden Dienstag und Samstag ein ziemliches Gewühl auf dem Flohmarkt Feira da Ladra (Markt der Diebin). In der Regel sind es professionelle Händler, die ihre Ware auf Tischen und Bürgersteigen ausbreiten, aber auch Frauen und Männer, die ihre karge Rente aufbessern müssen. Die Markthalle *Santa Clara* (Mo–Sa 7–19 Uhr), eine Gusseisenkonstruktion von 1877, ist fest in der Hand von Anbietern, die auch höherwertige Antiquitäten zu verkaufen haben. Damit man unbeschwert zwischen altmodischem Geschirr, alten Büchern, Fliesen, Spielsachen oder Postkarten sowie billigen CDs und DVDs herumstöbern kann und den Namen des Marktes nicht in unguter Erinnerung behält, sollte man Wertsachen besser zu Hause lassen.

Übrigens: Die lauschige Grünanlage *Jardim Boto Machado* bietet einen schönen Blick von oben auf das geschäftige Treiben und die Attraktionen im Umkreis.

21 Panteão Nacional

Auch der ›Königin des Fado‹ wird in der Ruhmeshalle derer gedacht, die sich um Portugal besonders verdient gemacht haben.

Campo de Santa Clara
Tel. 218 85 48 20
www.igespar.pt
Di–So 10–17 Uhr
Tram: 28E, Bus: 12, 34

Der monumentale Zentralbau des Panteão Nacional mit seiner markanten Kuppel wurde 1682 als Kirche *Igreja de Santa Engraçia* begonnnen, doch erst Mitte des 20. Jh. im Barockstil vollendet. Schon die beiden Vorgängerbauten schienen unter keinem guten Stern zu stehen. Der erste von 1570 wurde 1630 durch einen Diebstahl entweiht, der zweite stürzte 1681 ein. Und beim dritten zogen sich die Arbeiten fast 300 Jahre hin: Erst 1966 ließ Salazar die hohe Kuppel samt Laterne auf den kompakten zweigeschossigen, über einem griechischen Kreuz errichteten Komplex setzen. 1916 hatte die noch junge Republik das Gebäude zum *Pantheon der Nation* erklärt. Seitdem versammelt

Die Statue einer Klagefrau an den Königsgräbern im Panteão da Casa de Bragança

Panteão Nacional – nationale Gedenkstätte für Könige und Heilige, Dichter und Entdecker

die Ruhmeshalle Denkmäler derer, die sich durch Werke und Taten um Portugal besonders verdient gemacht haben. In der überkuppelten Halle stehen **Kenotaphe** für den 2009 heilig gesprochenen *Nuno Alvares Pereira* (1360–1431), der Portugals Unabhängigkeit von Kastilien bewahrte, für *Heinrich den Seefahrer* (1394–1460), den Initiator der portugiesischen Expansion entlang der afrikanischen Küste, für *Vasco da Gama* (1469–1521), den Entdecker des Seewegs nach Indien und dessen zweiten Vizekönig *Afonso de Albuquerque* (1453–1515), den Entdecker Brasiliens *Pedro Alvares Cabral* (1467–1526) und den Nationaldichter *Luís Vaz de Camões* (um 1524–1580). Polychrome Marmorinkrustationen an Wänden und Boden verleihen den Monumenten einen würdigen Rahmen. Die vier Eckbauten bergen u. a. die Sarkophage des Dichters *Almeida Garrett* (1799–1854), der Königin des Fado, *Amália Rodrigues* (1920–1999), und des portugiesischen Präsidenten *Teófilo Braga* (1843–1924).

Von der inneren **Galerie** (Aufzug) an der Basis der 40 m hohen Kuppel genießt man einen wunderschönen Blick hinab ins Pantheon. Bei weitem übertroffen wird dieser Eindruck noch, wenn man von hier nach außen auf die **Dachterrasse** tritt und sich beim Rundgang um die Kuppel immer wieder neue, grandiose Stadt- oder Flusspanoramen entfalten.

22 Igreja und Miradouro da Graça

Wo der Wind leise säuselt, lädt eine Klosterkirche zu innerer Einkehr und die Aussicht ist himmlisch.

Largo da Graça
Tel 218 87 39 43
Di–Sa 9.30–12.30 und 15–18,
So/Fei 9.30–12.30 und 17.30–20 Uhr
Tram: 28E, Bus: 34

Ursprünglich gehörte die **Igreja da Graça** zum benachbarten, im 13. Jh. gegründeten Augustinerkloster, das heute vom Militär genutzt wird. Die Klosterkirche selbst wurde nach dem Erdbeben von 1755 erneuert. Das *Innere* ist wie bei fast allen Kirchen Lissabons einschiffig. Bei der Ausstattung dominiert Marmor in Weiß, Rosa und Grau. In denselben Farben ist auch die Stuckdecke gehalten. Die Altäre im lichtdurchfluteten Querhaus präsentieren kunstvoll geschnitzte Reliquienschreine mit Statuen aus schwarzem Ebenholz. Die acht Seitenkapellen sind durch dunkle Holzbalustraden vom Kirchenraum abgetrennt, an den Pilastern dazwischen hängen feine Radierungen mit Darstellungen der Kreuzwegstationen. Die Kirche ist Ausgangs- und Endpunkt der Prozession des **Senhor dos Passos** am 2. Fastensonntag, dabei wird eine lebensgroße Holzskulptur Christi, die unter der Last des Kreuzes aus rötlichem Brasilholz in die Knie sinkt, durch das Stadtviertel getragen.

Die grünen Hügel von Lissabon – Blick vom Miradouro da Graça auf den Burgberg

Der gepflasterte Kirchplatz weitet sich zum **Miradouro da Graça**, von dem man einen schönen Blick auf das Castelo de São Jorge und die Mouraria genießt. Ein Kiosk serviert Snacks und Getränke. Daneben winden sich die Treppen der *Caracol da Graça* hinab in die Mouraria.

Vom angrenzenden *Largo da Graça* mit seinem hübschen Brunnen blickt man auf die türkisblau geflieste Fassade der **Vila Sousa** (Nr. 82), ein Paradebeispiel für die Architektur des im 19. Jh. entstandenen Arbeiterviertels. Über dem schmiedeeisernen Tor zum großzügigen Innenhof prangt die Jahreszahl 1890. Bauherren waren die Fabrikbesitzer des noch jungen Industriezeitalters. Im Vorderhaus wohnten ihre leitenden Angestellten, hinten die einfachen Arbeiter.

23 Miradouro de Nossa Senhora do Monte

Vor einer kleinen Wallfahrtskapelle bietet Lissabons ruhigster Miradouro eine phänomenale Aussicht.

Largo do Monte
Tram: 28E, Bus: 34

Der Aufstieg von der Rua da Graça über die Rua da Senhora do Monte zum Miradouro de Nossa Senhora do Monte, dem höchst gelegenen Aussichtspunkt der Stadt, mag beschwerlich steil sein, aber oben wird der Besucher von angenehmem Piniensduft, einem erfrischenden Lüftchen und idyllischer Ruhe empfangen. Parkbänke laden zum Verweilen ein. Der Miradouro liegt wie ein Balkon über der Stadt und von hier kann man den Blick zum Castelo de São Jorge, zur Igreja de São Roque und zur Basílica da Estrela, über die Ponte 25 de Abril und zur Monumentalstatue des Cristo Rei am jenseitigen Ufer des Tejo schweifen lassen.

An der Rückseite des begrünten Platzes, der um eine Marienstatue angelegt wurde, befindet sich die kleine **Ermida de Nossa Senhora do Monte** (tgl. 15–18 Uhr), deren Ursprünge auf das Jahr 1243 zurückgehen. Der steinerne Sitz im *Inneren* der schlichten Wallfahrtskapelle Unserer lieben Frau vom Berg soll dem ersten Bischof der Stadt, *São Gens* (4. Jh.), gehört haben, der an dieser Stelle als Märtyrer starb. Noch heute lassen sich schwangere Frauen hier nieder, um für eine leichte Geburt zu beten. An der linken Wand steht eine hübsche Weihnachtskrippe von *Joaquim Machado de Castro*.

24 Praça Martim Moniz

Der Verkehrsknotenpunkt hat seinen eigenen spröden und geschäftigen Charme.

Metro: Martim Moniz,
Tram: 12E, 28E, Bus: 34, 708, 740, 760

Der Mitte des 20. Jh. in Nord-Süd-Richtung angelegte Platz war früher das dicht bebaute Zentrum des Maurenviertels **Mouraria**. Er ist nach *Martim Moniz* († 1147) benannt, einem Ritter aus Afonso Henriques' Gefolge, der sich im 12.Jh. um die Rückeroberung Lissabons von den Mauren verdient gemacht hatte. Die Muslime wurden danach aus der Stadt verbannt und ließen sich vor den Mauern nördlich des Burgbergs nieder. Zwar spielten sie im Handel weiter eine große Rolle – vor allem betrieben sie Ölpressen, Töpfereien und fertigten Teppiche –, doch galten für sie Kleidervorschriften, nächtliche Ausgangssperren und das Verbot, Christen im Haushalt zu beschäftigen. Auch als *Fernando I.* im 14. Jh. eine neue Stadtmauer ziehen ließ, blieb das Gassenlabyrinth der Mouraria außen vor. 1570 dezimierten Pest und Vertreibung der Mauren die angestammte Bevölkerung des Viertels.

Als erstes christliches Gotteshaus der Mouraria entstand 1505 die Unserer lieben Frau der Gesundheit geweihte **Ermida da Nossa Senhora da Saúde** (Tel. 218 86 20 93, Mo–Sa 8.45–18, So 8.45–12 Uhr), die bis heute ein Ziel für all jene ist, die um Genesung bitten. Beim Umbau 1705 durch *João Antunes* erhielt die an der Ostseite der Praça Moniz gelegene Kapelle ihr barockes Portal. Das Innere ist wegen der *António de Oliveira Bernardes* (um 1610–1683) zugeschriebenen Azulejos mit kunstvoll gestalteten biblischen Szenen sehenswert.

Trotz himmlischen Beistandes blieben die Lebensbedingungen und hygienischen Verhältnisse im Viertel schlecht und im 19. Jh. griff die Verelendung hier weiter um sich. Ausbau und Modernisierung Lissabons konzentrierten sich auf den Bereich nördlich der Avenida da Liberdade [s. S. 70]. In der Mouraria bot derweil vor allem der *Fado* Trost. Heute erinnert ein *Gedenkstein* in der Rua da Mouraria an die erste Fado-Sängerin **Maria Severa Onofriana** (1820–1846), eine Prostituierte, die oberhalb in der Rua de Capelão wohnte.

In den 1940/50er-Jahren, unter Salazar, mussten die Altbauten auf und um die heutige Praça Martim Moniz moderner Verkehrsplanung weichen. Nun prägen kalte Beton- und Glasfassaden den Platz, der inzwischen durch Brunnen, Oleanderbüsche, Kioske und Cafés eine Aufwertung erfuhr. Die Einkaufszentren **Centros Comerciais** an der Ost- und Westseite des Platzes wirken im Inneren wie Bazars. Vollgestopfte kleine Läden offerieren allerlei Kitsch und Spezialitäten aus Afrika, Indien und Fernost. Außerdem gibt es ungezählte exotische Imbisse und Lebensmittelgeschäfte.

Die Praça Martim Moniz ist das moderne Zentrum des alten Maurenviertels Mouraria

Chiado und Carmo – auf den Höhen der Kultur

Die interessanten Einkaufs- und Künstlerviertel Chiado und Carmo ziehen sich über die Hänge westlich der Baixa. Die geschäftige **Rua Garrett** verläuft als Lebensader zwischen beiden Stadtteilen. Es ist über 20 Jahre her, da wurde Chiado ein Opfer der Flammen. Am 25. August 1988 brach im Lager des Armazéns Grandella zwischen Rua do Ouro und Rua do Carmo ein Brand aus und griff schnell auf die hangaufwärts gelegenen Bauten in der Rua Nova da Almada und Rua Garrett über. Allein 18 historische Wohn- und Geschäftshäuser wurden zerstört. Der Wiederaufbau unter Leitung des renommierten portugiesischen Architekten *Álvaro Siza Vieira* kam erst 2002 zum Abschluss. Viera ließ die alten Fassaden originalgetreu rekonstruieren, das Innere aber modern gestalten. Paradebeispiele sind die beiden Traditionskaufhäuser *Armazéns Grandella* und *Grandes Armazéns*, deren altehrwürdige Hüllen nun Einkaufspassagen mit Geschäften, Cafés und Hotel bergen. Um den **Largo do Chiado** haben noch einige alteingesessene Geschäfte mit stilvoller Inneneinrichtung überdauert. Den Schick der Zeit um 1900 repräsentieren sie ebenso wie das *Café A Brasiliera*, ein Publikumsliebling mit Art-déco-Ausstattung.

Gleich westlich des Largo do Chiado öffnet sich die elegante **Praça Luís de Camões**, auf der das imposante Denkmal des Nationaldichters Camões den Ton angibt. Das Erdbeben von 1755 hatte viele der hiesigen Klosterbauten des 13./14. Jh. und Adelspaläste des 16. Jh. zerstört. Das schuf Platz für Neues. Zum schmucken Opernhaus **Teatro Nacional de São Carlos** gesellten sich damals auch einige Schauspielhäuser und Museen. Im 19. Jh. avancierte dieser Teil Lissabons zum Künstler- und Intellektuellenviertel, seine Cafés waren Schauplätze endloser Diskurse über Literatur und Tagespolitik. Heute findet jeder, der kulturinteressiert oder kauflustig ist, hier ein Angebot vom Feinsten. Besonders sehenswert sind das **Museu Arqueológico**, dessen Exponate die eindrucksvolle Ruine der gotischen *Igreja do Carmo* beleben, und die **Igreja de São Roque**. Berühmt ist diese einstige Jesuitenkirche für die aus Rom georderte und hier installierte *Capela de São João Baptista*, die Kapelle Johannes' des Täufers, ein Meisterwerk des Barock von goldglänzender Pracht.

25 Rua Garrett

Die hübsche Flaniermeile zwischen Chiado und Carmo verbindet altes und neues Shoppingvergnügen.

Metro: Baixa-Chiado,
Tram: 28E, Bus: 92, 758

Die Lebensader der höher gelegenen westlichen Lissabonner Altstadtviertel Carmo und Chiado, die Rua Garrett, erreicht man zu Fuß von der Baixa über die Rua do Carmo. Beim sanften Aufstieg kommt man vorbei an Boutiquen wie der von *Ana Salazar*, der Grand Dame der portugiesischen Mode, dem winzigen Handschuhladen *Luvaria Ulisses* mit seiner unglaublich großen Auswahl, an Schuhgeschäften und Buchhandlungen. Die nach dem portugiesischen Schriftsteller *Almeida Garrett* (1799–1854) benannte Einkaufstraße lockt mit Attraktionen wie dem Traditionskaufhaus *Grandes Armazéns*. Es war 1988 völlig ausgebrannt und teilte somit das Schicksal vieler umliegender Geschäfts- und Wohnhäuser.

Heute verbirgt sich hinter der rekonstruierten Fassade des 19. Jh. das neu errichtete Einkaufszentrum **Armazéns do Chiado** mit einer Filiale der französischen Musik- und Medienkette Fnac, einer zentralen Ticketvorverkaufsstelle, Cafés, Fast-Food-Restaurants und einem Luxushotel. Die Buchhandlung *Bertrand*, die bereits seit 1732 in der Rua Garrett ansässig ist, beeindruckt mit einer azulejoverkleideten Fassade. Sehenswert ist auch das Interieur des Wäschegeschäfts *Paris em Lisboa* (1888) und des Tabakladens *Havaneza* (1864) mit mächtigen Holzregalen bzw. schwungvoller Holzverkleidung bis unter die Decke. Letzterer befindet sich allerdings schon am *Largo do Chiado* [Nr. 26], der sich als eine dreieckig erweiterte Verlängerung der Rua Garrett entpuppt. Jenseits der Rua Serpa Pinto leitet ein schwarz-weißes Pflastermosaik in den sich unmittelbar anschließenden kleinen Platz über.

Rua Garrett – beliebte Flaniermeile mit vielen interessanten Geschäften

Doch bevor man seine Schritte dorthin und weiter in die Antiquariate und Antiquitätenläden an der Rua da Misericórdia und im Carmo lenkt, sollte man in der **Basílica dos Mártires** (Tel. 213 46 24 65, www.paroquiadosmartires.pt, Mo–Fr 9–19, Sa/So 10–19.30 Uhr) an der Ecke zur Rua Serpa Pinto kurz innehalten. Zwischen den gut gefüllten, bunten Schaufensterauslagen der Rua Garrett entfaltet die klassizistische Fassade mit eleganter Zurückhaltung eine ganz eigene Anziehungskraft. Die 1784 vollendete Märtyrerkirche steht auf geschichtsträchtigem Boden, denn hier ließ *Afonso I.* nach der Reconquista 1147 eine Kapelle errichten. Ein 1750 geweihter Neubau fiel fünf Jahre später dem großen Erdbeben zum Opfer. Durch das hohe *Portal* mit seinem gesprengten Giebel betritt man die Hallenkirche und erfreut sich an dem abwechslungsreichen Stilmix: Klassizismus ist in der klaren Wandgliederung präsent, die Ausmalung des Tonnengewölbes erfolgte in Rokoko-Manier.

Rechts vom Eingang steht eine *Krippe* (18. Jh.) aus der Schule des *Joaquim Machado de Castro* (1731–1822), der übri-

Gediegener Rahmen für neue Wäschekreationen – Paris em Lisboa in der Rua Garrett

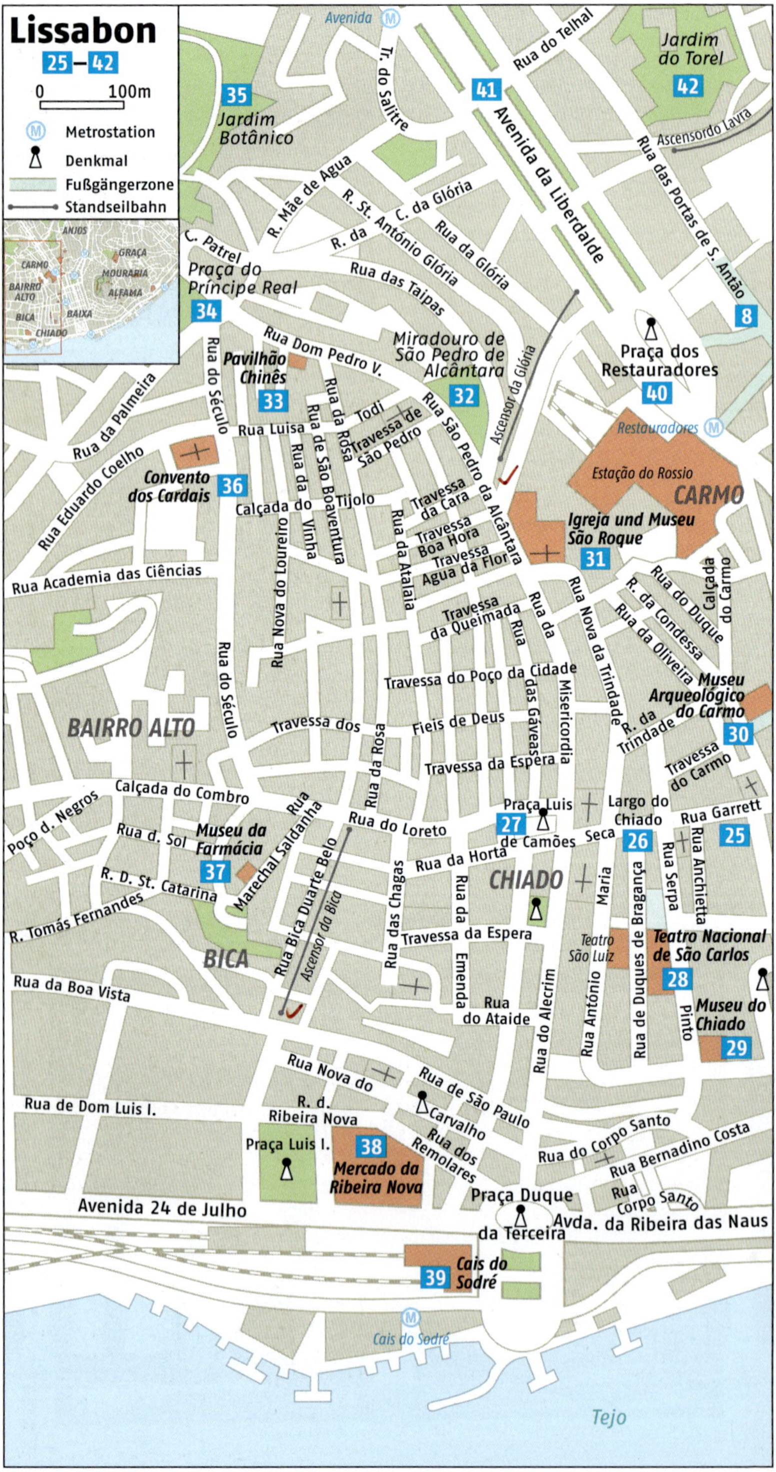
Lissabon
25–42
0 100m
Metrostation
Denkmal
Fußgängerzone
Standseilbahn
ANJOS
GRAÇA
CARMO
MOURARIA
BAIRRO ALTO
ALFAMA
BICA
BAIXA
CHIADO
Avenida
Tr. do Salitre
Rua do Telhal
Jardim do Torel
42
35
Jardim Botânico
41
Avenida da Liberdalde
Ascensordo Lavra
Rua das Portas de S. Antão
R. Mãe de Agua
R. St. António Glória
C. da Glória
Rua da Glória
R. da
C. Patrel
Praça do Príncipe Real
34
Rua das Taipas
8
Miradouro de São Pedro de Alcântara
32
Ascensor da Glória
Praça dos Restauradores
40
Rua Dom Pedro V.
Pavilhão Chinês
33
Rua do Século
Rua da Palmeira
Rua Luisa
Todi
Travessa de São Pedro
Rua da Rosa
Rua de São Boaventura
Rua São Pedro da Alcântara
Restauradores
Estação do Rossio
CARMO
Rua Eduardo Coelho
Convento dos Cardais
36
Calçada do Tijolo
Rua da Vinha
Travessa da Cara
Travessa Boa Hora
Travessa Agua da Flor
Igreja und Museu São Roque
31
Rua da Atalaia
Rua Academia das Ciências
Rua Nova do Loureiro
Travessa da Queimada
Rua da Rua
Rua Nova da Trindade
R. da Condessa
Rua do Duque
Calçada do Carmo
Rua da Oliveira
Travessa do Poço da Cidade
Rua das Gáveas
Rua da Misericordia
Museu Arqueológico do Carmo
30
R. da Trindade
Travessa dos Fieis de Deus
BAIRRO ALTO
Rua do Século
Travessa da Espera
Travessa do Carmo
Calçada do Combro
Rua da Rosa
Praça Luis de Camões
27
Largo do Chiado
26
Rua Garrett
25
Poço d. Negros
Rua Marechal Saldanha
Rua do Loreto
Rua Seca
Rua d. Sol
Museu da Farmácia
37
Rua da Horta
CHIADO
Rua Maria
Rua Serpa
Rua Anchietta
R. D. St. Catarina
Rua Bica Duarte Belo
Ascensor da Bica
Rua das Chagas
Rua da Emenda
Travessa da Espera
Rua de Duques de Bragança
R. Tomás Fernandes
BICA
Teatro São Luiz
Teatro Nacional de São Carlos
28
Rua da Boa Vista
Rua do Ataide
Rua do Alecrim
Rua António
Rua Pinto
Museu do Chiado
29
Rua Nova do Carvalho
Rua de São Paulo
Rua de Dom Luis I.
R. d. Ribeira Nova
Praça Luis I.
38
Mercado da Ribeira Nova
Rua dos Remolares
Rua do Corpo Santo
Rua Bernadino Costa
Rua Corpo Santo
Praça Duque da Terceira
Avenida 24 de Julho
Avda. da Ribeira das Naus
39
Cais do Sodré
Cais do Sodré
Tejo

Pracht bei Nacht – Largo do Chiado mit Palácio do Loreto und Ribeiro-Denkmal (Mitte)

gens in der Kirche seine letzte Ruhestätte fand. Erst auf den zweiten Blick wird offenbar, dass eine knorrige Baumwurzel als Kulisse für die Weihnachtsgeschichte fungiert. Das biblische Personal wird durch Figuren aus dem portugiesischen Alltag des 18. Jh. bereichert.

26 Largo do Chiado

Publikumsmagnet ist der Platz vor allem wegen des stimmungsvollen Cafés A Brasiliera.

Metro: Baixa-Chiado,
Tram: 28E, Bus: 92, 758

Kaum merklich mündet die Rua Garrett in den überschaubaren, aber stets sehr belebten Largo do Chiado. Das **Café A Brasiliera** (Die Brasilianerin) wurde 1905 als Laden für Kaffee aus Übersee eröffnet. Aus der Verkostung im Stehen entwickelte sich innerhalb weniger Jahre ein gemütliches Café, dessen heutiges Erscheinungsbild auf den Umbau von 1922 durch *Norte Júnior* zurückgeht. Die Art-decó-Einrichtung mit einer langen Eichentheke, hohen Spiegeln und Messingbeschlägen fasziniert trotz des inzwischen ziemlich hektischen Betriebs. Vor dem Café sitzt von *Lagoa Henriques* in Bronze gegossen **Fernando Pessoa** (1988) mit lässig übergeschlagenem Bein, den Ellbogen auf ein Tischchen gestützt. Der Schriftsteller, Stammgast in der Brasiliera ebenso wie in vielen anderen Cafés Lissabons, wird heute umringt von Genießern, die ihren Kaffee zu jeder Jahreszeit und bei fast jedem Wetter lieber im Freien trinken.

Schräg gegenüber fristet die *Bronzefigur* des schalkhaft gestikulierenden **António Ribeiro** (1925, Costa Mota) eher ein Schattendasein am Metroeingang, obwohl das Viertel seit dem 16. Jh. nach *António Ribeiro* (um 1520–1591) *Chiado* genannt wird. Diesen Spitznamen, gleichbedeutend mit ›der Spötter‹, hatte er sich als scharfzüngiger Dichter, Bauchredner und Stimmenimitator verdient. Nachdem ihm die Franziskaner die Aufnahme in ihren Orden verwehrt hatten, zog er durch die hiesigen Kneipen – stets gekleidet in eine Mönchskutte.

Im Rücken des Denkmals ragt der **Palácio do Loreto** auf, nach den früheren Besitzern, einer Kaufmannsfamilie aus Porto, die 1822 ihren Geschäftssitz hierher verlegte, auch Palácio Ferreira Pinto Basto genannt. *José Ferreira Pinto Basto* (1774–1839) gründete 1824 die Porzellanfabrik Vista Alegre. Heute gehört das Palais der Versicherung Fidelidade Mundial, die im Erdgeschoss die Galerie *Chiado 8* (www.culturgest.pt, Mo–Fr 12–20 Uhr) betreibt.

Die Westseite des Largo do Chiado markiert die Rua da Misericordia, die dem

Nationaldichter mit Rüstung, Lorbeerkranz und Lusiaden – Luíz Vaz de Camões

Camões oder ein abenteuerliches Dichterleben

Kein Zweifel: die Portugiesen verehren ihre Literaten. Den Nationalfeiertag legten sie sogar auf den Todestag von **Luís Vaz de Camões** (um 1524–1580). Er starb am 10. Juni 1580 in Lissabon an der Pest, doch im Bewusstsein der Portugiesen lebt er als **Nationaldichter** fort. Camões hatte sein Werk der Verherrlichung seines Landes, seiner kühnen Entdecker und der Vision vom triumphalen Aufstieg Portugals zur Weltmacht gewidmet. Später – lange nachdem er, da völlig verarmt, in einem Massengrab beigesetzt worden war – priesen ihn seine Landsleute als mythischen Heroen. Den geeigneten Stoff lieferte Camões' geheimnisumwittertes und tragisches Leben. Eigentlich hätten ihm seine adelige Abstammung und das Studium an der Universität von Coimbra ein angenehmes Leben am Hofe Joãos III. bescheren können. Doch seine Liebesaffären brachten ihn wiederholt in Schwierigkeiten. Schließlich verbannte ihn der König zum Kriegsdienst nach Nordafrika, wo er im Kampf ein Auge verlor. Kaum zurück in Lissabon kam er 1552 wegen einer Schlägerei ins Gefängnis. Es folgte die Zwangsverpflichtung beim Militär in **Goa** und **Macau**. Dort begann Camões auch mit der Niederschrift eines Versepos. Erst 1570 kehrte der Dichter nach Lissabon zurück und veröffentlichte 1572 diesen Nationalepos mit dem Titel **›Os Lusíadas‹** (Die Lusiaden). Sein übriges Werk, einfühlsame Sonette und lyrische Dramen, kam allerdings erst posthum zur Publikation.

Camões Hauptwerk, ›Die Lusiaden‹, besingt die Indienfahrten Vasco da Gamas und die glorreiche Historie Portugals. Lenker des Schicksals sind wie bei seinen Vorbildern Homer und Vergil (›Odyssee‹ und ›Aeneis‹) die listenreichen antiken Götter. »Das größte maritime Epos der Weltliteratur« (Alexander von Humboldt) begeistert Leser und Wissenschaftler vor allem mit fantastisch-abenteuerlichen Schilderungen. An Camões, bedeutendster Dichter des Landes, erinnert auch der alljährlich verliehene portugiesische Literaturpreis **Prémio Camões**.

Verlauf der einst von Fernando I. errichteten Stadtmauer folgt. Einlass gewährte die *Porta de Santa Catarina* aus dem 14. Jh., bis sie zu Beginn des 18. Jh. dem zunehmenden Stadtverkehr weichen musste. Stattdessen stehen hier nun zwei Kirchen einander gegenüber.

Die nördliche, **Igreja Nossa Senhora do Loreto** (Mo–Sa 8.30–14 und 17–21, So/Fei 8–13 und 16–20 Uhr), wird auch Kirche der Italiener genannt, weil sie 1517/18 für die italienische Gemeinde in Lissabon errichtet worden war. Der Bau brannte 1651 und 1755 aus, wurde aber jedes Mal erneuert, zuletzt 1785 durch *José da Costa e Silva* (1747–1819). Hinter der klassizistischen Fassade, zu der eine zweiläufige Treppe hinaufführt, öffnet sich der lichte einschiffige Kirchenraum mit Kuppel und üppigem Rokoko-Dekor. Den Hochaltar schmückt eine Statue der hochverehrten *Schwarzen Madonna* von Loreto, einem italienischen Wallfahrtsort.

In Erscheinungsbild und Stil verwandt, doch reicher dekoriert ist die **Igreja Nossa Senhora da Encarnaçao** (Mo–Fr 7.30–20, Sa/So 8.30–12 und 15–20 Uhr). Ihren 1708 geweihten Vorgängerbau zerstörte das Erdbeben von 1755. Der Neubau wurde 1784 unter *Manuel Caetano de Sousa* in Angriff genommen, aber erst 1873 vollendet. Die klassizistischte *Fassade* prunkt mit eleganter Ornamentik, das Dekor des tonnengewölbten Inneren erinnert eher wehmütig als ausgelassen an den Überschwang des Rokoko.

27 Praça Luís de Camões

Von dem eleganten Platz hat man die Rua Garrett und den Tejo im Blick.

Metro: Baixa-Chiado, Tram: 28E

Hinter dem Largo do Chiado, am Übergang zu den Nachbarvierteln Bica und Bairro Alto [s. S. 62], öffnet sich die hübsche Praça Luís de Camões mit ihren stilvollen Laternen und einem interessanten *Pflastermosaik*, das auch Motive aus der Seefahrt, Schiffe, Wellen, Meerjungfrauen, Neptun und Delphine, zeigt. Der Platz wurde 1863 dort angelegt, wo vor dem Erdbeben von 1755 der Stadtpalast (17. Jh.) der Adelsfamilie Marialva stand. Die Marialva kehrten nie mehr hierher zurück, denn die Angst vor einem neuerlichen Beben hatte Königshof und Hochadel die Freude an ihren Residenzen im Herzen Lissabons für alle Zeiten ausgetrieben.

In der Platzmitte erhebt sich das von *Victor Bastos* entworfene **Denkmal für Luís Vaz de Camões** (1867). Der Dichter [s. S. 54] hatte 1572 das Nationalepos ›*Os Lusíadas*‹ (Die Lusiaden) veröffentlicht, in dem er die Entdeckungsfahrten Vasco da Gamas beschreibt, eingebettet in eine Darstellung der Geschichte Portugals. Die *Bronzefigur* Camões' steht mit Schwert und Buch bewaffnet in Feldherrenpose auf einem hohen Steinsockel, den acht weitere Figuren von Schriftstellern und Wissenschaftlern umringen, darunter *Gomes Eanes de Azurara*, *Fernão Lopes* und *Jerónimo Corte-Real*.

Desweiteren fällt ein grüner **Kiosk** aus Gusseisen ins Auge. Es ist einer der für das 19. Jh. typischen Verkaufspavillons, die man 2009 reaktivierte. Hier werden nun Café und Gebäck verkauft.

28 Teatro Nacional de São Carlos

Lissabons Oper entfaltet eine Grandezza, die ihren Vorbildern in Mailand und Neapel nacheifert.

Largo de São Carlos
Tel. 213 25 30 00, Ticket-Tel. 213 25 30 45
www.saocarlos.pt
Metro: Baixa-Chiado,
Tram: 28E, Bus: 92, 758

Zu den besonderen Lissabon-Erlebnissen gehört ein Opernabend im 1793 eröffneten Teatro Nacional de São Carlos südlich der Rua Garrett. Architekt *José da Costa e Silva*, der zuvor die Igreja Nossa Senhora do Loreto (s. S. 54) errichtet hatte, nahm für den Außenbau der Oper die Mailänder *Scala* zum Vorbild. Seine klassizistische *Fassade* zitiert deren Rustikamauerwerk und wuchtigen Portikus des Erdgeschosses sowie den Balkon und die Kolossalsäulen des Obergeschosses. Bei der *Innenausstattung* nahm er sich ein Beispiel an Neapels *Teatro di San Carlo*. Der elliptische Zuschauerraum (1140 Plätze) mit seinen fünf üppig vergoldeten Rängen kulminiert in der pompös inszenierten *Königsloge*. Die Bestuhlung auch

Stolz posiert der Nationaldichter in Bronze auf seinem Platz – Praça de Luís de Camões

im Parkett bezaubert mit festlichen roten Samtsitzen. Im Sommer werden zudem vor dem Opernhaus Stühle aufgestellt. Hier kann man dann die abendlichen Vorführungen auf einer Großleinwand bei freiem Eintritt genießen.

Keine Augen für derlei Spektakel hat die *Bronzestatue* gegenüber der Oper, denn statt eines Kopfes trägt sie ein Buch. Diese Skulptur erinnert daran, dass im 4. Stock des Stadthauses, vor dem sie steht, am 13. Juni 1888 der berühmte Schriftsteller *Fernando Pessoa* [Nr. 60] das Licht der Welt erblickte.

29 Museu do Chiado

Die Sammlung zeichnet den Weg der portugiesischen Kunstgeschichte von 1850 bis zur Gegenwart nach.

Rua Serpa Pinto 4
Tel. 213 43 21 48
www.museudochiado-ipmuseus.pt
Di–So 10–18 Uhr
Metro: Baixa-Chiado,
Tram: 28E, Bus: 92, 758

Das nahe Museu do Chiado wurde 1911 als *Museu Nacional de Arte Contemporânea* für die damals zeitgenössische Kunst gegründet. Es ging wie das *Museu Nacional de Arte Antiga* [Nr. 63] aus einem Staatlichen Kunstmuseum hervor, dessen Bestände damals aufgeteilt wurden. Die Moderne zog also in das hiesige frühere *Franziskanerkloster* (13. Jh.), das nach dem Erdbeben von 1755 notdürftig wiederhergestellt worden war. Teile des Klosters integrierte der Franzose *Jean-Michel Wilmotte* dann in seinen kühlen *Neubau* (1994–98) aus grauem Beton, Aluminium und Glas.

Die Sammlung portugiesischer Kunst von 1850 bis in die Gegenwart umfasst Gemälde, Skulpturen, Fotografien, Installationen und Videos. Sie umspannt Epochen von der Romantik über die Klassische Moderne bis zu Strömungen der Gegenwart. Zu den Glanzstücken gehören die dem Realismus zugehörigen Arbeiten des Gründungsdirektors *Columbano Bordalo Columbanos* (1857–1929), der aus Paris Anregungen von Courbet, Degas und Manet mitgebracht hatte. Besonders schön ist Pinheiros 1885 datiertes Gruppenporträt ›Grupo do Leão‹ (Gruppe der Löwen), das seine Künstlerkollegen bei einem fröhlichen Gelage zeigt. Columbanos Bruder übrigens war der Karikaturist und Keramiker *Rafael Bordalo Pinheiro* [Nr. 52].

Eher Frappierendes bietet *Paula Rego* (* 1935), deren Werk der Neuen Sachlichkeit, dem Surrealismus und Magischem Realismus verpflichtet ist. Ihr hier gezeigtes ›Selbstbildnis in Rot‹ (1962) trägt zwar noch Züge der aufgelöst-zerrissenen Collagen der Frühzeit, kündigt aber schon die Hinwendung zur Neuen Gegenständlichkeit der 1960/70er-Jahre an. Die in Portugal sehr geschätzte Malerin [s. S. 118] studierte in den 1950er-Jahren in London und hat dort seit 1976 ihren ständigen Wohnsitz.

Bekannt ist das Museo do Chiado auch für seine spannenden *Wechselausstellun-*

Prunkvoll orchestriertes Opernhaus – die Königsloge des Teatro Nacional de São Carlos

Museo de Chiado – der stimmungsvolle Skulpturen-Garten lädt zum Verweilen ein

gen aktueller Vertreter der portugiesischen Kunstszene, wie etwa *Estrela, João Onofre* oder *João Pedro da Vale*.

Vom Museum aus oder direkt von der Straße ist der kleine *Skulpturengarten* mit Café zugänglich.

30 Museu Arqueológico do Carmo

Das Museum inszeniert seine Kunstschätze in den malerischen Ruinen einer gotischen Klosterkirche.

Largo do Carmo
Tel. 213 46 04 73
www.museuarqueologicodocarmo.pt
Juni–Sept. Mo–Sa 10–19,
Okt.–Mai Mo–Sa 10–18 Uhr
Metro: Baixa-Chiado,
Elevador Santa Justa

Im Norden der Rua Garrett erstreckt sich das Viertel Carmo. Der **Largo do Carmo** ist einer der schönsten Plätze Lissabons und ein idealer Ort zum Entspannen. In seiner Mitte posiert ein liebevoll dekoriertes *Brunnenhaus* von 1796, in dem das Wasser leise plätschert. Steinbänke im Schatten der Anfang Juni violett blühenden Jacaranda-Bäume, ein Kiosk und die *Casa de Cha*, ein Tee- und Kaffeehaus, verlocken zum Innehalten.

An der den Fußgängern vorbehaltenen Längsseite beeindruckt die nur teilweise erhaltene Fassade der **Igreja do Carmo** mit einer angeschnittenen Fensterrose und dem breiten gotischen Stufenportal, das heute als Eingang zum *Museu Arqueológico do Carmo* (Archäologisches Museum) dient. Bis zu ihrer Zerstörung durch Erdbeben und Feuer 1755 galt die gotische Kirche als eine der größten und wichtigsten Lissabons. Sie war Teil des 1389–1423 errichteten Karmeliterklosters *Convento do Carmo*, das *Nuno Álvares Pereira* (1360–1431) anlässlich der Schlacht von Aljubarotta 1385 gestiftet hatte. Später zog sich der siegreiche Feldherr Pereira als Mönch hierher zurück, wo er auch verstarb. Die eigentlichen *Klostergebäude* wurden nach dem Beben rekonstruiert und fortan als Kaserne genutzt, 1974 waren sie Schauplatz für das glückliche Finale der *Nelkenrevolution* [s. S. 58]. Heute ist der Konvent Standort der Guarda Nacional genannten Bereitschaftspolizei .

Die Igreja do Carmo hingegen blieb als Ruine stehen, umso faszinierender ist der Anblick der schlank aufstrebenden Skelettarchitektur jenseits des Portals: Man steht im *Langhaus* der dreischiffigen Basilika mit Querhaus unter freiem Himmel wie in einem malerischen Innenhof. Links und rechts schwingen sich die spitzbogigen Arkaden der Seitensschiffe auf. Hoch oben deuten kühn und doch zerbrechlich wirkende Gurtbögen, die einst Kreuzrippengewölbe und Vierung stabilisierten, das Mittelschiff an. Der *Chorbau* mit seinen vier Apsiden und einer Sakristei wurde im 18. Jh. unter *Königin Maria I.* rekonstruiert. Doch sein unverputztes Inneres zeugt von jenem Geldmangel, an dem die Restaurierung der Kirche letztlich scheiterte.

Die Nelkenrevolution – von Diktatur und Putsch

40 Jahre hatte **António de Oliveira Salazar** (1889–1970) über Portugal geherrscht, als ihm 1968 sein Liegestuhl zum Verhängnis wurde: Dessen mürbe Stoffbespannung riss unter seinem Gewicht, der greise Diktator stürzte zu Boden und erlitt eine Gehirnblutung, von der er sich nie mehr erholte. Zwar sollte es noch weitere sechs Jahre bis zur **Nelkenrevolution** dauern, doch mürbe war auch Salazars Alleinherrschaft seit langem.

Begonnen hatte sie Ende der 1920er-Jahre. In den Jahren zuvor litt Portugals erste Demokratie unter ständigen Regierungswechseln, Parteiengezänk sowie der Weltwirtschaftskrise. So traf das Militär um General Manuel de Oliveira Gomes da Costa (1863–1929) nur auf geringen Widerstand, als es sich 1926 an die Macht putschte. Schon im ersten Kabinett der Generäle übernahm der frühere Ökonomieprofessor Salazar das Finanzministerium. Er agierte mit harter Hand, senkte die Staatsausgaben und bewahrte Portugal so vor dem Bankrott. Nach und nach gewann Salazar immer mehr Einfluss, 1932 wurde er schließlich Ministerpräsident.

Im folgenden Jahr ließ er eine neue Verfassung verabschieden, das Gründungsdokument seines **Estado Novo**, des Neuen Staates. Sie ersetzte die bisherige Parteiendemokratie durch ein Ständesystem, in dem Arbeitgeber- und Arbeitnehmervertreter, katholische Kirche und Universitäten den Ministerpräsidenten – also Salazar – beraten sollten. Mitbestimmen durften sie allerdings nicht.

Während der 1930er-Jahre nahm Salazars Herrschaft zusehends faschistische Züge an. Es entstanden die Jugendbewegung **Mocidade Portuguesa** nach dem Vorbild der Hitlerjugend und die Geheimpolizei **Polícia Internacional e de Defesa do Estado (PIDE)**. In Geheimgefängnissen inhaftierte und folterte sie Oppositionelle. Bei seiner Wirtschaftspolitik setzte Salazar auf **Autarkie** und verzichtete auf ausländische Investitionen – für die Modernisierung Portugals ein Hemmschuh. Im gleichen Tenor sprach er der portugiesischen Nation die **historische Mission** zu, ihre Kolonien zu zivilisieren.

Kein Wunder also, dass Salazar unfähig war, die Zeichen der Zeit zu erkennen, als in den portugiesischen Kolonien im Laufe der 1960er-Jahren Aufstände ausbrachen. Ohne Rücksicht auf Verluste befahl er deren Niederschlagung – jedoch ohne Erfolg. Die **Kolonialkriege** zehrten das wirtschaftlich ohnehin rückständige Portugal immer weiter aus. Gleichzeitig wuchs in der Führungsriege der Armee angesichts des verheerenden Blutzolls die Unzufriedenheit mit der politischen Führung.

Auch Salazars Nachfolger **Marcello Caetano** (1906–1980) machte keine Anstalten, die Kolonialkriege zu beenden. Als sich die wirtschaftliche Lage Portugals wegen der Ölkrise ab 1973 zusehends verschlechterte, beschloss das Militär zu handeln. Oppositionelle Soldaten gründeten das **Movimento das Forças Armadas** (Bewegung der Streitkräfte). Als Signal zum Losschlagen vereinbarten sie das Lied ›*E depois do Adeus*‹ von Paulo Carvalho, ein zartes Liebeslied. Ein Radiosender spielte es am Abend des 24. April 1974, kurz vor 23 Uhr. Afonso Zecas Song ›*Grândola Vila Morena*‹ erklang eineinhalb Stunden später. Er war das Zeichen für den Beginn der **Revolution**. Ohne auf Widerstand zu treffen, marschierten die Soldaten in Lissabon ein, und bald waren alle strategischen Positionen der Hauptstadt in ihrer Hand. Schon am Abend des 25. April war der Estado Novo am Ende, und die **Nelke**, die begeisterte Portugiesen in die Gewehrläufe der Soldaten gesteckt hatten, war nun Symbol der Revolution.

Bereits 1864 zog das **Museu Arquelógico do Carmo** in diese Ruine ein. Im *Langhaus* sind heute Grabsteine, Grabplatten und ein Taufbecken aus zerstörten Kirchen Lissabons versammelt. Die *Chorapsiden* bergen erlesene Kunstwerke von der Frühgeschichte bis ins 16. Jh. Am Eingang prangt ein manuelinischen *Biforienfenster* (16. Jh.) aus dem Hieronymuskloster von Belém. Im Hauptchor zieht der Sarkophag des *Fernão Sanches* (14. Jh.), eines unehelichen Sohnes von König Dinis, die Blicke auf sich, denn seine meisterlichen Reliefs schildern eine turbulente Wildschweinjagd. Die Apsiden rechts vom Chor präsentieren altertümliche Exponate, darunter bronzezeitliche Tongefäße und den *Musen-Sarkophag* (3./4. Jh.). Die grazilste unter den neun im Relief dargestellten Damen ist die an ihrer Maske erkennbare Thalia, die Muse der Komödie. Der *Mozarabische Fries* (9./10. Jh.), ein Pfeilerfragment mit feinziseliertem Blattwerk und stolzen Greifen, stammt aus dem zerstörten Konvent *São Félix de Chelas*. Er kündet neben maurischen Grabstelen und hebräischen Inschriften (11. Jh.) von der einstigen religiösen Vielfalt Lissabons. Als absolute Glanzlichter der Ausstellung erweisen sich, in der letzten Apside links vom Hauptchor, die mattschimmernden *Alabasterreliefs* (15. Jh.), die eine Werkstatt im englischen Nottingham als Altarschmuck fertigte. Die feingliedrig herausgearbeiteten Szenen der Passion Christi, Judaskuss und Gefangennahme Jesu, Geißelung, Grablegung und Auferstehung, sind äußerst lebendig und mit großer Detailfreude inszeniert.

31 Igreja und Museu de São Roque

TOP TIPP *Die Rochuskirche birgt mit der Kapelle Johannes des Täufers ein unermesslich kostbares Meisterwerk italienischer Provenienz.*

Largo Trindade Coelho
Tel. 213 23 50 65
www.museu-saoroque.com
Kirche: Mo 14–18, Di/Mi, Fr–So 9–18, Do 9–21,
Museum: Di/Mi, Fr–So 10–18, Do 14–21 Uhr
Metro: Baixa-Chiado, Tram 28E, Bus: 758, Ascensor da Glória

Den *Largo Trindade Coelho* dominieren die einstige Jesuitenkirche Igreja de São

Die Ruine der Igreja do Carmo erinnert an das Erdbeben von 1755 und dient als Museum

Roque und das dazugehörige Ordenshaus, in dem heute das Museu de São Roque und die Santa Casa da Misericórdia de Lisboa residieren. Letztere ist eine 1498 von *Leonor*, der Schwester König Manuels I., gegründete Wohltätigkeitsorganisation, die sich seit Ende des 18. Jh. vornehmlich aus Lotterie-Einnahmen finanziert. Die Losverkäufer, an die auch eine kleine *Bronzefigur* auf dem Platz erinnert, sind in Lissabon allgegenwärtig.

Als die Jesuiten 1540, angeführt vom Ordensmitbegründer *Franz Xaver*, dem Ruf des portugiesischen Königspaares *João III.* und *Katharina von Kastilien* nach Lissabon folgten, wählten sie den Hügel westlich der fernandinischen Stadtmauern als Standort für ihre portugiesische Mutterkirche. Allerdings befand sich hier die *Kapelle des hl. Rochus*, die Manuel I. 1506 hatte errichten lassen. Von hier sollte der Schutzpatron gegen die Pest, die damals wütete, über Lissabon wachen. Die Betreuung dieser Kapelle lag in den Händen einer Bruderschaft, der die Jesuiten zum Ersatz eine Rochuskapelle im Neubau versprachen.

Der Grundstein für die Rochuskirche, **Igreja de São Roque**, wurde bereits 1555 gelegt, doch die Bauarbeiten begannen erst 1566 und dauerten bis ins 17. Jh. an. Für die Architektur waren nacheinander *Afonso* und *Baltazar Álvares* sowie *Filippo*

Gold wohin das Auge blickt – die Igreja de São Roque mit ihren pompösen Kapellen

Terzi verantwortlich. Hinter der nach 1755 erneuerten *Fassade* überrascht der gewaltige einschiffige Kirchenraum mit überaus reicher Ausstattung. Die Jesuiten, Träger der katholischen Gegenreformation, lancierten diesen *Auditoriumskirche* genannten Bautyp. Er gewährleistete die Konzentration der Gemeinde auf die Gottesdienstfeier durch einen einheitlichen Kirchenraum mit guter Akkustik und unverstelltem Blick. Zugleich setzten die Jesuiten auf die Wirkung pompöser Zeremonien und üppigen Dekors. Zwischen den Fenstern des Obergadens prangen hier Gemälde mit Szenen aus dem Leben des Ordensgründers *Ignatius von Loyola*. Darüber spannt sich eine flache *Holzdecke*, die durch ihre Trompe-l'oeil-Malereien ein Tonnengewölbe und von biblischen Szenen belebte Kuppeln vortäuscht.

Im flachen *Chor*, der von Reliquienaltären flankiert wird, erhebt sich der beinah raumhohe vergoldete **Hochaltar** (1625–28), eine Art zweigeschossige Triumphbogenarchitektur mit prächtigen korinthischen Säulen und schwerem Gebälk. In den *Seitennischen* stehen Skulpturen der vier großen Heiligen des Jesuitenordens: Ignatius von Loyola, Franz Xaver, Aloisius von Gonzaga und Franz von Borja. In der Mitte, über der Nische mit der *Marienstatue* (17. Jh.), sieht man eines von sieben Gemälden mit Szenen aus dem Neuen Testament, die im Laufe des Kirchenjahres ausgewechselt werden. Hinter dem jeweiligen Bild verborgen ist der sog. *Thron* für die Präsentation des Heiligen Sakraments, eine vergoldete Stufenpyramide, die von den portugiesischen Jesuiten erfunden wurde.

Die acht goldglänzenden, bombastisch dekorierten *Seitenkapellen* wurden im 16./17. Jh. eingerichtet, bei einigen zog sich die Ausgestaltung bis ins 19. Jh. hin. Die dritte Kapelle rechts, die **Capela de São Roque** aus der zweiten Hälfte des 16. Jh., markiert den Standort der Vorgängerkapelle, aus der vier Tafelbilder (um 1520) im Museum nebenan zu bewundern sind, und wird nach wie vor von der Bruderschaft des hl. Rochus betreut. *Francisco de Matos* verkleidete die Wände 1584 mit prachtvollen Majolika-Fliesen. Die zarten Bilder in den Medaillons berichten aus dem Leben des Heiligen.

Hauptattraktion der Kirche ist vorne links die Johannes dem Täufer geweihte **Capela de São João Baptista** (1742–50). Sie wurde im Auftrag *König Joãos V.* von *Luigi Vanvitelli* und *Nicola Salvi* in Rom ausgeführt und dort 1744 von Papst Benedik XIV. geweiht. Anschließend zerlegte man das Meisterwerk in seine Einzelteile. Drei Schiffe transportierten diese nach Lissabon, wo man die Kapelle in jahrelanger Kleinarbeit wieder zusammensetzte. Atemberaubend kostbar ist ihre *Ausstattung*, neben Gold und Silber kamen verschiedene Marmorarten sowie Achate, Alabaster, Elfenbein, Edelsteine, Jaspis und Edelhölzer aus Brasilien zum Einsatz. Neu für die portugiesische Kunstlandschaft waren die Stilelemente des Rokoko, die vergoldeten Rocaille- und Blattornamente und die weißen Putten aus Carrara-Marmor. Als gleichfalls stilbildend für Portugal erwies sich die Kombination von Rokoko-Dekor und Formen des Klassizismus, wie die herrlichen korinthischen Säulen in blauem Lapislazuli mit goldener Profilierung. Erst beim genauerem Hinsehen als feinste Mosaiken erkennbar sind das Altarbild mit der ›Taufe Christi‹, die Bilder ›Verkündigung‹ und

›Pfingstwunder‹ an den seitlichen Kapellenwänden sowie auf dem Fußboden. Das kostbare Inventar der Kapelle wird heute im Museum (s. u.) gezeigt.

Links vom Chor führt ein mit Azulejos verkleideter Gang zur **Sakristei** (17. Jh.). Ihr edles Mobiliar besteht aus dunklem Jacaranda-Holz mit Elfenbein-Intarsien. Die tonnengewölbte Decke prunkt mit feinsinnigen Malereien, die Wände sind dicht mit Gemälden behängt. Oben sieht man Szenen der Passion Christi bzw. der Vita des Ignatius von Loyola. Unten schildern 20 Werke des Manieristen *André Reinoso* von 1619 das Leben des *hl. Franz Xaver* (1506–1552). Der Mitbegründer des Jesuitenordens brach 1541 als Missionar von Lissabon nach Indien und Fernost auf.

Im einstigen *Ordenshaus* der Jesuiten direkt neben der Kirche, und mit dieser durch einen Gang verbunden, befindet sich das 2008 neu konzipierte **Museu de São Roque**. Den Gebäudekomplex hatte *König José I.* 1768 der Santa Casa da Misericórdia übertragen, deren eigene Niederlassung beim Erdbeben 1755 zerstört worden war. Die Jesuiten hatte Premierminister Pombal bereits 1759 aus Portugal vertrieben [s. S. 30]. Die Sammlung erinnert aber an die überragende Bedeutung des Jesuitenordens vor allem für die weltweite portugiesische Expansion. Kostbare liturgische Geräte und Gewänder sowie Bücher und Gemälde aus der Igreja de São Roque, aber auch *Asiatische Kunst* zeugen vom Reichtum des Ordens und vom regen Kulturaustausch zwischen Indien, Fernost und Portugal. Aus dem Vorgängerbau, der Rochuskapelle, stammen vier Tafelbilder (um 1520) mit Szenen der Rochuslegende. Weitere Gemälde, Skulpturen und Wandteppiche repräsentieren die Sammlung der Santa Casa da Misericórdia, deren Symbolfigur die Schutzmantelmadonna ist. Glanzpunkte der Ausstellung sind ein Modell der Capela de São João Baptista und deren italienische Kostbarkeiten, für die das Museum 1905 ursprünglich eingerichtet wurde. Besonders beeindrucken die Silberschmiedearbeiten, wuchtigen Altarleuchter und schnörkeligen Reliquiare, goldglänzende liturgische Gefäße und Gewänder, aber auch feingewirkte Spitzen aus Flandern (18. Jh.).

Außerdem verfügt das Museum über ein *Café* im Innenhof mit chinesisch inspirierten Hockern, Bambus und Brunnen.

Bairro Alto und Bica – zwischen Tagträumen und Nachtleben

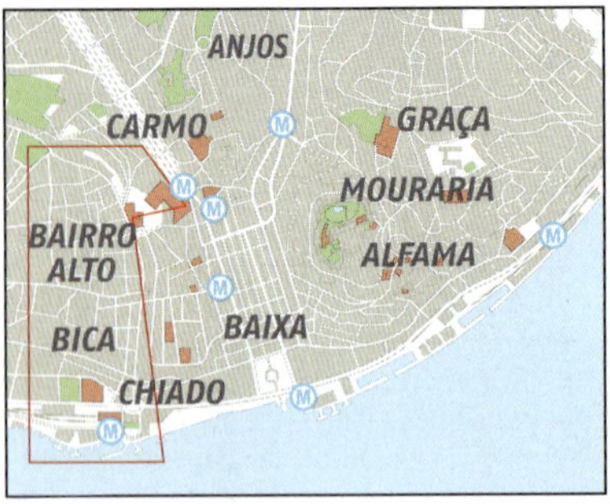

Wenn es Nacht wird, schwärmen die jungen Lisboetas ins **Bairro Alto**, das Stadtviertel oberhalb der Baixa. Hier locken zahlreiche Restaurants mit nationalen und internationalen Genüssen und gemütliche Bars, wie der wegen seiner kitschigen Einrichtung und taschenbuchdicken Cocktailkarte berühmte **Pavilhão Chinês**. Hier treffen Tanzlustige und Feierfreudige auf Fado-Liebhaber. Während die einen dann gegen 21 Uhr in die nahen Fado-Lokale abtauchen, verwandeln die anderen um Mitternacht ganze Straßenzüge zwischen Rua do Norte und Rua da Rosa in Partymeilen und trendige Boutiquen in Chill-out-Zonen. Da man sich um den Schlaf der Anwohner sorgte, verhängte Lissabon eine Sperrstunde um 3 Uhr (nur einige Diskotheken haben bis 4 Uhr geöffnet). Danach zieht man einfach weiter, ins südlich angrenzende Viertel **Bica**. Entlang der Schienen des *Ascensor da Bica* reihen sich unzählige Bars aneinander. Und unten am Tejo hat man die Wahl zwischen den Klubs und Diskotheken an den *Docas* oder an der *Avenida 24 de Julho*. Hier kann man tanzen bis die Sonne hell vom Himmel lacht.

Im Bairro Alto aber mischt sich derweil schon der Duft von frisch Gebackenem mit dem von Kaffee. Die Händler werden munter, stapeln ihre Obst- und Gemüsekisten dort, wo vorher noch Bier und Sangria flossen. Grüne Oasen des Innehaltens findet man in der strahlenden Morgensonne am **Miradouro de São Pedro de Alcântara** mit Aussicht auf den Burgberg oder im Schatten der ausladenden Zeder auf der **Praça do Príncipe Real**. Flaneure mit Sinn für Exotik zieht der **Jardim Botânico** mit den Pflanzenwelten ferner Kontinente magisch an. Vom Alltag unbehelligt und jeglicher Zeit entrückt erscheint der **Convento dos Cardaes**. Das Kloster überstand das Erdbeben 1755 ohne Schäden und birgt noch herrliche Azulejos aus dem 17. Jh. Zerstört wurden jedoch die vielen Stadtpalais der Adelsfamilien aus dem 16./17. Jh. auf dem Sattel zwi-

Stimmungsvolle Gassen – das Bairro Alto ist berühmt für sein Nachtleben

schen den Hügeln São Roque und Santa Catarina. Beim Wiederaufbau wandelte sich das Bairro Alto grundlegend. Die Straßen wurden nun im rechtwinkligen Raster angelegt, *Ruas* in Nord-Süd und *Travessas* in Ost-West-Richtung. In die Häuser zogen Handwerker, Krämer und Arbeiter ein. Später kamen Zeitungsleute, Künstler und Intelektuelle hinzu.

Die Bica hingegen, das Viertel am Südhang von Santa Catarina, wurde bereits Ende des 15. Jh. von Bootsbauern und Seeleuten besiedelt. Tatsächlich hat man vom *Miradouro de Santa Catarina* aus den Schiffsverkehr auf dem Tejo bestens im Blick. Heute belebt ein bizarres Nebeneinander von Workaholics mit Laptop und Müßiggängern mit Bierflasche die Szenerie. Der heilenden Wirkung von Essenzen und Drogen widmet sich gleich in der Nähe das **Museu da Farmácia** mit seiner überaus anschaulichen Sammlung zur Arzneigeschichte.

32 Miradouro de São Pedro de Alcântara

TOP TIPP

Der Aussichtspunkt mit seinen zwei Terrassen bietet den besten Blick auf das Castelo São Jorge.

Rua São Pedro de Alcântara
Ascensor da Glória, Bus: 758

Der zweigeschossige Miradouro de São Pedro de Alcântara wurde 1839 angelegt und ist damit einer der ältesten Aussichtspunkte Lissabons. Die obere baumbestandene Terrasse zieren ein Brunnen und ein 1904 errichtetes Denkmal für *Eduardo Coelho* (1835–1889). Coelho hatte 1864 die ›Diário de Notícias‹ als erste Tageszeitung des Landes gegründet. Das Bairro Alto entwickelte sich in der Folgezeit zum *Druckerei- und Zeitungsviertel*. Wer von hier oben das atemberaubende Stadtpanorama entziffern möchte, dem hilft ein kommentiertes Azulejo-Bild der Skyline. Treppen führen zur unteren Terasse, auf der zwischen geometrisch abgezirkelten Rasenflächen, fein duftenden Rosenstöcken und ehrwürdigen Büsten

einige Parkbänke zum Verweilen einladen. Die rückseitige Stützmauer der Terrasse birgt kleine, wie barocke Brunnengrotten gestaltete Nischen. Wenig beschaulich geht es zu, wenn sich die jungen Lisboetas hier zu einem ihrer beliebten Trinkgelage im Freien treffen.

Gleich nebenan hält der **Ascensor da Glória** (Mo–Fr 7–24, Sa/So/Fei 9–24 Uhr), die 1885 eingeweihten Standseilbahn, die von der Praça dos Restauradores über die Calçada da Glória quietschend den Hügel São Roque hinaufächzt.

33 Pavilhão Chinês

Der ideale Ort, um mit einem Cocktail ins Nachtleben zu starten.

Rua Dom Pedro V. 89
Tel. 213 42 47 29
Mo–Sa 18–2, So 21–2 Uhr
Ascensor da Glória, Bus: 92, 758

Auf dem Weg vom Miradouro de São Pedro de Alcântara zur Praça Príncipe Real passiert man auf etwa halber Strecke linker Hand die unscheinbare rotgestrichene Holztür des Pavilhão Chinês. Der ehemalige Kurzwarenladen hat sich seit seiner Wiedereröffnung als Bar 1986 zu einer Institution des Lissabonner Nachtlebens entwickelt. Freundlich leuchtende Laternen locken ins verwinkelte Innere. Mehrere kleine Räume reihen sich hintereinander bis zum Billardsaal am Ende. Ein skurriles Sammelsurium von allerlei Nippes überzieht die Wände. In vollgestopften Regalen und Vitrinen entdeckt man feingliedrige Porzellanpüppchen und buntes Blechspielzeug aus dem 18. Jh. neben Zinnsoldaten in Kompanienstärke aus dem 19. Jh., große Fahnen portugiesischer Republikaner und Monarchisten vom Anfang des 20. Jh. ebenso wie Modellflugzeuge, militärische Orden und Kopfbeckungen, darunter Stahlhelme aus dem Zweiten Weltkrieg. Plüschsessel umschmeicheln die Gäste, in den gemütlichen Sitzecken plätschern Unterhaltungen dahin. Die Getränkekarte kommt als dickes Taschenbuch auf den Tisch. Gerühmt wird die Bar für ihre reiche Auswahl an hervorragenden Cocktails und erlesenen Tees, aber auch Bier, Whiskey, Cognac usw. werden serviert. Das Publikum ist international und altersmäßig gut gemischt. Hier kann man am frühen Abend mit der Familie samt Kindern auf einen Tee einkehren oder mit Freunden vor dem Abendessen einen gepflegten Aperitif genießen.

Zu späteren Stunden ist die Bar ein beliebter Treffpunkt, von dem aus man ins Nachtleben des Bairro Alto startet. Die meisten Fado-Lokale öffnen um 21 Uhr und werden wie das *Café Luso* (Travessa Queimada 10, www.cafeluso.pt, So. geschl.) vor allem von Touristen besucht. Empfohlen seien die Darbietungen in der urigen *Tasca do Chico* (Rua do Diário de Notícias, nur Mo und Mi). In den Klubs

Pavilhão Chinês – berauschendes Bar-Ambiente mit Meerjungfrauen und Stahlhelmen

Wie antike Katakomben – Reservatório Patriarcal (19. Jh.) unter der Praça do Príncipe Real

und Diskotheken hingegen ist vor Mitternacht selten etwas los, denn die Lisboetas essen spät und lange.

Vom Pavilhão Chinês aus bietet sich ein Spaziergang durch die Rua da Rosa und die Rua da Atalaia an. Hier sowie in den Parallel- und Querstraßen bis zur Rua do Norte gibt es eine Vielzahl von angesagten Lokalen, Bars und Klubs für jeden Geschmack. Die Szene ist schnelllebig, neue Locations kommen hinzu, alte schließen, doch eine feste Größe ist die stylishe Diskothek *Frágil* (Rua da Atalaia 126, www.fragil.com.pt, Do–Sa 23.30–4 Uhr). Hier geben Techno und Electronic den Ton an, Hip-Hop-Fans gefällt wohl eher der *Clube da Esquina* (Rua da Barroca 30, tgl. 19–2.30 Uhr). In den frühen Morgenstunden ziehen die jungen Lissabonner dann in Scharen die ebenfalls von zahlreichen Bars gesäumte Rua da Bica Duarte Belos hinunter zu den Klubs und Diskotheken an der Avenida 24 de Julho, wie dem *Kremlin*, und entlang der Docas am Tejo zwischen Santa Apolónia und Santo Amaro, z. B. ins *Lux Fragil* oder ins *Op Art*. Besonders beliebt sind die vielen Locations in Nähe des Bahnhofs Santos, wie die Bar *Estado Liquido*. Vor allem am Wochenende und bei warmer Witterung, lösen sich die Trauben der Partygäste vor den angesagten Läden oft erst gegen Mittag auf.

34 Praça do Príncipe Real

Der begrünte Platz bietet mit Café, Kiosken, Spielplatz und Spieltischen einen hübschen Treffpunkt.

Metro: Rato Bus: 92, 758

Vom Pavilhão Chinês sind es nur noch wenige Meter über die Rua Dom Pedro V. bis zur Praça do Príncipe Real, die Ende des 18. Jh. angelegt wurde, nachdem der achteckige Wasserspeicher und das große **Brunnenbecken** in der Platzmitte 1864 fertig waren. Heute begeistert der parkähnlich gestaltete Platz mit erfrischend grünen Rasenflächen, breiten Gehwegen und seinem alten Baumbestand. Hauptattraktion ist eine *Goa-Zeder*, unter deren weitausgreifender Krone man wie unter einem riesigen Sonnenschirm sitzen kann. Es gibt genügend Parkbänke, um die lebendige Atmosphäre auf sich wirken zu lassen. Und ein hübsches *Café* bietet Plätze unter alten Magnolienbäumen. Hier kehren auch viele der Kunden des kleinen Biomarktes **Feira de Produtos Biológicos** (Sa 9–14 Uhr) gerne ein. Kinder können sich währenddessen nebenan auf dem Spielplatz amüsieren. Kaum einen Blick für das bunte Treiben haben jene Rentner, die an kleinen Holztischen miteinander Karten spielen. An der Ostseite des Platzes stehen zudem drei *Kioske*, an denen man sich mit Zeitungen, Snacks und Getränke versorgen kann.

Unter dem achteckigen Brunnenbecken beeindruckt der **Reservatório Patriarcal** (Tel. 213 25 16 50, Mo–Sa 10–18 Uhr), ein 1860–64 erbauter Wasserspeicher, mit seinem von 31 Pfeilern gestützten Flachtonnengewölbe. Er war an den *Aqueduto das Águas Livres* [Nr. 69] angeschlossen und spielte bis in die 1940er-Jahre eine wichtige Rolle für die Wasserverteilung im Zentrum. Außerdem speist er natürlich das oberirdische Brunnenbecken.

35 Jardim Botânico

Der Botanische Garten fasziniert mit exotischen Bäumen und Pflanzen.

Rua da Escola Politécnica 58
Tel. 213 92 18 25
www.mnhn.ul.pt
April–Okt. Mo–So 10–20,
Nov.–März bis 18 Uhr
Metro: Rato, Bus: 758, 773

Von der Praça do Príncipe Real sollte man unbedingt einen Abstecher in nördlicher Richtung machen. Dort erhebt sich die frühere *Escola Politécnica* (1761) mit ihrem kolossalen Portikus in Form eines griechischen Tempels. Das Politechnikum der Universität geht auf das vom Marquês de Pombal gegründete *Real Colégio dos Nobres* zurück, von dem es auch die naturwissenchaftliche Ausrichtung übernahm. Seit dem Umzug der Universität in den Norden der Stadt 1985 verblieben hier zwei ihrer Sammlungen, das naturwissenschaftliche *Museu de Ciênca* und das naturhistorische *Museu Nacional de História Natural*, die jedoch mit ihren verstaubten Ausstellungen kaum die Besichtigung lohnen.

Einen Spaziergang wert ist der *Jardim Botânico,* der sich im Rücken der Escola Politécnica ausbreitet und hangabwärts bis zum *Parque Mayér* [s. S. 72] reicht. Der Botanische Garten der Universität wurde 1873 angelegt und erfreut mit exotischem Baumbestand, mit majestätischen Palmenalleen, interessanten Kakteen und farbenfrohen Blumenrabatten. Die meisten Pflanzen sind sorgfältig beschriftet. Außerdem gibt es ein kleines *Schmetterlingshaus* mit z. T. farbenprächtigen Exemplaren. Gleichwohl hat der Garten sicher schon bessere Tage gesehen. Restaurierungsarbeiten gehen leider nur schleppend oder gar nicht voran, wie die am früheren *Observatorium*, das nach der Fertigstellung eine Sammlung astronomischer Geräte beherbergen soll.

Der Jardim Botânico entstand 1873 als Naturwissenschaftliche Einrichtung der Universität

36 Convento dos Cardaes

TOP TIPP

Das Kloster, in dem einst die Unbeschuhten Karmelitinnen lebten, birgt herrliche Azulejos.

Rua do Século 123
Tel. 213 42 75 25
Mo–Sa 14.30–17 Uhr
Tram: 28E, Bus: 92, 758

Die schlicht geweißelten Mauern des Convento dos Cardaes südlich der Praça do Príncipe Real geben keinen Hinweis auf die wertvolle Azulejo-Ausstattung der dazugehörigen Kirche. Durch das unscheinbare Portal an der Längsseite betritt man das 1677–81 errichtete Kloster der Unbeschuhten Karmelitinnen. *Luisa de Tavora* (1609–1692) hatte den Konvent gestiftet und bald lebten hier 21 Nonnen nach den Regeln der Ordensgründerin *Theresa von Ávila* (1515–1582) in strenger Klausur. Der Messe folgten sie von einer dichtvergitterten Empore aus, die Kommunion empfingen sie durch eine Klappe im Separé neben dem Hochaltar. Nach der Säkularsierung 1834 widmeten sich die Schwestern der Blindenpflege. Heute leiten Dominikanerinnen das Hospiz.

Die liebreizende einschiffige Klosterkirche **Nossa Senhora da Conceição dos Cardaes** birgt einen bemerkenswerten Bilderzyklus vom Ende des 17. Jh., der – wie das gesamte Kloster – das Erdbeben 1755 nahezu unbeschadet überstand. Die Wände sind bis auf halbe Höhe (3,40 m) mit *Azulejos* des Amsterdamers *Jan van Oort* (1645–1699) verkleidet. Weitere seiner Arbeiten können im *Museu Nacional do Azulejo* [Nr. 54] bewundert werden. Hier aber sind es Szenen aus dem Leben der hl. Theresa von Ávila, z. B. als vorwitzige kleine Ausreißerin mit ihrem Bruder oder beim Empfangen des Rosenkranzes und der Kommunion auf dem Totenbett. Unterhalb verlaufen Bildfriese mit Darstellungen von Heiligen. Christus und Johannes der Täufer sind als Kinder gegenwärtig, spielende Putten beleben die Szenerie. Alle Kompositionen sind im holländischen Stil blau-weiß gehalten. Sie werden von breiten Bordüren mit blau-gelben Masken, Ranken und Blattornamenten auf weißem Grund gerahmt.

Beachtung verdienen ferner die Marmorintarsien im Stil italienischer *Pietra Dura* an Chor und Seitenaltären sowie die oppulenten *Talha-Dourada*-Schnitzereien des Hochaltars. Gemälde mit christlichen Sujets und reich geschnitzten

Kontemplative Ruhe herrscht im ehemaligen Nonnenkloster Convento dos Cardaes

Goldrahmen oberhalb der Azulejos komplettieren diesen als kostbares Gesamtkunstwerk konzipierten Kirchenraum.

Auch das **Kloster** selbst ist klein, aber fein. Schön ist der Kreuzgang, in dessen Mitte ein Orangenbäumchen wächst. Hinter einigen schlichten Holztüren verbergen sich in die Wände eingelassene Altäre, die teilweise durch die damaligen Trends entsprechende Verzierung mit Chinoiserien bezaubern.

37 Museu da Farmácia

Das Pharmazeutische Museum erweist sich als Wunderkammer der Arzneigeschichte.

Rua Marechal Saldanha 1
Tel. 213 40 06 80
Mo–Fr 10–18 Uhr
Elevador da Bica,
Metro: Baixa-Chiado, Tram: 28E

Oberhalb des **Miradouro de Santa Catarina**, eines Aussichtspunktes mit herrlichem Blick auf den Tejo und die Ponte 25 de Abril weiter westlich, erhebt sich ein vornehmer Stadtpalast, das vor einigen Jahren zum Verwaltungsgebäude des portugiesischen Apothekerverbandes umfunktioniert wurde. Das gleichfalls hier ansässige *Museu da Farmácia* dokumentiert auf zwei Stockwerken 5000 Jahre Arzneigeschichte.

Ascensor da Bica – steile Tour mit der Standseilbahn durch die Bica hinab zum Tejo

Der Rundgang durch die Sammlung beginnt im *Erdgeschoss* mit Apotheken- und Laborräumen, die von etwa 1450 bis 1960 datieren. Glanzstück ist die Apotheke *Tai Neng Tong* (Ende des 19. Jh.) aus dem einst portugiesischen Macau. Täfelung und Mobiliar sind mit Schnitzereien und Goldmalereien verziert. In den Regalen stehen hübsche Behälter mit Tinkturen, Pülverchen, Salben und Wässerchen.

Im *Obergeschoss* werden Besucher in die Wunder und Geheimnisse der Naturheilkunde verschiedener Kulturen eingeweiht. Dokumentiert werden Riten, Heilkräuter, Essenzen und Medikamente – von etwa 3500 v. Chr. bis in die Gegenwart. Unter den Exponaten sind ein ägyptischer Skarabäus und andere Schutzamulette ebenso wie ein kleines tönernes Skelett, das ein Medizinmann der Maya benutzte, oder gespenstige Ritualfigürchen der Azteken. Besonders faszinierend ist der *Goa-Stein* aus dem Besitz der Jesuiten. Sie bewahrten das angeblich entgiftend wirkende Gemisch aus pulverisierten Perlen, Korallen und Edelsteinen, das zu Kugeln geformt wurde, in einem wunderbaren Behälter mit Silberzierat. Viel unscheinbarer, aber von überragender Bedeutung ist die vom schottischen Wissenschaftler *Alexander Fleming* (1881–1955) signierte Probe eines Schimmelpilzes: Die Entdeckung des Antibiotikums *Penicillin* 1928 revolutionierte die Heilkunde und brachte Fleming 1945 den Nobelpreis für Medizin. Die Ausstellung endet bei tragbaren Apotheken aus dem US-amerikanischen Spaceshuttle und der sowjetischen Raumfähre Mir.

Nach der Museumsbesichtigung gelangt man mit dem 1892 in Betrieb genommenen **Ascensor da Bica** (Mo–Sa 7–21, So/Fei 9–21 Uhr) über die steile Rua da Bica Duarte Belo hinab zur Rua de São Paulo, die parallel zum Tejo-Ufer verläuft.

38 Mercado da Ribeira Nova

Hier kann man sich mit frischem Obst eindecken oder einen Café genießen.

Avenida 24 de Julho
tgl. 6–14 Uhr
Metro: Cais do Sodré, Tram 15E, Bus: 28

Die Markthallen des Mercado da Ribeira Nova machen mit einer imposanten *Kuppel* auf sich aufmerksam. Im Inneren kann man die formschöne Gusseisenkonstruktion bewundern. An den Ständen werden Fisch, Meeresfrüchte, Fleisch, Gemüse und Obst verkauft, außerdem gibt es im 1. Stock ein Café und nebenan im Saal schwingen ältere Herrschaften zu Schlagern das Tanzbein (Mi, Fr/Sa 15–19 Uhr).

Die heutige Hallen sind das Ergebnis einer Rekonstruktion, die 1930 vollendet wurde. Der Vorgängerbau, ein von *Ressano Garcia* geplanter Fischmarkt (1882), war 1893 einem Brand zum Opfer gefallen. Eine noch ältere, Mitte des 18. Jh. unter Pombal errichtete Markthalle hieß übrigens auch Mercado da Ribeira Nova.

39 Cais do Sodré

Ein beutender Verkehrsknotenpunkt und Juwel der Art-déco-Architektur.

Metro: Cais do Sodré, Tram 15E, Bus: 28

Gegenüber vom Mercado da Ribeira bildet der Cais do Sodré am Tejo einen der wichtigsten Verkehrsknotenpunkte Lissabons. Hier kann man von der Eisenbahn, die zwischen Cascais und Lissabon verkehrt, zur grünen Metrolinie nach Telheiras und zu den Fähren nach Cacilhas, Montijo und Seixal umsteigen.

Das heutige Bahnhofsgebäude (1925–29) entwarf *Porfírio Pardal Monteiro* als Prestigebau der Linha Cascais, die seit 1889 Lissabon mit den mondänen Badeorten Estoril und Cascais verband. Die Bahnlinie wurde damals als erste Strecke

Kühler Charme des Art déco – die Eingangshalle des Bahnhof Cais do Sodré

in ganz Portugal elektrifiziert. Glas, Gusseisen und aufwendige Mosaike dominieren die Architektur – vor allem am Hauptportal, weitere Akzente setzen die Reliefs und Stuckdekorationen. Die elegante Eingangshalle glänzt mit farbigem Marmor an den Wänden und auf dem Boden.

Alles für die frische Küche – ein Meer von Obst und Gemüse im Mercado da Ribeira Nova

Die Avenidas der Neustadt – Aufbruch nach Norden

Außerhalb der dicht bebauten Altstadt entdeckt man ein anderes Gesicht Lissabons. Von der flachen Senke der Baixa führen breite, sanft ansteigende Boulevards gen Norden, große Plätze und ausgedehnte Parks prägen die im 19. Jh. erschlossene Neustadt. Man spaziert über die großzügige **Praça dos Restauradores** und die von schattigen Grünanlagen flankierte **Avenida da Liberdade**. Vornehme Stadtpalais des 18./19. Jh. und Bauten der 1920–50er-Jahre im Stil des Art déco setzen schöne Akzente. In der Verlängerung dieser Prachtstraße, die an der **Praça Marquês de Pombal** endet, schlendert man durch den weitläufigen **Parque Eduardo VII.** hangaufwärts. Vom runden verkehrsumtosten Pombal-Platz führen auch die großen *Avenidas Novas* in die nördlichen Stadtviertel. Bürgermeister Rosa Araújo und Architekt Ressano Garcia trieben die Expansion der Neustadt ab 1888 mit der Avenida Fontes Pereira de Melo voran. Diese wird wie die Avenida 5 de Outubro von einigen stattlichen Gebäuden gesäumt, darunter die *Casa Malhoa* mit dem **Museu Dr. Anastácio Gonçalves** und seiner exquisiten Porzellansammlung. Entlang der Hauptverkehrsadern, zu denen auch die Avenida da Republica, Avenida de Roma und Avenida Almirante Reis gehören, und in den angrenzenden Vierteln wurden unter Salazar in den 1930–60er-Jahren protzige Büroblocks, aber ebenso Kirchen wie die **Igreja de Fátima** sowie die Technische Universität errichtet. Selbst spiegelnde Glaspaläste der 1980/90er-Jahre fehlen nicht. Kurzum – die Neustadt hat für Architekturinteressierte trotz einiger Bausünden durchaus ihre Reize, und Liebhaber von Kunst und Kunsthandwerk sind hier ganz in ihrem Element. Highlights der Lissabonner Museumslandschaft sind das weltberühmte **Museu Calouste Gulbenkian** und das **Centro de Arte Moderna**, auch architektonisch ein unschlagbares Ensemble. Hier werden Meisterwerke von der Antike über den Impressionismus bis ins 21. Jh. präsentiert. Und der klotzige Bankpalast der *Caixa Geral de Depósitos*, der im Inneren futuristischen Schwung entfaltet, birgt mit dem **Centro Cultural Culturgest** ein lebendiges Forum für die internationale zeitgenössische Kunst.

40 Praça dos Restauradores

Am Auftakt zur Avenida da Liberdade gedenkt man den Schlachten im Restaurationskrieg gegen Spanien.

Metro: Restauradores

Der Name des Platzes und das *Monumento dos Restauradores* (1886), ein 30 m hoher Obelisk von *António Tomás da Fonseca* mit Personifikationen von Sieg und Freiheit, erinnern an den Aufstand der Portugiesen gegen die spanische Herrschaft im Jahr 1640, der den Weg in die Unabhängigkeit (1668) bereitete.

An der Westseite des Platzes drängt sich das wuchtige **Teatro Eden** ins Blickfeld. Es wurde in den 1930er-Jahren von *Cassiano Branco* im Art-déco-Stil errichtet. In den 1980er-Jahren baute man das Theater unter Beibehaltung der *Fassade* aus viel Marmor, Glas und Gusseisen zum Apartmenthotel um.

Im eleganten rosafarbenen **Palácio Foz** (18./19. Jh.) gleich nebenan residieren heute statt des Bauherrn Marquês de Foz eine Filiale der Touristeninformation und ein Geschäft für portugiesisches Kunsthandwerk. Die mit Gemälden von Columbano Bordalo Pinheiro, José Malhoa und Leandro Braga reich ausgestatteten Säle kann man leider nicht besichtigen, sie werden für festliche Empfänge genutzt.

Etwas weiter nördlich befindet sich die Haltestelle des *Ascensor da Glória* [s. S. 64]. Mit der Standseilbahn gelangt man mühelos zum Miradouro de São Pedro de Alcântara und ins Bairro Alto.

41 Avenida da Liberdade

Ein Prachtboulevard nach dem Vorbild der Champs-Elysées erschließt die Neustadt im Norden Lissabons.

Metro: Restauradores, Avenida, Marquês de Pombal

Mit der 1879–86 angelegten Avenida da Liberdade begann die von Bürgermeister *José Gregório da Rosa Araújo* initiierte Erweiterung Lissabons in Richtung Norden. Der 1,5 km lange und 90 m breite Boulevard zwischen der Praça dos Restauradores im Süden und der Praça Marquês Pombal im Norden ersetzte den unter Marquês de Pombal nach 1755 parkähnlich gestalteten *Passeio Público*. Zwischen den drei Fahrbahnen der Avenida da Liberdade gibt es noch heute großzügige Grünanlagen. Im südlichen Bereich hat man die Brunnen und Kaskaden erhalten, deren Marmorbecken von Personifikationen der Flüsse *Tejo* und *Douro* mit Wasser gespeist werden. Unter dem Blätterdach der Platanen laden Parkbänke und verschiedene Kioske zum Verweilen ein. Oder man flaniert im Schatten der vornehmen Häuserzeilen über die breiten Bürgersteige und inspiziert die Schaufenster von Juwelier- und Designerläden. Ansonsten stehen entlang des Boulevards viele erstklassige Hotels. Das *Heritage Avenida Liberdade* (Nr. 28, Tel. 213 40 40 40, www.heritage.pt) etwa ist in einem restaurierten Stadtpalast aus dem späten 18. Jh. untergebracht. Auf Höhe des Boutiquehotels geht es zur Haltestelle der Standseilbahn *Ascensor do Lavra*, mit der man auf den Hügel Sant'Ana und zum *Jardim do Torel* [Nr. 42] gelangt.

Die Praça dos Restauradores und ihr Obelisk erinnern an die Befreiungskämpfe von 1640–48

Unter den Schmückstücken der Avenida sind Art-déco-Bauten wie das Kino **São Jorge** (Nr. 175), das *Fernando Silva* 1947–50 errichtete und das nach wie vor Filmfestivals einen wunderbaren Aufführungsort bietet. Doch die Zeiten, als eine Vielzahl von Theatern, Kinos und Varietés mit glamourösen Premierenfeiern für großstädtisches Flair an der Avenida sorgten, sind leider vorbei. Vom Glanz vergangener Tage zeugen noch die Lichtsäulen im Art-déco-Stil am Entrée des **Parque Mayér** (1922), der etwas zurückgesetzt in der *Travessa do Salitre* liegt. Seit Jahren wird die Umgestaltung dieses betagten Vergnügungsparks diskutiert. Keineswegs verstaubt aber ist das hier ansässige kleine *Teatro Maria Vitória* (www.teatromariavitoria.com).

Nahe dem Nordende der Avenida erhebt sich rechter Hand das Verlagsgebäude der Tageszeitung **Diário de Notícias** (Nr. 266). *Pardal Monteiro*, der auch den Bahnhof Cais do Sodré [Nr. 39] konzipierte, konnte den hiesigen Bau im Art-déco-Stil 1936 fertigstellen. Die Fassade ziert ein mit Marmor und Gusseisen verkleideter Turm. Außen und innen sind Wandgemälde von *José de Almada Negreiros* (1893–1970) zu sehen, eine figurenbevölkerte Portugal- bzw. Weltkarte und eine Allegorie der Kommunikation.

Ein Stück weiter mündet die Avenida da Liberdade auf die **Praça Marquês de Pombal**. In deren Mitte erhebt sich das *Monumento de Marquês de Pombal* (1934) zu Ehren des tatkräftigen Premierministers [s. S. 30]. Die Bronzestatue Pombals blickt auf die von ihm geplante Baixa, ihm zu Füßen posiert ein Löwe. Eine Säule hebt die beiden weit über alle irdischen Belange hinaus. Die Reliefs in der Sockelzone des Denkmals erinnern an Pombals überragende Leistungen in Städtebau – vor allem nach dem großen Beben von 1755 –, Bildungswesen und Landwirtschaft.

42 Jardim do Torel

Die Grünanlage auf der Anhöhe Sant'Ana erreicht man am besten mit der Standseilbahn Ascensor do Lavra.

Rua Júlio de Andrade
Ascensor do Lavra

Von der Avenida da Liberdade gelangt man westwärts zum nahen Largo da Anunciata. Weiter geht es mit dem sonnengelben, bereits 1884 eröffneten **Ascensor do Lavra** (Mo–Sa 7–21, So/Fei 9–21 Uhr), Lissabons ältester Standseilbahn, oder über viele Treppenstufen hinauf nach **Sant'Ana**. Auf dem Hügel, der Großstadt entrückt, sind Kliniken und Medizinische Institute, die Deutsche Botschaft und das Goethe-Institut versammelt. Und nahe der Haltestelle des Ascencor zieht sich der Jardim do Torel über mehrere Terrassen hangabwärts. Nicht weniger faszinierend als die gewaltige *Brunnenanlage* auf der zweiten Ebene, ist die Aussicht über die Avenida Liberdade und die Baixa bis zum Hügel São Roque. Vollkommenen Genuss verheißt ein Platz vor oder in dem modernen Glaspavillon der *Esplanada do Torel* (www.esplanada-dotorel.com, April–Okt. So–Mi 11–22, Do–Sa 11–2, sonst tgl. 12–20 Uhr) – mit Drinks und *petiscos*, der portugiesischen Tapasvariante – manchmal auch bei Livemusik.

43 Casa-Museu Fundação Medeiros e Almeida

Das Palais des Bankiers Medeiros e Almeida begeistert mit einer kostbaren Kunstsammlung des 16.–19. Jh.

Rua Rosa Araújo 41
Tel. 213 54 78 92
www.casa-museumedeirosealmeida.pt
Mo–Fr 13–17.30, Sa 10–17.30 Uhr
Metro: Avenida, Marquês de Pombal

Die Sammelleidenschaft des Bankiers *António Medeiros e Almeida* (1895–1986) begann 1943 mit dem Kauf dieses Hauses aus dem 19. Jh. Auch als es längst eingerichtet war, erwarb er auf seinen Geschäftsreisen und bei Auktionen immer

Bei der piept es wohl – Schweizer Tischuhr mit Vögelchen im Museu Medeiros e Almeida

mehr Möbel, Gemälde, Uhren, Porzellan, Wandteppiche und Schmuck. 30 Jahre später übertrug er alles dem Staat. Obwohl das Gebäude inzwischen erweitert wurde, kann das Museum in 26 Ausstellungssälen und restaurierten Wohnräumen gerade mal ein Viertel der etwa 9000 Sammlerstücke präsentieren.

Viel Aufmerksamkeit verdienen die **Uhren**, wie die schweren englischen Mahagoni-Standuhren und die Taschenuhren aus Paris (18. Jh.). Eine der ältesten Uhren ist die deutsche Sandglas-Uhr von Michael Schödelock aus dem frühen 17. Jh. mit ihrer abenteuerlich wirkenden Mechanik. Sehr amüsant erscheint die Schweizer Tischuhr (1923/24) von Patek Philippe & Co., auf der zu jeder vollen Stunde ein Vogel zwitschert.

In der Abteilung für *Chinesisches Porzellan* sieht man anmutige Terrakotta-Musikerinnen aus der Tang-Dynastie (7.–9. Jh.), vielfarbige Ming-Vasen aus dem 16. Jh. und erlesenes Tafelgeschirr vom Hofe König Joãos VI. aus dem 18. Jh.

Eine Schau für sich sind die farbenfrohen *Schnupftabakdosen* mit Miniaturbildchen auf Emaille etwa von Fabergé. Hinzu kommen *Gemälde* vornehmlich französischer Provenienz. So schildern zwei Werke *François Bouchers* von 1733 Geburt und Tod des Adonis.

Grüner Teppich – Blick vom Parque Eduardo VII. über die Praça Marquês de Pombal

44 Parque Eduardo VII.

TOP TIPP

Der weitläufige Park lockt mit viel Grün und einem Blick die Avenida da Liberdade hinunter bis zum Tejo.

Metro: Marquês de Pombal, Parque, Bus: 12, 36, 44, 702, 746, 748

Oberhalb des Denkmals für Marquês de Pombal und in der Verlängerung der Avenida da Liberdade steigt der mit 26 ha größte innerstädtische Park Lissabons, der Parque Eduardo VII., bis zum 1997–99 errichteten Denkmal für die Nelkenrevolution von *João Cutileiro* (* 1937) ganz allmählich hügelan.

Nach dem Besuch des englischen Königs Eduard VII. in Portugal 1903, benannte man ihm zu Ehren den einige Jahre zuvor eingerichteten Parque da Liberdade um. Die heutige symmetrische Anlage geht auf den Stadtplaner *Francisco Keil do Amaral* (1910–1975) zurück. Er ließ den Park 1945 mit von Buchsbaumhecken unterteilten Rasenflächen und baumgesäumten Wegen neu gestalten.

In der Nordwestecke lohnt die **Estufa Fria** (April–Sept. tgl. 9–18, Okt.–März 9–17 Uhr, Einlass bis 30 Min. vorher) von 1929 einen Besuch. In diesem *Kalten Gewächshaus* sorgt ein Dach aus Holzmatten für ein angenehm ausgeglichenes Klima. Hier gedeihen Pflanzen aus Mexiko, Peru, Brasilien, China und Australien, darunter Palmen, Farne, Hortensien und Azaleen. An Teichen und Skulpturen vorbei gelangt man durch dieses mit 8100 m^2 größte Gewächshaus weiter in die ›warme‹ **Estufa Quente**, in der sich tropische Pflanzen wie Kaffee und Bananen heimisch fühlen, und in die ›süße‹ **Estufa Doce**. Hier recken sich Kakteen mit teils bizarren Blüten zum hohen Glasdach.

An der Ostseite des Parks zieht der mit großen Azulejo-Tableaus geschmückte **Pavilhão Carlos Lopes** die Blicke auf sich. Er wurde 1923 als Ausstellungspavillon für Rio de Janeiro geplant, aber erst 1932 von *Jorge Segurado* an dieser Stelle errichtet. Heutzutage dient der etwas heruntergekommene Bau für Sportveranstaltungen, ansonsten ist er geschlossen.

45 Museu Calouste Gulbenkian und Centro de Arte Moderna

Lissabons Topadresse für Kunst und Kunsthandwerk inmitten eines wunderhübschen Parks.

Avenida de Berna 45A
Tel. 217 82 30 00
www.gulbenkian.pt
Di–So 10–17.45 Uhr
Metro: Praça de Espanha,
Bus: 726, 746, 756

Perfekt in eine hinreißende Parklandschaft eingebettet, präsentiert sich das **Museu Calouste Gulbenkian** mit seinen etwa 6000 Kunstwerken, von ägyptischen Statuen über antike Vasen und persische Teppiche, chinesisches Porzellan und mittelalterliche Handschriften bis zu Gemälden der Impressionisten und exquisitem Jugendstil-Schmuck von René Lalique.

Der Ölmillionär *Calouste Sarkis Gulbenkian* (1869–1955) floh 1942 vor den Nazis aus Paris nach Lissabon und blieb. Er vermachte sein gesamtes Vermögen und seine immense Kunstsammlung dem Staat zur Gründung einer Kulturstiftung. Diese *Fundacão Calouste Gulbenkian,* die auch Musik und Film in Portugal fördert, richtete ein Kulturzentrum samt Bibliothek ein und eröffnete 1969 das heute weltberühmte Museu Calouste Gulbenkian in einem eigenes errichteten Neubau von *Alberto Pessoa, Pedro Cid* und *Ruy d'Athouguia*.

Kein Besucher kann sich der Faszination der hochkarätigen Exponate entziehen. Man betrachtet gebannt den zerbrechlich wirkenden ›Kopf des Sesostris III.‹ (um 1860 v. Chr.) aus Ägypten, ein Porträt des Pharaos in hartem Vulkanglas, das seine Seele bis in alle Ewigkeit konservieren sollte. Nicht minder beeindruckend ist die aus Istanbul stammende ›Armenische Bibel‹ (1623), die mit Blattgold und Buchmalereien wertvoll verziert ist. Und von den japanischen schwarz-goldenen Lack- und schimmernden Perlmuttdosen, u.a. aus der Edo-Periode des 17. Jh., ist eine schöner als die andere.

Die *Gemäldesammlung* gehört neben der des Museu Nacional de Arte Antiga [Nr. 63] zu den bedeutendsten Portugals und zeigpräsentiert Meisterwerke von Weltrang, darunter das ›Porträt einer jungen Frau‹ (um 1485) des Florentiners *Domenico Ghirlandaio*, herrliche Venedig-Veduten (um 1775) von *Francesco Guardi*, das ›Porträt eines alten Mannes‹ (1645) von *Rembrandt* sowie ›Wrack eines Handelsschiffes‹ (um 1810) und ›Quillebeuf, Seine-Mündung‹ (1833) von *William Turner*. Weitere Highlights sind *Édouard Manets* ›Die Seifenblasen‹ (1867), *Claude Monets* ›Boote‹ (1868), *Jean-François Mil-*

Museu Calouste Gulbenkian – Meisterwerke von Rembrandt bis Monet

lets ›Winter‹ (1868), *Auguste Renoirs* ›Madame Monet‹ (1874) und *Edgar Degas'* ›Porträt von Henri Michel-Lévy‹ (1878). Überhaupt die Franzosen: Den bezaubernden Schlusspunkt des Museumsrundgangs bilden die Jugendstil-Kreationen *René Laliques* (1860–1945), allen voran märchenhafte Schmuckstücke mit Motiven aus Flora und Fauna wie die filigrane ›Libelle‹ (1897/98) aus Gold, Emaille, Diamanten, Mondsteinen usw.

Im Museumscafé mit Blick auf den **Parque Gulbenkian** kann man die vielfältigen Eindrücke Revue passieren lassen. Anschließend bietet sich ein Spaziergang durch den Garten an. Abwechslungsreich mäandern die Wege um Teiche, Skulpturen und ein *Amphitheater*, das Schauplatz von Events wie dem internationalen Festival *Jazz im August* ist. Doch nicht nur Konzerte unter freiem Himmel, auch die klassischen *Sonntagskonzerte* (12 Uhr) im Foyer der Museumsbibliothek sind beliebt.

Vis-à-vis des Museu erhebt sich der 1983 eröffnete Betonbau des **Centro de Arte Moderna** (CAM, Tel. 217 823 474, Infos und Öffnungszeiten s. o., Eingänge: Park und Rua Dr. Nicolau de Bettencourt). Er bietet genügend Platz für die Kunst der Moderne und Gegenwart. Neben portugiesischen Künstlern wie António Soares (1894–1978), José Sobral de Almada Negreiros (1893–1970), Jú lio Pomar (* 1926) und Paula Rego (* 1935) sind auch Briten mit einzelnen Werken vertreten, etwa Henry Moore, David Hockney, Gilbert & George und Tony Cragg.

46 Igreja de Fátima

Die Kirche zeigt reizvolle Kontraste zwischen irdischer Schwere und himmlischer Leichtigkeit.

Avenida Marquês de Tomar/Avenida de Berna
Metro: Praça de Espanha,
Bus: 726, 742, 756

Wie ein amerikanischer Wolkenkratzer reckt sich der schlanke Eckturm der Igreja Nossa Senhora de Fátima in den Himmel. *Porfírio Pardal Monteiro* (1897–1957), ein Vertreter des portugiesischen Modernisme, schuf 1938 die aufstrebende Betonarchitektur des Gotteshauses. Es ragt über einem ausladenden, schwarz-weiß gebänderten Sockelbau auf, der mit seinen Bastionen an Festungsarchitektur erinnert. Das Hauptportal der Kirche ist mit einem gewaltigen Balkon überbaut, dessen Brüstung ein Relief mit Darstellungen der 12 Aposteln schmückt.

Empfangsdamen mal anders – Skulpturengruppe im Museu Calouste Gulbenkian

Im *Inneren* überrascht ein geradezu filigran erscheinendes Kirchenschiff, das von weiten Spitzbögen gegliedert wird. Die schmalen farbigen Glasfenster über den Seitenkapellen und dem dunklen Granitsockel unterstreichen den luftigen Raumeindruck. Besonders gelungen ist der *Chor*, der dank Glasbausteinen in himmlischem Blau erstrahlt. Farbiges Glas lässt auch den *Baldachin* von innen heraus leuchten. In seinem Schutz steht ein typisch portugiesischer Reliquienthron.

47 Campo Pequeno

Die Stierkampfarena ist auch als Veranstaltungsort und Einkaufszentrum beliebt.

Avenida da República
www.campopequeno.com
Metro: Campo Pequeno,
Bus: 36, 44, 54, 727, 732, 738, 745

Die kühne Stierkampfarena Campo Pequeno (1890–92) im neomaurischen Stil schuf *António José Dias da Silva*. Am roten Backsteinrund mit seinen hufeisenförmigen Fenstern markieren vier achteckige Türme die Eingänge und Tribünenaufgänge. Das *Hauptportal* an der Avenida da República wird durch vier zusätzliche Türmchen akzentuiert. Hübsche Blickpunkte setzten die orientalisch-bauchigen Turmhauben. Nach wie vor finden hier während der Saison (Ostern bis Oktober) Stierkämpfe statt. In Portugal wird dabei allerdings kein Tier getötet (Blut kann aber fließen). Auf den Tribünen um

Campo Pequeno – putzig wie Blechspielzeug wirkt die maurische gestylte Stierkampfarena

die Kampfarena (80 m Durchmesser) haben 8500 Zuschauer Platz. Wesentlich verlockender sind jedoch andere Großveranstaltungen wie Konzerte, sowie das moderne Einkaufszentrum, die Kinos und Restaurants im Erd- und Untergeschoss.

Shoppingfans dehnen ihren Bummel in die nahe **Avenida de Roma** mit ihren schicken Modegeschäften aus.

48 Centro Cultural Culturgest

Die Bank Caixa Geral de Depósitos präsentiert aktuelle Kunst und Musik in futuristischem Ambiente.

Rua do Arco de Cego
Tel. 217 90 51 55
www.culturgest.pt
Mo, Mi–Fr 11–19, Sa/So 14–20 Uhr
Metro: Campo Pequeno,
Bus: 36, 44, 54, 727, 732, 738, 767

Gewaltig und fast furchteinflößend erhebt sich das Hauptgebäude der *Caixa Geral de Depósitos* (1993) an der Avenida Dom João XXI. Die Entwürfe stammen von *Arsénio Cordeiro*, der auch für das postmoderne Einkaufszentrum Amoreiras verantwortlich zeichnete. Über glatten Granitwänden ragen kantige Betonlamellen empor und manifestieren den abweisenden Charakter der Architektur. Wenn man den Weg über die Rua do Arco de Cego wählt, kommt man direkt auf das von zwei mächtigen Turmbauten flankierte *Portal* zu. Hinter seinen hohen Glastüren macht ein mit viel Stahl futuristisch rund, harmonisch und schwungvoll geformtes *Foyer* Lust auf einen Ausstellungsbesuch im Centro Cultural Culturgest. Die aufregende Galerie, wohl die progressivste und aufgeschlossenste Lissabons, stellt junge Künstler aus aller Welt vor. Ebenso avantgardebewusst wird auch der *Konzertsaal* genutzt.

49 Casa-Museu Dr. Anastácio Gonçalves

Erlesene Porzellansammlung in einem für die Avenidas Novas typischen Gebäude.

Avenida 5 de Outubro 6–8
Tel. 213 54 08 23
www.imc-ip.pt
Di 14–18, Mi–So 10–18 Uhr
Metro: Saldanha

Dr. José Anastácio Gonçalves (1888–1965) war ein Augenarzt mit internationalen Kontakten und wie sein Freund *Calouste Gulbenkian* [s. S. 74] sehr an Kunst interessiert. Gonçalves' hochkarätige Privatkollektion ist in seiner einstigen Residenz, der **Casa Malhoa**, ausgestellt. Sie entstand 1904 nach Plänen von *Norte Júnior* als eines von zahlreichen Projekten des Stararchitekten an den Avenidas Novas. Bauherr und Mitgestalter war der renommierte Maler *José Malhoa* (1855–1933), der das Hauptwerk des portugiesischen Realismus, das Gemälde ›O Fado‹ (1910), schuf [s. S. 42]. Die neoromanische *Fassade* der Casa ziert Jugendstil-Dekor, ein schmetterlingsförmiges Tor und blumenreiche Glasmalereien folgen dieser Stilvorgabe.

Der Kunstsammler Gonçalves entwickelte eine besondere Vorliebe für *chinesisches Porzellan*. Unter den exquisiten Exponaten sind Einzelstücke aus der Song-Dynastie (10.–13. Jh.), zahlreiche intensiv blau-weiße Teller, Vasen und Flaschen aus der Ming-Zeit (16./17. Jh.) sowie emailliertes Porzellan im *Famille-Verte-* und *Famille-Rose-Stil* aus der Qing-Dynastie (17.–20. Jh.).

Durchaus sehenswert sind auch die ausgestellten *Möbel* des 17.–19. Jh. sowie die *Gemälde*, darunter Werke von António da Silva Porto (1850–1893), José Malhoa, Columbano Bordalo Pinheiro etc.

Top Tipp Kunst im Untergrund – Metro ganz bunt

Lisboetas fiebern der Eröffnung neuer oder umgebauter **Metrostationen** entgegen wie einer Kinopremiere, denn die Verkehrsgesellschaft *Metropolitano de Lisboa* sorgt seit den Anfängen der Metro 1959 für die künstlerische Ausgestaltung der Bahnhöfe. Für die ersten entwarf die Malerin **Maria Keil** (* 1914), Ehefrau des Architekten *Francisco Keil do Amaral*, geometrisch-abstrakte Azulejo-Wände. Beispiele ihrer Arbeiten sieht man im Eingangsbereich der (blauen) **Linha Azul** zwischen *Restauradores* und *Jardim Zoológico*, der (grünen) **Linha Verde** zwischen *Rossio* und *Alvalade* sowie der (gelben) **Linha Amarela** zwischen *Marquês de Pombal* und *Entre Campos*. In der Lissabonnner Metro erlebte die damals im Niedergang begriffene Azulejo-Kunst eine wahre Renaisssance. Und da man auch die guten Isoliereigenschaften der Fliesen schätzt, hat diese Art der Baudekoration im Untergrund bis heute Bestand.

Viele Stationen spiegeln die Stadt und ihre Attraktionen wider, so z. B. auf der Linha Amarela: Francisco Simões (* 1946) spielte 1994 in *Campo Pequeno* mit Stierkampfmotiven auf die oberirdische Arena an. Bartolomeus Cid dos Santos (1931–2008) bezog sich in *Entre Campos* 1993 auf die hiesige Nationalbibliothek, indem er Gil Vicente, Luís de Camões und Fernando Pessoa samt ihrer Werke verewigte. Und in *Campo Grande* (1993) zitiert Eduardo Nery (* 1938) traditionelle Empfangsfiguren (*Figuras de convite*) des 18. Jh., wie sie im nahen *Museu da Cidade* [Nr. 51] zu sehen sind. Für die zur Expo 1998 eingeweihte Endstation *Oriente* der (roten) **Linha Vermelha** lud man Künstler aus verschiedenen Ländern dazu ein, ihre Ideen in Azulejos umzusetzen. So steuerten der Isländer *Erró* (* 1932) und der Wiener *Friedensreich Hundertwasser* (1928–2000) jeweils farbenfrohe Kompositionen bei.

Besonders komplex ist die Arbeit der belgischen Künstlerin **François Schein** (* 1953) für die Station *Parque* der Linha Azul. Auf tiefblauen Wänden ist dargestellt wie das Ptolemäische Weltbild sich allmählich veränderte, auch durch die Entdeckungsreisen der Portugiesen. Die Weltkarten zeigen Routen von Sklavenschiffen, Anbaugebiete von Tee, Kaffee und Kakao, Lebensräume von Elefanten usw. Und die Decke über den Gleisen ist Buchstabe für Buchstabe mit dem Wortlaut der Menschenrechte geschmückt.

Azulejos für die Metro fertigt übrigens die **Fábrica Ceramica Viúva Lamego** (Zona Industrial da Abrunheira, Sintra, Tel. 219 15 10 02, www.aleluia.pt, Mo–Fr 10–16.30 Uhr).

Schmücken (fast) alle Metrostationen – Azulejos in kunstvollen Variationen

Der Norden – grüne Inseln im Hochhausmeer

Der Norden Lissabons ist bei weitem nicht so nüchtern, wie die Wohnblöcke und langen Straßenschneisen auf den ersten Blick vermuten lassen. Inmitten der rastlosen Verkehrsströme und der vielstimmigen Geräuschkulisse einer großen Metropole behaupten sich noch lauschige Oasen mit duftenden Orangenbäumen und Rosenbeeten, welche an die ländlichen Idyllen des 18. Jh. vor den Toren Lissabons erinnern. Ein solches Refugium ist zweifellos der traumhaft mit *Azulejos* geschmückte Adelssitz **Palácio dos Marqueses de Fronteira** am Waldrand des Monsanto. Berühmt ist er für seine arkadischen Gartenanlagen, allen voran dem *Jardim Grande* im italienischen Stil des 17. Jh. mit der **Galeria dos Reis**, der mit Porträtbüsten versehenen Königsgalerie. Der versunkenen Welt der höfischen Kultur begegnet man auch im **Parque do Monteiro-Mor** mit seinen teilweise exotischen Pflanzen und zwei schönen Rokokopalästen. Sie beherbergen jeweils äußerst sehenswerte Sammlungen, das Trachtenmuseum *Museu Nacional do Traje* und das Theatermuseum *Museu Nacional do Teatro*. Das **Museu da Cidade** wiederum lohnt schon deswegen den Besuch, weil es die originale Ausstattung des *Palácio Pimenta* – schön dekoriert vom Treppenhaus bis zur Küche – sowie eine liebliche Gartenanlage bewahrt. Doch genug der Harmonie und Wohlgestalt: Die kleinen und großen Unzulänglichkeiten der Gesellschaft nahm der Künstler und Karikaturist Rafael Bordalo Pinheiro aufs Korn. Davon kann man sich selbst im **Museu Rafael Bordalo Pinheiro** überzeugen. Seine zuweilen tierischen Vergleiche knüpften direkt an die im 18. Jh. so beliebten satirischen Azulejo-Tabelaus an – wie man sie schon im Palácio dos Marqueses de Fronteira findet. Und das tierische Vergnügen geht weiter, denn die Fans der beiden im Norden beheimateten großen Fussballclubs **Benfica** und **Sporting Lissabon** vergleichen sich mit Adlern bzw. Löwen. Bei den Heimspielen der Vereine tauchen sie ihre Stadien in ein rotes oder eben grünes Fahnenmeer.

Der Palácio dos Marqueses de Fronteira bezaubert mit dem Charme der Renaissance

50 Palácio dos Marqueses de Fronteira

TOP TIPP *Interessanter Palast mit den allerschönsten Gärten und Königsgalerie.*

Largo de San Domingos de Benfica
Tel. 217782023
www.fronteira-alorna.pt
Palast (nur mit Führung):
Juni–Sept. Mo–Sa 10.30, 11, 11.30, 12, Okt.–Mai 11, 12 Uhr
Park: Juni–Sept. Mo–Sa 10.30–12 und 14–17, Okt.–Mai 11–12 und 14–16.30 Uhr
Metro: Jardim Zoológico, dann Bus: 770

Das 1660–71 im Renaissancestil errichtete rote Jagdschlösschen der Marqueses de Fronteira wurde im 18. Jh. zum repräsentativen Wohnsitz der Familie ausgebaut, weil das Erdbeben 1755 den Stadtpalast zerstört hatte. Heute wird das Anwesen von einer Privatstiftung verwaltet, die der derzeitige 12. Marquês de Fronteira ins Leben rief. Die *Ausstattung* des Palácio stammt teils aus dem 17. Jh., vor allem die Azulejos, teils aus dem 18. Jh., wie Stuckdekor und Trompe-l'oeil-Malereien des Rokoko in den Sälen und im Treppenhaus. Ansonsten zeigen Bibliothek, Mobiliar, Gemälde, Porzellan usw., dass die Familie bis ins ausgehende 20. Jh. hier lebte. Einer der Seitentrakte ist noch bewohnt und daher nicht öffentlich zugänglich.

João de Mascarenhas, der erste Marquês de Fronteira, erhielt seinen Titel von König Pedro II. für seine Verdienste als General im Restaurationskrieg von 1640 gegen die Spanier. Entsprechend prachtvoll ist auch die **Sala das Batalhas**, der Schlachtensaal, dekoriert. Auf den Azulejo-Tableaus sind die wichtigsten Szenen des Befreiungskampfes minutiös geschildert, genaue Orts- und Datumsangaben inklusive – im damals modischen holländischen Blau mit manganfarbenen Konturen auf Weiss. Nur das Feuer der Kanonen flackert vereinzelt gelb auf.

Über die im Barockstil großflächig mit vielfarbigen Azulejos verkleidete Terrasse – zu dieser **Galeria das Artes** gehören Allegorien der Musik, Poesie und Geometrie – gelangt man in den herzerquickend

verwunschenen **Jardim de Vénus** mit Brunnen und erfrischenden Wasserspielchen. Der namengebende *Venusbrunnen* zeigt die Göttin der Liebe auf einer Muschel balancierend, welche Delphine tragen. Die Sitzbänke um den Brunnen schmücken *Azulejos* mit fabelhaften Tierbildern, eine im 18. Jh. beliebte Form der Gesellschaftssatire. Amüsant ist z.B. die Darstellung der ›Katzenmusik‹.

Berühmt ist der Palácio Fronteira vor allem für seinen geometrisch-formalen **Jardim Grande** im italienischen Stil des 17. Jh. mit der **Galeria dos Reis**, der Königsgalerie, an der Südseite. Oben auf der Galerie, in den Nischen der tiefblau gefliesten Wand, stehen *Marmorbüsten* der portugiesischen Könige von Afonso I. bis João VI. Sowohl die Nischen, als auch die Dächer der flankierenden Treppentürme sind mit kupferglänzenden, pinienförmigen *Azulejos* verkleidet, was den majestätischen Gesamteindruck unterstreicht. Das große *Wasserbecken* im Parterre wird von hohen blau-weißen Azulejo-Bildern gerahmt, auf denen edle Reiter auf feurigen Rössern quasi als Leibgarde der Könige dahingaloppieren.

Die anderen Seiten des Großen Gartens mit seinen Statuen, sorgfältig getrimmten Hecken und Bäumchen sind von niedrigen Mauern eingefasst. Auf ihnen sieht man Azulejos mit Darstellungen der 12 Monate und 12 Tierkreiszeichen, der vier Jahreszeiten und vier Elemente. Das moderne Tableau ›Feuer‹ (1999) mit Höllenhund und Phönix schuf übrigens *Paula Rego*.

51 Museu da Cidade

Das Stadtmuseum befindet sich im sehenswerten Palácio Pimenta.

Campo Grande 245
Tel. 217 51 32 00
www.museudacidade.pt
Di–So 10–13 und 14–18 Uhr
Metro: Campo Grande

Besucher des 1739 fertiggestellten **Palácio Pimenta** werden von hübschen *Willkommensfiguren* (Figuras de convite, s. S. 87) an den Wänden der *Hofeinfahrt* empfangen. Solche lebensgroßen Azulejo-Bilder von vornehm gekleideten Damen

Die Galerie dos Reis im Palácio de Fronteira mit Büsten der Könige und feurigen Reitern

und Herren, quasi vorauseilende Stellvertreter der realen Gastgeber, waren im Lissabon des 18. Jh. en vogue.

Das in Erdgeschoss und Beletage etablierte *Stadtmuseum*, das Museu da Cidade, dokumentiert die Geschichte Lissabons von der Frühzeit bis ins 20. Jh. Interessanter als die Exponate in den Vitrinen sind jedoch das große *Stadtmodell*, das den Zustand vor dem Erdbeben 1755 zeigt, und die umfangreiche Sammlung von *Lissabon-Veduten* des 14.–20. Jh. Eine Attraktion für sich ist der z. T. noch original eingerichtete Palácio selbst. Besonders unterhaltsam und erheiternd wirken das mit packenden Jagdszenen gefflieste *Treppenhaus* und die *Küche*, deren Azulejos eine Küchenhilfe bei der Arbeit und drumherum lauter Bildchen von Jägern, Fischen, Schweinen, Enten, Kräutern usw. zeigen.

Hinter dem U-förmigen Palácio Pimenta öffnet sich der dazugehörige **Park**, der mit seinen geometrisch beschnittenen Buchsbaumhecken, einer Allee aus Eukalyptusbäumen, mit Brunnen, Standbildern und Büsten zum Lustwandeln einlädt. Am Wegesrand stösst man auch auf den modernen *Pavilhão Branco*, den Weißen Pavillon, der jungen Künstlern eine ideale Ausstellungsfläche für raumgreifende Installationen bietet.

Meeresgeschöpfe – Azulejo im Garten des Palácio dos Marqueses de Fronteira

Auch die Alten trugen coole Klamotten – Roben und Trachten im Museu Nacional do Traje

52 Museu Rafael Bordalo Pinheiro

Der Karikaturist Rafael Bordalo Pinheiro ist einer der bedeutendsten portugiesischen Künstler des 19. Jh.

Campo Grande 382
Tel. 218 17 06 67
www.museubordalopinheiro.pt
Di–Sa 10–18 Uhr
Metro: Campo Grande

Gegenüber vom Stadtmuseum wurde 1914–16 eigens ein Gebäude für die Werke von *Rafael Bordalo Pinheiro* (1846–1905) errichtet. Neben Grafiken und Zeichnungen schuf dieser Künstler Skulpturen und Keramik. Im Mittelpunkt des Museum aber stehen vor allem seine Karikaturen und Cartoons, die er erstmals als eigenständige Kunstrichtung etablieren konnte. Humorvoll kritisiert Pinheiro in seinen Bildern die politischen, sozialen und kulturellen Gegebenheiten seiner Zeit. Er veröffentlichte sie nicht nur in der Presse, sondern rief sogar selbst einige Zeitungen und Magazine ins Leben.

Vielfältig ist auch sein kunsthandwerkliches Schaffen. 1884 gründete er die Fabrik *Caldas da Rainha*, für die er dekorative und künstlerische Objekte wie Fliesen aber auch Tischgeschirr im Jugendstil entwarf.

Der Karikaturist als Keramiker – Blick auf Exponate des Museu Rafael Bardalo Pinheiro

53 Parque do Monteiro-Mor

Inmitten herrlicher Grünanlagen locken zwei Palais mit dem Theater- und dem Trachtenmuseum.

Largo Júlio Castilho
Park und Museen: Di 14–18,
Mi–So 10–18 Uhr (Einlass bis 17.30 Uhr)
Metro: Lumiar, Bus: 36, 701, 703, 796

Der weit im Norden gelegene Parque do Monteiro-Mor wurde im 18. Jh. im Auftrag des *Marquês de Angreja* als Botanischer Garten mit heimischen und exotischen Bäumen etabliert. Doch bevor man unter Palmen wandelt und die Skulpturen im Garten studiert, sollte man den beiden Palais im Park einen Besuch abstatten. Die

Lokalderby – Rote Adler gegen Grüne Löwen

Seinem Fußballclub bleibt der Lissabonner zeitlebens treu, entweder schlägt sein Herz für Benfica (gegründet 1904) oder für Sporting Lissabon (gegründet 1906). Beide Vereine spielen in der **Liga Zon Sagres,** der ersten portugiesischen Liga.

Benfica trägt seine Heimspiele vor bis zu 65 000 Zuschauern im **Estádio da Luz** aus, das anlässlich der EM 2004 errichtet wurde. An die Sternstunden des Vereins, er ist mit 200 000 Mitgliedern der größte Sportverein der Welt, erinnern die *Stadiontour* (Porta 18, Tel. 217 21 95 20, www.slbenfica.pt, tgl. 10, 11, 12, 14.30, 15.30, 16.30, Juni–Sept. zusätzlich 17.30 Uhr) und das Bronzedenkmal des berühmten portugiesischen Fußballers *Eusébio* am Haupteingang. Ihm verdankt der Rekordmeister (32 Meistertitel) seine besten, die 1960er-Jahre. Aber noch heute ist jedes Spiel aufregend: Es regnet Konfetti, die Vereinshymne erklingt und schließlich kreist das ›Maskottchen‹, ein Adler, majestätisch vom Stadiondach zum Vereinswappen auf dem leuchtend grünen Rasen hinab. Die Fans schwenken ihre roten Schals und riesigen Fahnen, bejubeln lauthals die Spieler und zünden bei jedem Tor ein Feuerwerk.

Duell mit wechselnder Besetzung: Sporting gegen Benfica

Auch wenn **Sporting** vor seinen Spielen keinen Löwen loslässt, das Wappentier des Vereins, ist der Besuch im **Estádio de Alvalade** (2004) ein Erlebnis. Grasgrün dominiert auf dem Rasen und den Tribünen. Und immerhin schmückt sich der Verein (18 Meistertitel), der Nationalspieler wie Luís Figo und Cristiano Ronaldo hervorbrachte, mit einem eigenen Museum, der **Mundo Sporting** (Tel. 217 51 60 00, www.sporting.pt, Mo–Fr 11–17, an Spieltagen 11 Uhr bis 3 Std. vor Spielbeginn). Es dokumentiert die Klubgeschichte und das Vereinsleben.

Rokokosäle des *Palácio do Marquês de Angreja* werden ausstaffiert vom **Museu Nacional do Traje** (Tel. 217 59 03 18, http://museudotraje.imc-ip.pt). Hier kann man nicht nur die höfische Mode des 18. Jh. bewundern, sondern auch portugiesische Trachten des 14.–20. Jh. Im benachbarten *Palácio do Monteiro-Mor* mit dem **Museu Nacional do Teatro** (Estrada do Lumiar 10, Tel. 217 56 74 10, http://museudoteatro.imc-ip.pt) erhält man Einblicke in dramatischere Inszenierungen. Neben Kostümen, Requisiten und Bühnenbildern werden hier in Wechselausstellungen auch Entwürfe, Theaterplakate, Karikaturen und Fotografien gezeigt, welche die Geschichte und die Stars des portugiesischen Sprech- und Musiktheaters in Erinnerung rufen.

Der Osten – Ausflug in die Moderne

Am Bahnhof *Estação de Santa Apolónia* und an der kleinen Laden- und Restaurantzeile am Tejo gleich gegenüber scheint die Metropole Lissabon zu enden. Doch inmitten unscheinbarer Wohnviertel präsentiert das eindrucksvolle **Museu Nacional do Azulejo** im früheren Klarissenkloster *Convento da Madre Deus* seine einmalige, hochkarätige Sammlung von Fliesenbildern verschiedener Stilepochen.

Duarte Pacheco, der 1938–43 das Amt des Bürgermeisters von Lissabon bekleidete, konzentrierte die Industrie in dem Gebiet östlich vom Kloster. Die Anbindung an den Tejo und die Eisenbahn war günstig. Als Wohn- und Lebensraum attraktiv wurde der Osten Lissabons erst in den 1990er-Jahren. Anlässlich der Weltausstellung **EXPO 1998** entstand der **Parque das Nações** als ein ganz neues Stadtviertel mit ausgedehnten Grünanlagen und aufregender zeitgenössischer Architektur. Glanzbauten sind vor allem Santiago Calatravas spektakulärer Hauptbahnhof **Gare do Oriente** und die zweite Tejo-Brücke, die kühn gestaltete **Ponte Vasco da Gama**. Wie ein Schiffsmast mit geblähten Segeln wirkt der nicht weniger exzentrische **Torre Vasco da Gama**, zugleich das höchste Gebäude des Landes. Das grandiose Meeresaquarium **Oceanário de Lisboa** schließlich macht der einstigen Seefahrernation Portugal, die so stolz auf ihre Entdecker ist, mit einer Schau über die Tiefen der Ozeane alle Ehre. In riesigen Wassertanks tummeln sich zwischen Korallenriffen und Tangwäldern 8000 Meeresbewohner vom Hai bis zum Seepferdchen. Man kann das nasse Element aber auch beim Spielen in den **Jardins d'Água**, bei einer Fahrt mit der Seilbahn **Teleférico** oder bei einer unbeschwerten Radtour entlang des **Tejo** in allerlei Facetten genießen. Die Bauten von Stararchitekten aus aller Welt und der hohe Freizeitwert, desweiteren das große Einkaufszentrum und das Messegelände, ferner zahlreiche Cafés und Bars, Restaurants und Hotels mit schönen Ausblicken ins Grüne und aufs Wasser tragen zur lebendigen Vielfalt des neuen Lissabonner Ostens bei.

Museu Nacional do Azulejo – die Igreja da Madre de Deus mit Fliesen der Meisterklasse

54 Museu Nacional do Azulejo

TOP TIPP *Das Museum überwältigt mit kunstvollen Fliesenbildern und führt zugleich durch Lissabons Geschichte.*

Rua da Madre de Deus 4
Tel. 218 10 03 40
mnazulejo.imc-ip.pt
Di–So 10–18 Uhr (Einlass bis 17.30 Uhr)
Bus: 718, 742, 794

Das Museu Nacional do Azulejo widmet sich mit seinen herrlichen Exponaten der Kunstgeschichte und den Produktionstechniken jener Fliesen, die in Lissabon und in ganz Portugal Innenräume und Fassaden schmücken. Die bunten Kostbarkeiten sind im früheren Klarissenkloster **Convento da Madre de Deus** ausgestellt, das König Manuels I. Schwester *Leonor* 1509 gegründet hatte. Das feinziselierte *Kirchenportal* im manuelinischen Stil ist erhalten, während das *Innere* der Klosterkirche unter König João V. mit üppig vergoldeten Schnitzereien, mit Gemälden und Fliesenbildern neu ausgestattet wurde. Die blau-weißen Azulejo-Tableaus an den Wänden gehören zu den herausragenden Meisterwerken des späten 17. Jh. Sie werden den Holländern *Willem van der Kloet* (1666–1747) und *Jan van Oort* (1645–1699) zugeschrieben und zeigen neben Szenen zur Geschichte Moses' detaillierte Gartenlandschaften und Fantasiearchitekturen. Den Fries am Sockel soll der Spanier *Gabriel del Barco* mit Putten, Blumen und Fruchtkörben verziert haben.

Vermutlich schuf *Gabriel del Barco* auch das etwa 23 m lange, aus 1376 Fliesen zusammengesetzte **Lissabon-Panorama** (um 1700–25) in Blau-Weiß. Es ist schon deswegen von unschätzbarem Wert, weil es die Stadtansicht aus der Zeit vor dem Erdbeben von 1755 wiedergibt – vom Kloster Madre Deus im Osten bis in den Westen von Belém – mit vielen architektonischen Details, belebt durch Szenen aus dem Alltagsleben. Man sieht Märkte, Prozessionen, rauchende Brennöfen, Werftarbeiter im Hafen und Bauern auf dem Felde.

Obwohl **Azulejos** (s. S. 87) in Portugal bereits seit dem 15. Jh. als Dekoration weit verbreitet waren, etablierte sich erst ge-

gen Ende des 16. Jh. eine nationale Produktion. Zuvor wurden Wandfliesen mit polychromen Ornamenten aus Spanien, vor allem aus Sevilla, später kunstvoll bemalte Majolika auch aus dem flämischen Antwerpen importiert.

Eines der ersten und aufwendigsten portugiesischen Fliesen-Kunstwerke ist das Altarbild ›Nossa Senhora da Vida‹ (1580), eine Szene mit der Geburt Christi, die aus der Igreja de Santo André (nicht erhalten) stammt. Das Museum dokumentiert auch die Glanzzeit der Azulejos, die in den Adelspalästen des 17. Jh. an Motiv- und Formenvielfalt gewannen und gegen Ende des 18. Jh. auch in den Palais des aufstrebenden Bürgertums Triumphe feierten. Den seriell produzierten Fliesen für die Fassadengestaltung im 19. Jh. wird ebenso gedacht wie den ersten 1959 von *Maria Keil* gestalteten Metrostationen [s. S. 77]. Die Keramikkunst der Gegenwart kommt in interessanten Wechselausstellungen zur Geltung.

Selbst die Wände des *Restaurants* sind mit Azulejos geschmückt, hier sind Küchenmotive des 19. Jh. zu entdecken. Im begrünten *Innenhof* mit Goldfischbecken sorgen Sonnensegel für angenehmen Schatten.

Azulejos – wie die Wände sprechen lernten

Azulejos (arab. *al zuléija* – kleiner polierter Stein) sind in Portugal seit dem 15. Jh. als Wanddekoration weit verbreitet. Zunächst importierte man polychrome **spanisch-maurische Azulejos** mit geometrischen Mustern und einfachen Blumenornamenten vor allem aus Sevilla. Entsprechende Fliesen kann man z.B. im *Palácio Nacional de Sintra* [s. S. 121] bewundern. Zu dieser Zeit benutzte man zwei Dekorationstechniken, um Formen und Farben auf den zugeschnittenen Tonplatten zu fixieren: Bei der **Corda-Seca-Technik** sollten die mit einer fetthaltigen Mixtur aus Leinöl und Manganoxid gezeichneten Konturen das Ineinanderlaufen der Farben beim abschließenden Brennen verhindern. Bei der **Aresta-Technik** wurde der Ton in Modeln gedrückt, sodass dann Reliefs die Muster definierten. Mitte des 16. Jh. setzte sich für Azulejos die in Italien entwickelte **Majolika-Technik** (Fayence) durch. Charakteristisch ist die flächendeckende weiße Zinnglasur. Darauf konnten direkt weitere Farben aufgetragen werden, was die künstlerischen Gestaltungsmöglichkeiten revolutionierte. Die ersten Majolika-Fliesen bezogen die Portugiesen aus **Antwerpen**. Erst als sich um 1560 flämische Keramiker in Lissabon niederließen, lief auch die Produktion im eigenen Land an.

Vielteilige Fliesen-Muster zieren ganze Wände wie Tapeten (*Painel de azulejos*). Bis etwa 1630 weit verbreitet war das perspektivisch wirkende **Diamantmuster** (*Ponta de diamante*) in Blau und Gelb auf Weiß. Beliebt waren aber auch florale Ornamente, angereichert mit Masken und Putten. In der zweiten Hälfte des 17. Jh., nach der Befreiung Portugals von spanischer Herrschaft, gewannen die Azulejos eine erstaunliche Farben- und Formenvielfalt. Aus jener Zeit stammen die aufwendigen **Azulejo-Tableaus**, die Gemälden künst-lerisch in Nichts nachstehen. Bibelszenen beherrschen die großen Fliesenbilder in den Kirchen, so im Convento dos Cardaes [Nr. 35] und Convento da Madre de Deus. Letzterer birgt heute als **Museu Nacional do Azulejo** [Nr. 54] ein wahres Bilderbuch der Fliesen-Kunst. Adelspaläste wie der **Palácio dos Marqueses de Fronteira** [Nr. 50] prunken mit Darstellungen exotischer Tiere und Pflanzen, Szenen von der Jagd sowie aus der Mythologie und überraschen mit bissiger Gesellschaftssatire. Ab 1690 kam der blau-weiße **holländische Stil**, der an wertvolles chinesisches Porzellan erinnerte, in Mode. Erst Mitte des 18. Jh. kehrte die Mehrfarbigkeit zurück mit den **Figuras de convite**. Diese lebensgroßen, höfisch gekleideten Willkommensfiguren posieren an Hofeinfahrten, in Korridoren und Treppenhäusern als Stellvertreter der Gastgeber.

Possierliches Detail der Fayence ›Hühnerhochzeit‹ (ca. 1665) im Museu do Azulejo

Eine Rückbesinnung auf einfachere Fliesen ging mit dem Wiederaufbau der durch das Erdbeben 1755 zerstörten Stadt unter Marquês de Pombal einher. Diese **Pombalinos** zeigen schlichte Gitter- und Rosettenmotive, die in Massen hergestellt und zu Mustern kombiniert werden konnten. Sie waren nicht mehr Kirchen und Palästen vorbehalten, sondern tauchten ab etwa 1830 an Hausfassaden auf. Farbenfroh belebt vom Wechsel des Tageslichtes prägen sie bis heute das Erscheinungsbild Lissabons. Auch aus dem Untergrund sind die Fliesen nicht mehr wegzudenken, seit *Maria Keil* (* 1914) die ersten Metrostationen 1959 [s. S. 77] mit kinetisch-abstrakten Motiven schmückte.

Einblicke in die Produktion von Azulejos bietet die bereits 1741 gegründete **Fábrica Sant'Anna** (www.fabrica-santanna.com, Fabrik mit Geschäft: Calçada da Boa-Hora 96, Tel. 213 63 82 92, Mo–Fr 9.30–12.30 und 13.30–18 Uhr, Geschäft: Rua do Alecrim 95, Tel. 213 42 25 37).

Palmenwedel im Wind – Calatravas Bahnhof Gare do Oriente am Parque das Nações

55 Parque das Nações

Das EXPO-Gelände von 1998 glänzt mit spannender Architektur und abwechslungsreichen Parkanlagen.

www.portaldasnacoes.pt
Metro: Oriente,
Bus: 28, 44, 708, 750, 759, 782, 794

TOP TIPP Schon der Lissabonner Hauptbahnhof **Gare do Oriente** (Avenida Dom João II, Tel. 218 91 82 20) des spanischen Stararchitekten *Santiago Calatrava* lohnt die Fahrt in den modernen Osten der Stadt. Die freundliche Architektur empfängt seit der Expo 1998 Besucher aus aller Welt und hat wesentlich zur Akzeptanz des neuen Stadtviertels beigetragen. Ein Wald schlanker Säulen, die sich nach oben hin wie Palmwedel auffächern, trägt das verglaste, federleicht wirkende *Dach* des Bahnhofs. Die Eisenbahngleise liegen 14 m über dem Straßenniveau. Schwungvolle Formen zeichnen auch die beiden einander überkreuzenden *Hallen* mit ihren weitgespannten Bögen, kühnen Treppenrampen, eleganten Brücken und raumschiffartigen Tunneln aus. Mit etwa 75 Mio. Passagieren pro Jahr ist der Gare do Oriente heute einer der verkehrsreichsten Bahnhöfe der Welt.

Diejenigen, die dem Shopping zugetan sind, werden ihre wahre Freude im benachbarten Einkaufscenter **Centro Vasco da Gama** (Avenida D. João II, www.centrovascodagama.pt, tgl. 9–24 Uhr) haben, Vergnügungssüchtige zieht es eher ins **Casino Lisboa** (Alameda dos Oceanos, www.casino-lisboa.pt, So–Do 15–3, Fr/Sa 16–4 Uhr) oder in eine der vielen Bars, Sportverrückte können am Fluss nach Herzenslust joggen, Kinder in den TOP TIPP **Jardins d'Água** (Passeio de Ulisses) im Wasser plantschen, und für Verliebte findet sich immer ein romantisches Plätzchen auf einer der Bänke – hier wurde an alles gedacht.

Und wer sich nicht alles erlaufen oder erradeln möchte, verschafft sich vom **Teleférico** (Tel. 218 95 61 45, Mo–Fr 11–19, Sa/So 10–19 Uhr), der Seilbahn zwischen Oceanário und Torre Vasco da Gama, einen Überblick über das Gelände. Der **Torre Vasco da Gama** (Cais das Naus, derzeit geschl.) erhebt sich am Tejo-Ufer als markantes Wahrzeichen. Der Portugiese *Leonor Janeiro* und der Brite *Nick Jacobs* entwarfen den Turm, der mit 142 m das höchste Gebäude Portugals ist, als östliches Pendant zum Torre de Belém [Nr. 76] im Westen Lissabons. Der hiesige, in Stahlfachwerkbauweise konstruiert, erinnert an einen Mast mit Ausguckskorb und geblähtem Segel. Der Turm wird seit Jahren zu einem Luxushotel umgebaut, nach dessen Eröffnung dann auch das Panorama-Restaurant und die Aussichtsterrasse in luftiger Höhe wieder zu erreichen sein sollen. Architektonisch interessant sind auch die verschiedenen Weltausstellungs-Pavillons. Das große Rund des **Pavilhão Atlântico** (Rossio dos Olivais, Tel. 218 91 84 09, www.pavilhaoatlantico.pt) wurde vom Portugiesen *Regino Cruz* entworfen und fasst 20 000 Zuschauer. Drei Säle stehen für Veranstaltungen zur Verfügung. Gegenüber, auf der anderen Seite der Doca dos Olivias, erhebt sich der kantig-raumgreifende **Pavilhão de Portugal** (Alameda dos Oceanos) von *Álvaro Siza Vieira* mit seinem geschwungenen Vordach. Er wird von der Stadt für offizielle Preisverleihungen oder Empfänge genutzt. Die von *Barreiros Ferreira* und *França Dória* entworfenen Messehallen der **Feira International de Lisboa** (FIL, Rua do Bojador, Tel. 218 92 15 00, www.fil.pt) auf der anderen Seite des Pavilhão Atlântico sind gut ausgelastet mit Konferenzen, Ausstellungen und Messen wie der ›Arte Lisboa‹. Architekturfreunde begeistert nicht zuletzt die schnittige, etwa 17 km lange Tejo-Brücke **Ponte Vasco da Gama** (www.lusoponte.pt). Die imposante Schrägseilkonstruktion mit der sechsspurigen Autobahn schwebt wie eine weiße Fata Morgana über dem Wasser.

56 Oceanário de Lisboa

TOP TIPP

In Lissabons Aquarium werden Meeresbewohner gekonnt in Szene gesetzt.

Esplanada Dom Carlos I.
Tel. 218 91 70 02
www.oceanario.pt
April–Okt. tgl. 10–20, Nov.–März tgl. 10–19 Uhr (Kasse schließt 60 Min. früher)
Metro: Oriente,
Bus: 28, 44, 708, 750, 759, 782, 794

Besuchermagnet im Parque das Nações ist das Oceanário, ein einzigartiges Aquarium nach Entwürfen des US-amerikanischen Architekten *Peter Chermayeff*. Hier kann man abtauchen in die faszinierende Welt der Ozeane. Hier tummeln sich bunte possierliche Fischschwärme zwischen Korallenriffen, hier ziehen Haie, die gefährlichen Jäger, und geheimnisvolle Wesen wie der monströse Mondfisch ihre Bahnen. Auch lustige Pinguine und coole Seeotter fehlen nicht. Für die insgesamt etwa 8000 Tiere und Pflanzen 500 verschiedener Arten gibt es einen zentralen 5-Mio.-Liter-Tank, der das Weltmeer darstellt, sowie vier große, tiefe Wasserbecken, in denen die Felsküsten des Nordatlantiks, die eisige Antarktis, die Tangwälder des gemäßigten Pazifiks und die Korallengärten tropischer Gewässer naturgetreu nachgebildet sind, sowie 25 kleinere Aquarien mit Tintenfischen, Seepferdchen, Quallen, Moränen uvm.

57 Pavilhão do Conhecimento – Ciênca Viva

Unterhaltsames Mit-Mach-Museum für die ganze Familie.

Alameda dos Oceanos
Tel. 218 91 71 00
www.pavconhecimento.pt
Di–Fr 10–18, Sa/So 11–19 Uhr
Metro: Oriente,
Bus: 28, 44, 708, 750, 759, 794

Eine breite Rampe windet sich zum Eingang des Pavilhão de Conhecimento (Pavillon des Wissens) hinauf. In dem großen Wissenschafts- und Technikmuseum kann man nach Lust und Laune experimentieren, die physikalischen Gesetze prüfen, etwa die Schwerkraft ausreizen oder optische Phänomene hinterfragen, chemische Farbenspiele verfolgen und Materialeigenschaften testen.

Die interaktive Ausstellung bietet einen speziellen Bereich für 3–6 Jährige, in dem sie nach Herzenslust bauen können. Ältere Kinder und Jugendliche begeistern sich für allerlei mathematische Spielchen, sogar Erwachsene finden manche Herausforderung.

Ganz nett schwerer Junge – scharfnasiger Heringshai im Ocenário de Lisboa

Westliche Altstadtviertel – von stillen Wassern und fernen Sternen

Der Westen Lissabons ist besonders abwechslungsreich. Zwischen dem geschäftig bunten Viertel *Santos* und Lissabons grüner Lunge auf dem *Monsanto*, zwischen dem Kreuzfahrtterminal von Alcântara und dem Sitz der Sozialistischen Partei in *Rato* reckt sich die leuchtend weiße Kuppel der **Basílica da Estrela** weithin sichtbar in den Himmel, an der man sich bestens orientieren kann. In der Nähe repräsentiert der **Palácio de São Bento** als Sitz des portugiesischen Parlaments, der *Assembleia da Republica*, die weltliche Macht. Die Nachbarschaft wird von mehreren Botschaften geprägt, die meist in früheren Adelpalästen des Stadtviertels *Lapa* residieren. Auch das bedeutende **Museu Nacional de Arte Antiga** mit seiner großartigen Gemäldesammlung Alter Meister glänzt in solch edlem Rahmen.

Seit dem 18. Jh. genoss der Adel im Westen der Stadt die Gesellschaft Joãos V., der den **Palácio das Necessidades** errichten ließ. Der Königspalast dient heute als Außenministerium. Eine Umnutzung erfuhren aber nicht nur Paläste und Klöster, sondern auch die unter Pombal im 18. Jh. entstandenen Manufakturen, wie die Seidenfabrik mit dem **Museu Fundação Arpad Szenes – Vieira da Silva** in Rato. Und wo früher großbürgerliche Quartiere und Arbeiterviertel aneinander grenzten, mischen sich heute Diplomaten und Parlamentarier unter die einfachen Leute, finden sich Schreibwaren- und Gemüsehändler, zahlreiche Cafés, Antiquitäten- und Designergeschäfte. Besonders belebt ist die *Rua de São Bento*. Wenn man aber die Einsamkeit sucht, bietet sich ein Spaziergang über den majestätischen **Aqueduto das Águas Livres** an, ein architektonisches Bravourstück des 18. Jh., oder ein Besuch auf dem malerischen Friedhof **Cemitério dos Prazeres** mit seinen interessanten Grabmonumenten.

58 Basílica da Estrela

Strahlend weißer Prachtbau einer gottesfürchtigen Königin.

Praça da Estrela
Tel. 213 96 09 15
Kirche: tgl. 8–12.30 und 15–19.30 Uhr, Terrasse: Mi und Fr 14–16 Uhr (aber: Öffnung der Terrasse entfällt oft)
Tram: 25E, 28E,
Bus: 709, 713, 720, 738, 773

Die majestätische Kuppel der Basílica da Estrela, der Sternenbasilika, scheint nach dem Firmament zu greifen. Schon in jungen Jahren hatte die künftige *Königin Maria I.* (1734–1816) die Errichtung eines Gotteshauses im Falle der Geburt eines männlichen Thronfolgers gelobt. Dieser Wunsch war ihr 1761 erfüllt worden. Unmittelbar, nachdem sie im Jahr 1777 zur Königin gekrönt worden war, gab sie den Bau der Kirche in Auftrag. Ab 1779 wuchs die spätbarocke Basilika aus leuchtend weißem Kalkstein nach Plänen von *Mateus Vicente de Oliveira* empor. Vorbild war die Kirche des gewaltigen Klosterkomplexes von Mafra (1730), der ebenfalls in Erfüllung eines königlichen Gelübdes zur Geburt eines Thronfolgers entstanden war. Die hiesigen Arbeiten führte nach dem Tod des ersten Baumeisters 1786 *Reinaldo Manuel dos Santos* fort. Er zeichnet auch für die klassizistische *Doppelturmfassade* mit Säulenportikus verantwortlich. In den seitlichen Nischen sieht man Statuen von Heiligen, über den drei Portalen posieren vier weibliche Figuren als Tugendallegorien.

Auf hohem Tambour reckt sich die elegante Vierungskuppel mit schlanker Laterne in den Himmel. Durch ihre Fenster fällt viel Licht ins mächtige tonnengewölbte Kirchenschiff, das mit blaugrauem, rosafarbenem und gelbem Marmor klar strukturiert ist. Gemälde des Italieners *Pompeo Batoni* schmücken den Hochaltar und die Seitenaltäre.

Als die Basilika 1789 vollendet war, lebte der heiß ersehnte Thronfolger schon nicht mehr, und die Frömmigkeit Marias I. hatte sich in Wahnsinn verwandelt. Ihre letzte Ruhestätte fand die Königin in einem von Totenköpfen bewachten Marmorsarkophag im rechten Seitenschiff. Dort steht auch ein gläserner Kindersarg mit einer Mumie aus den römischen Katakomben, eine Gabe Papst Pius' VI. aus dem Jahr 1791. Der Raum, in dem die Weihnachtskrippe von *Joaquim Machado de Castro* mit etwa 500 Terrakottafiguren steht, bleibt Besuchern leider meist verschlossen (links an der Sakristei melden), ebenso wie der Aufgang zu Terrasse und Kuppel.

59 Jardim da Estrela

TOP TIPP *Die üppig grüne Oase ist bei Alt und Jung gleichermaßen beliebt.*

Praça da Estrela
Tram: 25E, 28E,
Bus: 709, 713, 720, 738, 773

Gegenüber der Basilika erstreckt sich der Jardim da Estrela. Besonders in den hei-

Basílica da Estrela im Mondschein – klassizistische Eleganz und barocke Dekorationslust

ßen Sommermonaten ist es eine Wohltat, hier inmitten üppigen Grüns zu flanieren und die exotischen Gewächse zu bewundern. Unterwegs sieht man Pflanzen aus aller Herren Länder: Aus Madeira stammen die *Wachsmyrthe*, ein Strauch mit eiförmigen Blättern, sowie der *Stinklorbeer*. Dieser verströmt seinen unangenehmen Geruch aber nur, wenn man den schlanken Stamm fällt. Die auf Luftwurzeln gestützten *Großblättrigen Feigen* kamen erstmals im 19. Jh. aus Australien nach Europa, und die *Kermesbeere*, die wegen ihrer dicken Rinde auch Elefantenbaum genannt wird, ist eigentlich in der argentinischen Pampa zu Hause. Stets von zwitschernden Vögeln umschwärmt sind die buschigen *Glanzmispeln* aus China mit ihren roten Beeren. Als wahres Schmuckstück erweist sich auch der große Musikpavillon (18. Jh.) mit seiner grün-weiß gestrichenen Holz-Eisen-Konstruktion. Viele Bänke und ein Cafe, das verwunschen an einem Teich liegt, bieten sich für eine Pause an.

Jardim da Estrela – Ruhepunkt für Jung und Alt in tropischer Pflanzenwelt

60 Casa Fernando Pessoa

Museum für Fernando Pessoa, einen der bedeutendsten Dichter Portugals.

Rua Coelho da Rocha 16
Tel. 213 91 32 70
casafernandopessoa.cm-lisboa.pt
Mo–Fr 10–18 Uhr
Metro: Rato, Tram: 28E, Bus: 709

In einer ruhigen Wohngegend des Viertels Campo de Ourique nördlich vom Jardim da Estrela erinnert ein Museum an *Fernando Pessoa* (1888–1935), einen der berühmtesten Literaten Portugals. Das Museum befindet sich im letzten Wohnhaus des Dichters, der bis auf die 1895–1905 in Südafrika verbrachten Jugendjahre seine Geburtsstadt nie verließ. Pessoa verdiente seinen Lebensunterhalt als Handelskorrespondent. Als Schriftsteller veröffentlichte er zu Lebzeiten nur den Gedichtband ›*Mensagem*‹ (1934).

Dass er posthum zu einem der großen Protagonisten der portugiesischen Literatur wurde, ist einer der spektakulärsten Entdeckungen der europäischen Geistesgeschichte zu verdanken. Denn in Pessoas Nachlass stieß man auf eine Holztruhe voller Manuskripte, insgesamt über 27 500 Seiten, mit Gedichten und Romanfragmenten von enormer Qualität. Darunter waren auch die tagebuchartigen Aufzeichnungen des Hilfsbuchhalters Bernardo Soares, die 1982 unter dem Titel ›*Livro do Desassossego*‹ (deutsche Ausgabe 1985 unter dem Titel ›Buch der Unruhe‹) erschienen.

Pessoa spaltete seine schriftstellerische Identität in mehrere Alter Egos auf. Jedes dieser *Heteronyme* stattete er mit einer kompletten Biografie, mit ganz individuellen Überzeugungen und einem eigenen Sprachstil aus. Da er für jede Identität ein Geburtsdatum festlegte, konnte er auch individuelle Horoskope erstellen. Sogar Visitenkarten, die heute zu den skurrilsten Sehenswürdigkeiten des kleinen Museums zählen, ließ er für seine ›Anderen Ichs‹ drucken.

Pessoas einstiges Schlafzimmer im Obergeschoss blieb so eingerichtet wie in den 1920er-Jahren, als er hierher zog. Auch die Schreibmaschine, mit der er einige seiner bedeutendsten Gedichte schrieb, sowie Romanfragmente und Fotos sind zu sehen. Im Hause gibt es zudem eine Bibliothek sowie Vortrags- und Ausstellungsräume, in denen Events zur zeitgenössischen portugiesischen Literatur stattfinden.

Der Friedhof der Freuden ist trotz des aufmunternden Panoramas ein Ort stiller Erinnerung

61 Cemitério dos Prazeres

Prachtvolle Mausoleen flankieren die Totenstraßen des Friedhofs.

Praça São João Bosco
Tel. 213 91 26 99
tgl. 9–17 Uhr
Tram: 25E, 28E, Bus: 701, 709

Schnurgerade führt die Rua Saraiva de Carvalho auf das große Halbrund der Praça São João Bosco im Westen des Stadtteils *Campo de Ourique* zu. Hinter Mauern mit einem schmucklosen Portal erstreckt sich der Cemitério dos Prazeres, der *Friedhof der Freuden*. Sein Name verweist nicht etwa auf eine besonders positive Einstellung der Lisboetas zum Tod. Auch die Eröffnung des Friedhofs im Jahr 1833 hatte nichts mit Freuden zu tun, vielmehr suchte damals eine schwere Choleraepidemie die Stadt heim und die bestehenden Friedhöfe waren rasch überfüllt. Deshalb wies man ein ausgedehntes Gelände am Rande des Aristokratenviertels mit Namen *Prazeres* als neue Begräbnisstätte aus.

Der Cemitério dos Prazeres avancierte bald zum Friedhof prominenter und vermögender Hauptstädter, entsprechend großzügig wirken viele der Mausoleen und Grabdenkmäler entlang der von Zypressen beschatteten Wege. Nachbauten berühmter portugiesischer Paläste oder Kirchen finden sich hier neben Architekturzitaten aus Ägypten und Rom.

Nicht zu übersehen ist die Pyramide mit vorgeblendeter Tempelfront, welche für den portugiesischen Regierungschef *Pedro de Sousa Holstein* (1781–1850) errichtet wurde. Über die Jahre fanden hier über 200 Familienmitglieder ihre letzte Ruhe. Es ist dies wohl eines der größten Familiengräber Europas. Extravagant wie-

Palácio das Necessidades – eine fröhliche Erscheinung ist der Palast der Notwendigkeiten

derum ist das Grab des Professors *Aniceto Rocha*. Der Dozent an der Militärakademie hinterließ Pläne für sein Grabmal. Es reicht so tief in den Untergrund, dass er aufrecht begraben werden konnte – wie es einem Soldaten gebührt, der schließlich im Stehen sterben sollte. Einige Abteilungen des Friedhofs sind renommierten Persönlichkeiten wie Schriftstellern und Dramatikern vorbehalten. Und so liegt José Cardoso Pires (1925–1998), der im ›*Lissabonner Logbuch*‹ (1997) seine Heimatstadt äußerst liebevoll porträtierte, im Jazigo dos Escritores an der Rua 6 begraben.

Mit den Themen Tod, Totenkult und Tabu in Lissabon und Portugal setzt sich die sehenswerte kleine Ausstellung *In Memoriam* (tgl. 10–16 Uhr) in der zentralen Friedhofskapelle auseinander.

62 Palácio und Tapada das Necessidades

Die einstige Königsresidenz und eine verwunschene Parkanlage.

Palast: nicht öffentlich zugänglich
Park: Largo das Necessidades
tgl. 9–19 Uhr
Bus: 773

In privilegierter Lage über dem Tejo erhebt sich der Palácio das Necessidades. Er ersetzte eine bescheidene *Unserer Lieben Frau der Notwendigkeiten* geweihte Kapelle. Vor dem betreffenden Gnadenbild hatte *König João V.* (1689–1750) einst um Genesung von schwerer Krankheit gebetet und war erhört worden. Zum Dank ließ er ab 1742 an der gleichen Stelle einen neuen Palast mit Kloster errichten. Die Baumeister *Custódio Vieira, Eugénio de Santos Carvalho* und *Manuel da Costa Negreiro* schufen einen lang gestreckten, zweigeschossigen Barockbau mit klassizistischen Stilelementen. Die rosafarbene *Fassade* zum Largo das Nessecidades hin gliedern Fenster in dichter Folge. Auf der linken Seite ragt der Turm der *Igreja Nossa Senhora das Necessidades* empor, welche die alte Kapelle integrierte und, nun größer und schöner, mit einem vorgeblendeten dreibogigen Prunkportal beeindruckt. Steht man zwischen dessen Torbögen, so schweift der Blick über eine nach dem Vorbild von Berninis römischen Platzanlagen konzipierte Terrasse mit Brunnen und Obelisk. Die Aussicht von hier oben über den Tejo ist unvergleichlich schön.

Während der Regierungszeit Marias II. (1834–53) diente der Palast als offizielle königliche Residenz. Die Hofeinfahrt in der Mitte des Bauwerks passieren heute nur noch Diplomatenkarossen, denn der Palast beherbergt seit 1950 das portugiesische *Außenministerium*.

Links vom Palastkomplex geht es in den **Tapada das Necessidades**, den einstigen königlichen Wildpark. Der Gatte Marias II., Fernando II., ließ ihn mit Drachenbäumen, Kakteen und Agaven bepflanzen. Je weiter man beim Spaziergang in den Park vordringt, desto leiser wird das Rauschen, das von der Ponte 25 de Abril herübertönt, desto verwilderter erscheint das Grün. Auch die Brunnen und Orangerien verharren heute wie im Dornröschenschlaf.

63 Museu Nacional de Arte Antiga

TOP TIPP

Das Museum für Alte Kunst ist eine der bedeutendsten Kunstsammlungen Portugals.

Rua das Janelas Verdes
Tel. 213 91 28 00
www.mnarteantiga-ipmuseus.pt
Di 14–18, Mi–So 10–18 Uhr
(Kasse schließt 30 Min. früher)
Tram: 15E, 25E,
Bus: 28, 713, 714, 727, 732, 760

Das Museu Nacional de Arte Antiga besteht seit 1884 und residiert seither im *Palácio Alvor-Pombal* von 1690. Dessen etwa 150 m lange *Fassade* zur Avenida das Janelas Verdes hin wirkt nüchtern, nur das Wappen des Marquês de Pombal über dem Portal setzt einen schmückenden Akzent. 1940 ergänzte *Guilherme Rebelo de Andrade* den Palast um einen dreistöckigen Anbau, der sich stilistisch eng an der bestehenden Architektur orientiert.

Die Dauerausstellung schlägt einen Bogen vom Mittelalter bis ins frühe 19. Jh. Vor allem Kunstwerke aus den 1834 aufgelösten Klöstern Portugals sind zu sehen, bereichert um Kostbarkeiten aus den königlichen Palästen und den portugiesischen Kolonien in Afrika, Indien und China.

Fast ein ganzes Stockwerk (1. Etage) ist dem europäischen Kunstschaffen des 14.–19. Jh. gewidmet. Hieronymus Boschs weltberühmtes Triptychon ›Versuchung des Hl. Antonius‹ (1515), auf dem der Märtyrer durch irdische Lüste verführt und vom Teufel und seinen Dämonen gepeinigt wird, hängt im Saal 61. Dort blickt auch Albrecht Dürers ›Hl. Hieronymus‹ (1521) grübelnd in die Welt und Lucas Cranach d. Ä. reizende, unschuldig dreinblickende ›Salome‹ (1510–15) hält die Schale mit dem Haupt Johannes des Täufers fast liebevoll im Arm.

Das Prozessionskreuz ›Cruz de Sancho‹ (2. Etage, Saal 29) von 1214 aus dem Kloster von Coimbra ist eines der Glanzstücke der Abteilung, die den Gold- und Silberarbeiten gewidmet ist. Es verbindet die Zeichensprache der Romanik mit jener der frühen Gotik und birgt einen Splitter des Kreuzes Christi als Reliquie.

Stunden könnte man mit der Betrachtung der sechs ›Painéis de São Vicente‹ (3. Etage, Saal 5) verbringen, die *Nuno Gonçalves* 1470–80 für den St.-Vinzenz-Altar in der Lissabonner Kathedrale schuf. Adlige, Ritter, Fischer, Mönche, der Erzbischof und *König Afonso V.* huldigen dem Heiligen. Die Tafeln begeistern durch ihre überbordende Detailfreude und 58 individuell gestaltete Porträts.

Der doppelte Vinzenz – Polyptychon des 15. Jh. im Museu Nacional de Arte Antigua

Trotz Strippen nicht um Worte verlegen – chinesischer Mandarin im Museu da Marioneta

Besondere Beachtung verdienen auch die schwarz-goldenen Namban-Wandschirme (3. Etage, Saal 14), auf denen japanische Künstler um 1600 anschaulich das Eintreffen portugiesischer Händler und Jesuiten in ihrem Land schildern. Da man die Europäer ›südliche Barbaren‹ (*Namjan jin*) nannte, bezeichnete man derartige Darstellungen als Namban-Kunst.

Zum Abschluss sollte man unbedingt dem *Museumscafé* einen Besuch abstatten. Von seinem mit Statuen geschmückten Garten genießt man einen einzigartigen Blick auf den Tejo, die riesigen Kreuzfahrtschiffe an der Doca de Alcântara und den Cristo Rei am jenseitigen Flussufer.

64 Museu da Marioneta

Die Welt der Marionetten im früheren Kloster Convento das Bernardas.

Rua da Esperança 146
Tel. 213 94 28 10
www.museudamarioneta.pt
Di–So 10–13 und 14–18 Uhr
Tram: 25E, Bus: 713, 727,
Linha Cascais: Santos

Enge, von hübschen Häusern flankierte Gassen führen zum 1655 erbauten Convento das Bernardas. Die vier Flügel des einstigen Zisterzienserklosters umgeben einen von Arkaden gesäumten Innenhof. Im südlichen Klosterflügel an der Rua da Esperança zeigt das Museu da Marioneta seine interessante Sammlung. Exotisch wirken die von Stöcken gelenkten Wayang-Figuren aus Indonesien, die Bunraku-Puppen aus Japan und die bis zu 1 m hohen Figuren des vietnamesischen Wassertheaters. Weitere fantasievoll ge-

Superlative Architektur – grandioser Portikus und Fassadenflucht des Palácio de São Bento

Herzzerreißende Inszenierung – die Lebenswelt eines Stars im Casa-Museu Amália Rodrigues

staltete Marionetten stammen aus Burma, China, Afrika und Neuseeland.

Natürlich dürfen auch die klassischen Figuren des europäischen Theaters nicht fehlen, etwa der clowneske *Guignol* aus Frankreich, der amoralische *Punch* aus England und die stets edel gekleideten; *Pupi* genannten Figuren aus Sizilien. Ein weiteres Highlight der Präsentation ist der Themenbereich *Film und Animation*. Vor allem Kinderaugen verfolgen fasziniert, wie minutiös Detail für Detail, Bild für Bild ein spannender Film entsteht – mit Zeichenstift, Knetgummifiguren und am Computer.

65 Palácio de São Bento

Soldaten in Paradeuniform bewachen das klassizistische Parlamentsgebäude.

Rua de São Bento
Tel. 213 91 96 25
www.parlamento.pt
Tram: 28E, Bus: 706, 727, 773

Eine breite Freitreppe führt von der Rua de São Bento hinauf zum strahlend weißen Palácio de São Bento, dem Sitz des portugiesischen Parlaments, der **Assembleia da República**. Benannt ist der klassizistische Bau nach dem einstigen Benediktinerkloster *São Bento* (16./17. Jh.). Nach dessen Auflösung im Jahr 1834 traten in seinen Mauern die *Cortes*, die beiden Kammern der portugiesischen Nationalversammlung, zusammen. Doch 1895 zerstörte ein Feuer Teile des Komplexes. Die anschließende Neugestaltung nach Plänen *Miguel Ventura Terras* zog sich bis in die 1940er-Jahre hin. Am Portikus der klassizistischen Hauptfassade posieren vier weiblichen Statuen als Personifikationen der Tugenden Gerechtigkeit, Tapferkeit, Weisheit und Mäßigung.

Im einstigen Klostergarten steht ein kleineres Palais von 1877, das als Residenz des Premierministers fungiert.

66 Casa-Museu de Amália Rodrigues

Tempel für die Königin des Fado.

Rua de São Bento 193
Tel. 213 97 18 96
Di–So 10–13 und 14–18 Uhr
Metro: Rato, Bus: 706, 727

Das einstige Wohnhaus von *Amália Rodrigues* (1920–1999) ist heute eine Pilgerstätte für die Fans der *Rainha do Fado*, der Königin des Fado [s. S. 43]. Etwa 30 Min. dauert die Führung durch die mit Bühnenkostümen, Schallplatten, Fotos, Konzertplakaten usw. bis zum Bersten gefüllten Räume. Auf dem Weg durch die Ausstellung wird der Besucher von herzzerreißenden Fado-Klängen begleitet.

Die in Lissabon geborene Amália Rodrigues zählt zu den größten Fado-Stars Portugals. Ihr Gesang setzte die Standards, denen *Fadistas* noch heute nacheifern. Schon im Alter von 15 Jahren trat die

Der Aquedoto das Águas Livres überspannt in gigantischen Bögen das Alcântara-Tal

Rodrigues bei Volksfesten auf, 1940 ging die Zwanzigjährige für erste Plattenaufnahmen und Konzerte nach Brasilien. Zwischen 1950 und den 1970er-Jahren war sie weltweit ein gefeierter Star. Sie trat in Madrid, Paris, London, Rom, New York, ja sogar in Moskau auf. Nach ihrem Tod am 6. Oktober 1999 ordnete die portugiesische Regierung eine dreitägige Staatstrauer an. Ihre enorme Bedeutung für das Land verdeutlicht auch, dass sie 2001 als erste Frau ins Panteão Nacional [Nr. 21] aufgenommen wurde.

67 Museu Fundação Arpad Szenes – Vieira da Silva

Leben und Werk eines ungarisch-portugiesischen Künstlerpaares.

Praça das Amoreiras 56
Tel. 213 88 00 44
www.fasvs.pt
So–Mo 10–18 Uhr
Metro: Rato, Bus: 706, 709, 711, 720

Als stilvoller Rahmen des Museu Fundaçao Arpad Szenes – Vieira da Silva fungiert eine umgebaute Seidenfabrik aus dem 18. Jh. Die Dauerausstellung ist dem Künstlerehepaar *Maria Helena Vieira da Silva* (1908–1992) und *Arpad Szenes* (1897–1985) gewidmet, das sich in Paris kennenlernte und 1930 heiratete. Die Werke der in Lissabon geborenen Malerin Vieira da Silva sind für ihre abstrakten Geflechte aus Linien und Flächen bekannt. Der Ungar Arpad Szenes kam über expressionistische und surrealistische Arbeiten zu seinen kubistisch aufgelösten Landschaften. Obwohl beide Künstler die französische Staatsbürgerschaft angenommen hatten, blieb Vieiras Beziehung zu ihrer Geburtsstadt so eng, dass sie einen Großteil ihrer beider Gemälde, Fotografien und Korrespondenz hierher stiftete. Dieses Erbe bildet den Grundstock des Museums, das überdies Wechselausstellungen zu Malerei und Fotografie der Gegenwart präsentiert.

Als Hommage an das Künstlerpaar ist übrigens auch die nahe Metrostation **Rato** gestaltet. Die Wände schmücken Azulejos mit Nachbildungen von Szenes' ›Banquet‹ (1948) und Vieiras ›Ville en Extension‹ (1970).

68 Mãe d'Água

Das gigantische Trinkwasserreservoir vollendete den Aquädukt.

Praça das Amoreiras 10
Tel. 214 26 26 50
museudaagua.epal.pt
Mo–Sa 10–18 Uhr
Metro: Rato, Bus: 706, 709, 711, 720

Die fensterlose Mãe d'Água überragt auf ihrem gewaltigen Unterbau alle anderen Gebäude der Umgebung. Der Wasserspeicher gehörte wie der Aqueduto das Águas Livres [Nr. 69] zum neuen städtischen Wasserversorgungssystem, mit dem *König João V.* im 18. Jh. das drängendste Problem der ständig wachsenden Metropole Lissabon zu lösen versuchte.

Zu Zeiten der Phönizier, Römer und Mauren bezog Lissabon sein Trinkwasser vornehmlich aus den Quellen am Burgberg und aus Regenwasserzisternen. Das Wasser des Tejo, der nahe Lissabon in den Atlantik mündet, ist wegen des Tidenhubs, der zwei Mal täglich Meerwasser den Fluss hinaufdrückt, ungenießbar. Im 16. Jh. war der Bedarf bereits so hoch, dass Wasserträger das Nass aus den Bergen von Sintra nördlich der Stadt heranschleppen mussten. Schließlich befahl König João V. 1732 den Bau eines

Aquädukts, der im Jahr 1748 fertiggestellt wurde und das Erdbeben 1755 zum Glück unbeschadet überstand. Das unter *Jose I.* und seinem Premierminister Pombal 1752 von Carlos Mardel und Reinaldo Manuel dos Santos in Angriff genommene Wasserreservoir konnte aufgrund der Katastrophe allerdings erst 1834 vollendet werden. In der Mãe d'Água, der *Mutter des Wassers*, wurde das Wasser aus dem Aquädukt gesammelt und an die städtischen Brunnen und an die Adelspaläste verteilt. Bis etwa 1900 blieb sie das Herz der Lissabonner Wasserversorgung.

Das Wasser strömt vom Aquädukt durch ein riesiges Fischmaul und eine Gipsgrotte in ein 5300 m^3 Wasser fassendes Becken. Vier 15 m hohe Säulen tragen das Gewölbe des Speichersaals. Im Registerhaus an der Westseite regulierten einst Aufseher die Wassermenge, die von hier durch die Stadt geleitet wurden. Treppen führen auf das Dach des Reservoirs, das einen grandiosen 360°-Blick über Lissabon gewährt.

Von dort oben sieht man auch das anlässlich der Vollendung des Wasserspeichers erbaute *Triumphtor* über der Rua das Amoreiras und einige Bögen des Aquädukts entlang der Straße. Dieser verläuft dann ein Stück weiter unterirdisch – bis zum Vale de Alcântara.

69 Aqueduto das Águas Livres

TOP TIPP

Das 1748 eingeweihte Jahrhundertbauwerk überstand das Erdbeben 1755 unbeschadet.

Calçada da Quintinha 6
Tel. 214 26 26 50
museudaagua.epal.pt
Mo–Sa 10–18 Uhr
(bei schlechtem Wetter geschl.)

Bus: 702

Vom Mãe d'Água sind es etwa 1,5 km Luftlinie zum spektakulärsten Abschnitt des Aqueduto das Águas Livres (1732–1748) über das *Vale de Alcântara*. Der Aquädukt überspannt das Alcântara-Tal auf einer Länge von 941 m mit 35 Bögen von unterschiedlicher Weite. Der größte ist ein 65 m hoher und 32 m breiter Spitzbogen. Darüber verläuft die eingehauste Wasserleitung, auf beiden Seiten durch einen *Gehweg* flankiert. Für einen Spaziergang auf dem Aquädukt sollte man die Südseite wählen, weil man von dort eine schöne Aussicht über das Alcântara-Tal hinunter zum Tejo und bis zur Ponte 25 de Abril hat. Da das Tor zum Parque Florestal de Monsanto hin geschlossen ist, muss man die Tour in luftiger Höhe an ihrem Ausgangspunkt beenden.

An den Ufern des Tejo – Grüße aus aller Welt

Ruhig fließt der Tejo dahin, übertönt vom Rauschen der Autos und Züge, die ihn auf der Brücke **Ponte 25 de Abril** überqueren. Blendet man diese Geräuschkulisse aus, kann man an einem der aufgeputzten Schuppen der *Doca de Santo Amaro* mit Blick auf Wasser und Segelboote, Fische und Möwen genüsslich im Freien speisen. Träumereien über etwaige Entdeckungsreisen sollte man gleich Richtung *Doca de Alcântara* ins **Museu do Oriente** lenken. In dem einstigen Lagerhaus für Südfrüchte und Stockfisch konserviert man inzwischen Fänge portugiesischer Seefahrer ganz anderer Art, nämlich Kunstschätze aus dem Fernen Osten, aus Macau, Indien, China und Japan. Und passiert man die eher unwirtlichen Hafen- und Gewerbeanlagen im Schatten der Brücke, erwartet einen dort der nächste spannende Ausflug nach Übersee. Das **Museu de Macau** zeigt seine erlesene Sammlung, die übersichtlich die Errungenschaften und wechselseitigen Einflüsse der Kulturkreise im Westen Europas und im Osten Asiens vor Augen führt. Anschließend kann man am Tejo weiter bis nach Belém bzw. zurück zum langgestreckten Kreuzfahrtterminal Doca de Alcântara spazieren. Oder man nimmt die Straßenbahn 15 E zum Cais do Sodré und von dort eine der Fähren über den Tejo, denn der beste Blick auf Lissabons Stadtkulisse bietet sich vom **Cristo Rei** hoch über dem Südufer. Die Christusstatue, das an ihr berühmtes Vorbild auf dem Corcovado von Rio de Janeiro erinnernde Wahrzeichen Lissabons, erteilt dem Tejo, der Stadt mit ihren Bewohnern und Besuchern mit ausgebreiteten Armen den Segen.

70 Museu do Oriente

TOP TIPP

Der Ferne Osten ganz nah. Das Museum zeigt hochkarätige Kunstwerke aus Macao, Indien und Japan.

Avenida Brasília/Doca de Alcântara
Tel. 213 58 52 00
www.museudooriente.pt
Di–So 10–18, Fr bis 22 Uhr (Kasse schließt 30 Min. früher)
Tram 15E, Bus: 28, 714, 727, 738

Ab dem 16. Jh. drangen die portugiesischen Seefahrer immer weiter gen Osten vor. Der Handel mit Luxusgütern aus Indien, Macau, Japan und Timor bescherte Portugal enormen Reichtum. So überrascht es nicht, dass dem Kunstschaffen dieser Weltgegend in Lissabon ein glanzvoll bestücktes Museum gewidmet ist. 2008 eröffnete das Museu do Oriente an der *Doca de Alcântara* in einem eigens umgebauten fünfstöckigen Gebäude von 1939, in dem einst Südfrüchte und Stockfisch gelagert wurden.

Während die weiße Fassade und die Eingangshalle licht und freundlich wirken, sind die fensterlosen, schwarz gestrichenen Ausstellungsräume ungewöhnlich dunkel, Lichtspots lenken die Aufmerksamkeit auf die kostbaren Exponate und setzen sie eindrucksvoll in Szene.

Die 1. Etage ist der portugiesischen Präsenz in Asien gewidmet. Den Auftakt macht die Exponate aus **Macau**, wo Portugal ab 1557 seinen wichtigsten Handelsposten in Asien unterhielt. Erst seit 1999 ist Macau wieder Teil der Volksrepublik China. Auffällig sind die großformatigen chinesischen Paravents, die Ansichten von Macau und Kanton zeigen. Häufig mischen sich, auch auf dem ausgestellten feinen Porzellan, portugiesische und chinesische Ikonographie. So umkreisen etwa fernöstliche Drachen europäische Wappen. Zu den Artefakten gehören überdies Lack- und Perlmuttkästchen zum Aufbewahren von Spielsteinen oder Opium sowie Bilder von Teehandel und Seidenproduktion.

Einzigartig ist die Sammlung goldgrundiger *Namban-Wandschirme* (16./17. Jh.) aus **Japan**. Auf ihnen wird die Ankunft der portugiesischen Schiffe und der Handel mit den Jesuiten detailfreudig dargestellt. Als *Namban* (südliche Barbaren) bezeichneten die Japaner jene Europäer, die ab 1543 ihre Küsten ansteuerten.

Am Beispiel von **Goa**, der früheren portugiesischen Kolonie an der Westküste Indiens, wird der Einfluss des durch die Jesuiten verbreiteten Christentums besonders deutlich. Exquisit ziselierte Silber- und Elfenbeinarbeiten zieren Kruzifixe mit indischem Rankenwerk und Motiven aus der Bibel.

Im 2. Stock ist die **Kwok-On-Sammlung** zu sehen, eine Stiftung des gleichnamigen Sammlers. Sie ist den darstellenden Künsten Asiens gewidmet und sucht in ganz Europa ihresgleichen. Zu den Kostbarkeiten gehören Puppen, Drachen, Theatermasken, Tanzkostüme und Musikinstumente, welche die Vielfalt der asiatischen Kulturen und Mythologien widerspiegeln.

Nach dem Museumsbesuch empfiehlt sich ein Bummel in östlicher Richtung an der Doca de Alcântara oder in westlicher Richtung an der Doca de Santo Amaro entlang, wo einige Restaurants zum Verweilen einladen.

71 Museu de Macau

Blick zurück auf 500 Jahre portugiesisch-chinesischer Beziehungen.

Rua da Junqueira 30
Tel. 213 617570
www.cccm.pt
Di–So 10–18 Uhr
Tram 15E, Bus: 714, 727, 732, 751

Die erlesene Sammlung des Museu de Macau zeichnet den regen kulturellen und wirtschaftlichen Austausch zwischen Portugal und China nach. Im Erdgeschoss dokumentieren alte Reiseberichte, Karten und Schiffsmodelle, darunter auch eine Nachbildung von Vasco da Gamas Dreimaster *Nau da India* und Nachbauten von Dschunken des 12.–15. Jh., dieses Thema. Highlight des Museums ist der Querschnitt durch ein Handelsschiff des 16. Jh., das einst zwischen Macau und Japan verkehrte. Ausgefeilte Videotechnik projeziert Bilder von Mannschaft und Passagieren an Bord, die ihre Erfahrungen schildern. Händler berichten, dass europäische Waffen oder südamerikanische Pflanzen wie Kartoffeln, Tabak und Erdnüsse in China gefragt waren und sie im Gegenzug chinesische

Das Museu do Oriente – eine glänzende Wunderkammer asiatischer Kunst

Produkte wie Tee, Sellerie und Rhabarber nach Europa brachten.

Im Obergeschoss dokumentieren feine Silberwaren, hübsche Lackdosen, zerbrechliche Fächer aus Schildplatt oder Elfenbein, aber auch Opiumpfeifen und Erotika aus Porzellan die Vielfalt chinesischen Kunsthandwerks.

72 Ponte 25 de Abril ✓

Bildschöne Hängebrücke mit berühmten Geschwistern. gesehen

www.lusoponte.pt

Wer sich Lissabon von Süden her nähert, der passiert die Ponte 25 de Abril, ein elegantes Bauwerk, das Lissabons Panorama in unvergleichlicher Weise dominiert. Seit 1966 quert die 2278 m lange doppelstöckige Hängebrücke den Tejo. Oben verläuft eine sechsspurige Straße, darunter rauschen Züge von und nach Lissabon. Immerhin 190 m über den Tejo erhebt sich der Hauptpfeiler, fast 90 m tief gründen seine Fundamente im Fluss. Architektonisch erinnert die Brücke, die in Richtung Stadt mautpflichtig ist, an San Franciscos berühmte Brücken: Golden Gate Bridge und Oakland Bay Bridge. Letztere wurde wie die Ponte 25 de Abril von der *American Bridge Company* erbaut.

73 Cristo Rei

TOP TIPP

Raumgreifendes Monument der Dankbarkeit und Gottesfurcht.

Avenida Cristo Rei
Almada
Tel. 212 75 10 00
www.cristorei.pt
Sommer Mo–Fr 9.30–18.30, Sa/So 9.30–19, Winter tgl. 9.30–18.15 Uhr,
Heilige Messe: Di–So 17 Uhr
Fähre ab Cais do Sodré über den Tejo nach Cacilhas, dann Bus 101

Segnend breitet die gewaltige, 28 m hohe Statue des Cristo Rei (König Christus) ihre Arme über das am gegenüberliegenden Tejoufer dahingebreitete Lissabon aus. Hoch über dem Fluss und nur wenige hundert Meter Luftlinie von der Ponte 25 de Abril entfernt steht die graue Betonfigur auf vier monumentalen Betonsäulen, die wiederum auf einem gewaltigen Torbau emporwachsen.

San Fransisco oder Lissabon – die Ponte 25 de Abril erinnert an die Golden Gate Bridge

Mit der Errichtung des Cristo Rei erfüllten die Bischöfe Portugals ein Gelübde, das sie 1940 in Fátima, dem bedeutendsten Wallfahrtsort des Landes, abgelegt hatten. Sollte Portugal vom Zweiten Weltkrieg verschont bleiben, würden sie ein Denkmal für Jesus zu errichten. Ihre Gebete wurden erhört, und die Kapelle im Sockelbau der 1959 eingeweihten Statue der *Muttergottes von Fátima* geweiht. Das gesamte Bauwerk zitiert den weltberühmten Cristo Redentor (1931) auf Rio de Janeiros *Corcovado* und gehört zu den wichtigsten Wallfahrtsorten der Iberischen Halbinsel.

Mit dem Aufzug gelangt man hinauf zur spartanisch gestalteten *Capela dos Confidentes do Coração de Jesus*. Unmittelbar darüber, quasi zu Füßen Christi, befindet sich die Aussichtsplattform. Sie bietet einen spektakulären Blick über Lissabon und den Tejo bis zum Atlantik.

Bevor man von Almadas Hafen im Ortsteil Cacilhas nach Lissabon zurückkehrt sollte man an der Kaimauer des **Cais do Ginjal** entlangschlendern – und nochmals die grandiose Sicht über den Tejo auf die Metropole am gegenüberliegenden Ufer genießen.

Mit Schiene und Seil – musealer Stadtverkehr

Eine Fahrt mit der legendären Straßenbahn **Eléctrico 28** – kurz 28E – ist ein wahres Vergnügen, sofern man in den chronisch von Touristen überfüllten Wagen einen Sitzplatz ergattert. Die Fahrt beginnt an der **Praça Martim Moniz** [Nr. 24] in der Mouraria und endet am **Cemitério dos Prazeres** [Nr. 61]. Quietschend und ratternd bewältigt die sonnengelbe Tram steile Gassen, halsbrecherische Haarnadelkurven und rasante Abfahrten – vor allem in den Vierteln Graça, Alfama und Chiado. Unterwegs kann man sich bei geöffneten Fenstern den Wind um die Ohren pfeifen lassen und die Aussicht genießen. Mal rücken die Hauswände beängstigend nah, dann öffnet sich unvermittelt ein herrliches Tejo-Panorama. In Prazeres angekommen, müssen alle Passagiere aussteigen – und für die Rückfahrt ein neues Ticket lösen. Als Alternative zur stark frequentierten 28E empfiehlt sich die nicht weniger abenteuerliche Fahrt mit der **Eléctrico 12** von der Praça da Figueira in der Baixa rund um den Burgberg mit dem **Castelo de São Jorge** [Nr. 14].

Über die historischen Lissabonner Verkehrsmittel – auch die denkmalgeschützten Standseilbahnen (*Ascensor*) und den Aufzug *Elevador de Santa Justa* – informiert das **Museu da Carris** (Rua 1° de Maio 101, museu.carris.pt, Mo–Sa 10–13, 14–17 Uhr).

Belém – Hafen der Entdecker

Als Hafen, von dem aus die großen Entdecker in See stachen, erlebte **Belém** unter *König Manuel I.* dank des gewinnbringenden Überseehandels eine Blütezeit. Damals entstanden hier auch Prachtbauten im manuelinischen Stil wie die beiden UNESCO Weltkulturerbestätten: Zunächst das Hieronymuskloster **Mosteiro dos Jerónimos** mit der fantastischen Kirche Santa Maria de Belém, dem schmucken Kreuzgang und dem viel später vollendeten Westflügel, der nun das archäologische *Museu Nacional de Arqueologia* und das Marinemuseum *Museu da Marinha* birgt. Dann der stolze Festungsturm **Torre de Belém**, der zum Schutz von Kloster und Hafen errichtet wurde und heute zu Lissabons Wahrzeichen zählt.

Die Prachtentfaltung am portugiesischen Königshof des 18./19. Jh. bezeugen die goldstrotzenden Prunkkarossen im Kutschenmuseum **Museu Nacional dos Coches**. Ein anderer Besuchermagnet ist das Entdeckerdenkmal **Padrão dos Descobrimentos** am Tejo, von dem man eine grandiose Aussicht bis zum Atlantik hat. Einblicke in die Welt der modernen Kunst bietet das **Centro Cultural Belém** mit dem *Museu Colecção Berardo*. Weitere Attraktionen sind das spannende **Museu da Electricidade** im früheren Elektrizitätswerk am Fährhafen und der auf einer Anhöhe thronende **Palácio Nacional da Ajuda**, der unvollendete und dennoch größte portugiesische Königspalast.

Die Kulturgenüsse lassen sich herrlich ergänzen: Unbedingt probieren sollte man die traumhaften **Pasteis de Belém**, die hier ofenfrisch serviert werden – sahnige Puddingtörtchen mit Zimt und Puderzucker. Viel Spass macht es aber auch, am Tejo längs zu bummeln oder von Cafés und Restaurants aus den Anglern und Seglern zuzugucken. Man kann sich aber auch ein Fahrrad leihen. Die **Uferpromenade**, die schnurstracks vom Fährhafen bis zum Jachthafen *Doca de Santo Amaro* führt, ist bei Radlern und Spaziergängern gleichermaßen beliebt.

74 Mosteiro dos Jerónimos

TOP TIPP *Das Hieronymuskloster ist ein Meisterwerk manuelinischer Baukunst.*

Praça do Império
Tel. 213 62 00 34
www.mosteirojeronimos.pt
Mai–Sept. Di–So 10–18.30,
Okt.–April Di–So 10–17.30
(Kasse schließt 30 Min. früher)
Tram: 15E, Bus: 28, 714, 727, 729, 751

Das Mosteiro dos Jéronimos dominiert die weite Praça do Império, die fast bis zum Tejo reicht. Die Hieronymus geweihte Klosteranlage gehört zum **UNESCO Weltkulturerbe** und zu den meistbesuchten Sehenswürdigkeiten Lissabons.

Im 15. Jh. brachen vom Hafen Belém die portugiesischen Seefahrer in die Fremde auf. Der überbordende Reichtum, den ihre Entdeckungen und die anschließende Kolonisierung in die Kassen des Königreichs spülte, ermöglichte *König Manuel I.* (1469–1521) eine rege Bautätigkeit. Diese gipfelte im Mosteiro dos Jéronimos, errichtet just an jenem Hafen, dem der König seinen Wohlstand verdankte. Mit dem Kloster schufen seine Baumeister das reinste Beispiel der **Manuelinik** [s. S. 108], des nach Manuel I. benannten Stils. Die hiesigen Mönche des *Hieronymitenordens* sollten für das Seelenheil des Königs und seiner Familie beten, den Seefahrern die Beichte abnehmen und geistlichen Beistand leisten. Zudem diente die Klosterkirche als Grablege der Aviz-Dynastie.

Das Hieronymuskloster Mosteiro dos Jéronimos von Belém – ein Prachtbau der Manuelinik

Nach der Grundsteinlegung 1501 zogen sich die Bauarbeiten am Kloster etwa ein Jahrhundert hin. Den Entwurf und die Arbeiten verantwortete zunächst *Diogo Boytac*, den 1516 *João de Castilho* als leitender Architekt ablöste. Danach führten *Diogo do Torralva* und *Jerónimo de Ruão* das Projekt fort. Sie schufen einen imposanten Kirchenbau im Osten, auf dessen Rückseite sich Sakristei, Kapitelsaal und Refektorium um den wohl spektakulärsten Kreuzgang Portugals gruppieren. Gen Westen schließt sich ein weiterer lang gezogener Klosterflügel an.

Das dem Platz zugewandte *Südportal* (1516–20) der Klosterkirche **Igreja de Santa Maria de Belém** ist Castilhos Meisterwerk. Der mit üppigem Maßwerk und zahlreichen Statuen geschmückte Portalvorbau nimmt die gesamte Höhe der Kirchenfassade ein, er ist 32 m hoch und 12 m breit. Die Steinmetze schufen hier eine Fülle filigranen Baudekors von erlesener Qualität. Im Zentrum, auf der Säule zwischen den beiden Eingangstoren, steht eine Statue *Heinrichs des Seefahrers*. Die Reliefs im Tympanon stellen Szenen aus dem Leben des hl. Hieronymus dar. Den Torbogen krönt eine Figur der Maria mit Kind. Links und rechts sind Petrus und Paulus zu erkennen. Unter Fialen, in Nischen, zwischen Wappen und Emblemen bevölkern weitere Statuen das Portal, darunter Propheten und Apostel. In luftiger Höhe schließlich posiert der Erzengel Michael über der Heiligenschar.

Als Haupteingang zur Kirche dient jedoch das *Westportal* (1514–20), das der französische Bildhauer *Nicolas Chanterène* bereits im Sinne der Renaissance gestaltete. Glanzlichter der harmonischen Komposition sind die Figurengruppen in den drei Nischen über dem Torbogen. In der Mitte sieht man die ›Geburt Christi‹, links die ›Verkündigung‹ und rechts die ›Anbetung der Heiligen Drei Könige‹. Hier wird ein schöner Bezug zu *Bethlehem* (port.: Belém) hergestellt. Das Portal flankieren die Statuen der Stifter in Begleitung ihrer Schutzheiligen: König Manuel I. mit Hieronymus und seine Frau Maria mit Johannes dem Täufer.

Das *Innere* der dreischiffigen Hallenkirche wirkt dank schlanker, sich wie Palmwedel oben auffächernder Bündelpfeiler, die das Netzgewölbe tragen, schier atemberaubend. Im Eingangsbereich fallen zwei neomanuelinische *Grabmäler* aus dem 19. Jh. auf. Rechts befindet sich das Kenotaph für den Nationaldichter *Luís de Camões*, der nach seinem Pesttod 1580 in einem Massengrab bestattet wurde. Linker Hand steht der Sarkophag mit den sterblichen Überresten des berühmten Indienfahrers *Vasco da Gama* (1469–1524). Im Jahr 1880 wurden sie aus dem verfalle-

Entzückende Manuelinik – der weltberühmte Kreuzgang des Hieronymusklosters von Belém

nen Kloster von Vidiguera 130 km südöstlich von Lissabon hierher überführt.

Im *Querschiff* wechseln Nischen mit vergoldeten Altären und schlichten Marmorsärgen für die Mitglieder des Königshauses einander ab. Im Südarm steht das *Kenotaph für König Sebastião*, der 1578 im marokkanischen Alcácer-Quibir fiel. Der Sarkophag seines Onkels *Kardinal Henrique*, des letzten Herrschers der Aviz-Dynastie, wurde im nördlichen Querschiff aufgestellt.

Im *Chor* wiederum fallen rote Porphyrsarkophage ins Auge, die jeweils von grauen Marmorelefanten getragen werden. Links ruhen *Manuel I.* und seine Frau *Maria*, rechts ihr Sohn *João III.* mit seiner Frau *Katharina*. In ihrem Auftrag konnte übrigens *Jerónimo de Ruão* den Chor 1565–70 im Stil der Hochrenaissance vollenden. Den *Hochaltar* (1572–74) schmücken Gemälde mit Szenen der Passion Christi und eine ›Anbetung der Heiligen Drei Könige‹ von Lourenço de Salzedo.

Auf der Rückseite der Kirche, gen Norden, schließt sich der **Kreuzgang** an. Geradezu hinreißend ist die Detailfreude, mit der das Bauwerk, das wie kein anderes die Manuelinik verkörpert, verziert ist. Auf zwei Stockwerken umgeben seine Arkadengänge ein 55 x 55 m messendes Geviert. Steinerne Blätter ranken sich an den Säulen empor, die unterschiedlichsten Blüten schmücken die Bögen. Über ihnen scheinen Greifen aus dem Mauerwerk hervorzubrechen. An den Wänden sieht man Bibelszenen, gerahmt von kunstvoll verknotetem Tauwerk. Im Maßwerk der Bögen und auf den Schlusssteinen des Zellengewölbes wiederholen sich fünf Motive: das königliche Wappen, das verschnörkelte ›R‹ für Rei (König), das Kreuz des Christusordens, die Armillarsphäre und die Karavelle. Unter den Nordarkaden des Kreuzgangs steht die schlichte Grabsäule für den Schriftsteller *Fernando Pessoa* [s. S. 92], dessen sterblichen Überreste 1985 vom Friedhof Prazeres hierher überführt wurden.

Hatte schon der Bau der Klosterkirche gut 100 Jahre in Anspruch genommen, so dauerte die Vollendung des **Westflügels** sogar noch länger. Erst 1908, das Kloster war längst säkularisiert, stellten ihn *Rafael da Silva Castro* und *Parente da Silva* im neomanuelinischen Stil fertig.

Ins Erdgeschoss zog 1909 das **Museu Nacional de Arqueologia** (Archäologisches Nationalmuseum, Tel. 213 62 00 00, www.mnarqueologia-ipmuseus.pt, Di–So 10–18 Uhr). Famos ist die Kollektion prähistorischer und antiker Schmuckstücke und Goldschmiedearbeiten. Ein Diadem aus der Bronzezeit, goldene Armreifen und Halsketten aus der Eisenzeit sowie kunstvoll gestaltete Ohrringe aus der römischen Antike ziehen dort die Blicke auf sich. Aber die wahren Schätze des Museums gehören zur Ägyptischen Sammlung. *Königin Amélia* hatte 1903 bei einem

Besuch am Nil etwa 200 Objekte erstanden. Weitere brachte Museumsgründer *José Leite de Vasconcelos* 1909 mit. So kamen Begräbnismasken, Mumien und wunderschön mit Blattgold und Halbedelsteinen verzierte Colliers nach Lissabon.

Ebenfalls im Westflügel des Klosters ist das Marinemuseum, **Museu da Marinha** (Eingang an der Stirnseite im Westen, Tel. 213 62 00 19, museu.marinha.pt, Mai–Sept. Di–So 10–18, sonst bis 17 Uhr), untergebracht. *König Luís I.* gründete es im Jahr 1863, um an die ruhmreiche Geschichte Portugals als Seemacht zu erinnern. Die Sammlung zeigt Pläne und Modelle von Schiffen der Königlichen Marine sowie diverse nautische Instrumente, Seekarten, Uniformen und Votivbilder des 16.–20. Jh. Auch das Handwerk der Fischer sowie die Anfänge der Dampfschifffahrt werden dokumentiert. Ein Highlight ist die edle Originaleinrichtung der königlichen Kabinen von der Segeljacht *Amélia IV* (1876). *König Carlos I.* konnte es sich auf hoher See vor einem Kamin im Polstersessel bequem machen, mit Silberbesteck von edlem Porzellan speisen und aus feinen Kristallgläsern exquisiten Wein schlürfen.

Eindrucksvoll sind nicht zuletzt die historischen Schiffe in der später angebauten Ausstellungshalle **Barge Pavilhão**. Eines der Prunkstücke ist die goldverzierte königliche Barke, die 1778 für Maria I. konstruiert wurde. Weitaus bescheidener, aber nicht weniger schön anzusehen sind die bunten Fischerboote.

Farbkarten mal ganz groß – Blick in die Ausstellung des Museu Colecção Berardo

75 Centro Cultural Belém (CCB)

Der mächtige Bau setzt einen Kontrapunkt zum Hieronymuskloster.

Praça do Império
Tel. 213 61 24 00
www.ccb.pt
Mo–Fr 8–20, Sa/So 10–19 Uhr
Tram: 15E, Bus: 28, 714, 727, 729, 751

Scharfe Kritik schlug den Architekten *Vittorio Gregotti* und *Manuel Salgado* für ihr 1993 eröffnetes Kultur- und Kongresszentrum anfangs entgegen. Zu abweisend wirkte das blockförmige Bauwerk. Überraschen muss das nicht, wurde es doch ursprünglich als Tagungsort für die portugiesische EU-Präsidentschaft errichtet

Klösterliche Strenge modern inszeniert – das CCB mit dem Museu Colecção Berardo

und musste deshalb besonderen Sicherheitsansprüchen genügen. Mittlerweile akzeptieren die Lisboetas das CCB als Veranstaltungsort für Konzerte, Ballett-, Theater- und Opernaufführungen. Auch eine Bibliothek, Bars und Restaurants birgt der Koloss. Besonders beliebt an heißen Sommertagen sind die kühlen Schattenplätze auf der Gartenterrasse der *Cafetaria Quadrante*, von denen man in Ruhe auf den Tejo blicken kann.

Mehrere Stockwerke des CCB nutzt inzwischen das **Museu Colecção Berardo** (Tel. 213612878, www.museuberardo.pt, tgl. 10–19 Uhr, Kasse schließt 30 Min. früher). Seit 2007 bietet diese Sammlung mit ihren Skulpturen, Gemälden, Fotografien und Installationen aus dem 20. Jh. und dem 21. Jh. die für Lissabon einmalige Gelegenheit, sich einen guten Überblick über die internationale moderne und zeitgenössische Kunst zu verschaffen. Alle bedeutenden Stilrichtungen der vergangenen hundert Jahre sind hier vertreten. Zu den Höhepunkten bei den Gemälden gehören neben surrealistischen Arbeiten von *Max Ernst* vor allem die zwei Frauenporträts (1909 und 1929) von *Pablo Picasso*. Den Konstruktivismus repräsentiert der Niederländer *Piet Mondrian*, die Inkunablen der Pop Art stammen von *Andy Warhol* und *Roy Lichtenstein*. Auch der deutsche Fotorealismus kommt mit *Gerhard Richter* und *Sigmar Polke* nicht zu kurz. Das portugiesische Element steuern Werke der Malerin *Paula Rego* bei.

Manuelinik – Baudekor aus der Schatztruhe der Seefahrer

Während des Goldenen Zeitalters unter **König Manuel I.** (reg. 1495–1521) erfuhr die *Spätgotik* in Portugal eine eigene Prägung. Später gab man dieser Stilvariante an der Schwelle zur *Renaissance* den Namen **Manuelinik**. Der kunstliebende Regent Manuel I. war Bauherr vieler Kirchen, Klöster und Paläste, die er über alle Maßen prunkvoll schmücken ließ. Üppig wuchernder **Baudekor** ist auch der unverwechselbare Charakterzug der Manuelinik. Rankenwerk, Blüten und Knospen künden bereits von der Renaissance und ihrer Naturbegeisterung. Der ornamentale Überschwang wiederum steht unter dem Eindruck arabischer Architektur. Von der indischen Tempelbaukunst her rührt die Kombination aus fantastischem Realismus und praller Plastizität. Und allenthalben prangen zwischen Maßwerk, an Giebeln und über Portalen *Insignien* weltlicher und geistlicher Macht neben *Symbolen*, die auf die glorreiche Geschichte der Kolonialmacht, der Seefahrer und Entdecker anspielen. Häufig ist das königliche Wappen, das geschlungene **M** für Manuel I., ferner das gleichschenklige **Kreuz der Christusritter**, die seit Heinrich dem Seefahrer die Entdeckungen der portugiesischen Krone finanziell und militärisch unterstützten. Es sind vor allem die maritimen Motive, die in kirchlicher Umgebung verblüffen und wegen ihrer wirklichkeitsnahen Haptik begeistern. Da sieht man stolze **Karavellen** mit geblähten Segeln und Navigationsinstrumente wie die **Armillarsphäre**. Komplizierte Seemannsknoten, dickes Tauwerk und Ankerketten erregen Bewunderung ebenso wie Muscheln, Korallen und allerlei Meeresgetier. An ferne Länder erinnern exotische Tiere, Pflanzen und Blüten.

Zu den unvergesslichen Meisterwerken der Manuelinik in Lissabon gehört der märchenhaft-schöne Kreuzgang des Hieronymusklosters **Mosteiro dos Jéronimos** [Nr. 74] in Belém, für den ab 1501 *João de Castilho* und ab 1516 *Diogo Boytac* verantwortlich zeichneten. 1514 entwarf *Francisco de Arruda* den nicht minder berühmten **Torre de Belém** [Nr. 76]. Auch hier sind Fenster und Portale mit seemännischem **Tauwerk** und kunstvollen Knoten fest verzurrt. Von Meeresbrise und Seemannsgarn künden zudem possierliche Krabben, Meeresungeheuer und Fabelwesen.

Sonnenuntergang am Torre de Belém, dem wohl schönsten Bollwerk Europas

76 Torre de Belém

TOP TIPP

Festungsturm und Schmuckstück – das reich dekorierte Prestigeobjekt König Manuels I.

Avenida Brasília
Tel. 253 41 22 73
www.torrebelem.pt
Mai–Sept. Di–So 10–18.30,
Okt.–April Di–So 10–17.30
(Kasse schließt 30 Min. früher)
Tram 15E, Bus: 729

Mit dem überaus prächtigen Torre de Belém unterstrich *König Manuel I.* die Großmachtansprüche Portugals zu Beginn des 16. Jh. Der Turm ist *Festung* und Prunkbau zugleich und verbindet trutzige Wehrhaftigkeit mit ausschweifendem Dekor. *Francisco de Arruda* († 1547) entwarf den 1514–21 errichteten vierstöckigen Bau mit sechseckiger Bastion als Teil eines neuen Verteidigungssystems an den Ufern des Tejo. Dank der Reichtümer aus Übersee konnte Manuel I. die hiesige Anlage mit der modernsten Artillerie seiner Zeit bestücken.

Bis zum Erdbeben von 1755, durch welches sich das Ufer des Tejo anhob, war der Turm nur per Boot zu erreichen. Heute steht er wenige Meter von der Uferpromenade entfernt, ein Steg führt zu seinem Eingang. Es ist jedoch vor allem das *Äußere* des Turms, das eine ausgiebige Betrachtung lohnt. Zum kunstvollen Baudekor gehören Christusritterkreuz, Armillarsphäre und königliches Wappen. Besonders hübsch sind die *Türmchen* mit Faltkuppeln an den Ecken, die das Minarett von Koutoubia im marokkanischen Marrakesch zitieren. Ihre Sockel schmücken Widder, Delphin, Löwe – und am Nordwesteck ein kleines *Rhinozeros*. Es erinnert an jenes indische Panzernashorn, das *Afonso de Albuquerque,* Gesandter des Königs in Indien, 1514 von einem Maharadja geschenkt bekommen und sogleich an seinen Herren gesandt hatte. Als das Tier 1515 lebendig in Lissabon ankam, war es eine echte Sensation und für Monate Hauptgesprächsstoff in den europäischen Salons. *Albrecht Dürer* inspirierte es gar zu seinem berühmten Rhinozeros-Holzschnitt (1515). Dem Nashorn selbst war jedoch kein glückliches Schicksal beschieden: Manuel I. schickte es noch 1515 nach Rom, um Papst Leo X. zu beeindrucken, doch das Schiff sank, und mit ihm das Rhinozeros. Erst viel später erreichte es, nun ausgestopft, den Papst.

Im *Inneren* des Turms steigt man von den Kasematten zu den Waffen- und Wachzimmern in Höhe der Bastion hinauf. Darüber befindet sich die *Sala Régia* (Königssaal) mit der Loggia zur Bastion hin. Es folgt der Speisesaal und im 4. Stock eine Kapelle. Von der *Turmplattform* in 35 m Höhe reicht der Blick weit über den Tejo bis zum Atlantik.

Auf der *Bastion* selbst, die sich an der Südseite des Turms dem Fluss zuwendet, steht eine Statue der *Nossa Senhora do Bom Sucesso*. Sie sollte im Gefahrenfall Beistand leisten.

Heinrich der Seefahrer steht am Bug – das Entdeckerdenkmal Padrão dos Descobrimentos

77 Padrão dos Descobrimentos

TOP TIPP

Symbol übersteigerten Nationalstolzes in der Ära des Diktators Salazar.

Avenida Brasília
Tel. 213 03 19 50
www.padraodosdescobrimentos.egeac.pt
Mai–Sept. tgl. 10–19,
Okt.–April Di–So 10–18 Uhr
(Kasse schließt 30 Min. früher)
Tram: 15E, Bus: 28, 714, 727, 729, 751

Stolz erhebt sich der 50 m hohe Padrão dos Descobrimentos am Ufer des Tejo. Das Entdeckerdenkmal steht in ostentativer Nähe zu Torre de Belém und Mosteiro dos Jéronimos, den Prachtbauten Manuels I. aus der großen Ära portugiesischer Expansion. Diktator *António de Oliveira Salazar* (1889–1970) ließ das Monument zur *Ausstellung der Portugiesischen Welt* im Jahr 1940 nach Entwürfen des Architekten Cottinelli Telmo (1897–1948) und des Bildhauers Leopoldo de Almeida (1898–1975) zunächst in Leichtbauweise errichten. In Gedenken an den 500. Todestag Heinrichs des Seefahrers 1960 wurde es dann durch den heutigen protzigen Bau ersetzt.

Nähert man sich diesem Paradebeispiel faschistischer Architektur von der Straßenseite im Norden, so fällt sogleich das kreuzförmige, mit dem Griff gen Himmel weisende *Schwert* auf, welches die Schmalseite einnimmt. Es erinnert an jene Geste, mit der die europäischen Entdecker neues Land in Besitz nahmen: Sie rammten ihr Schwert in den Boden und knieten dann betend vor der nun ein Kreuz bildenden Waffe nieder. In Seitenansicht stellt sich das Monument als eine mit geblähten Segeln in den Tejo vorstoßende Karavelle dar.

Überlebensgroß sind die *Statuen* von 33 bedeutenden Persönlichkeiten aus der portugiesischen Geschichte, die das Denkmal flankieren. Allen voran blickt *Heinrich der Seefahrer*, eine Karavelle in Händen, gen Süden über den Fluss. Auf der Westseite, etwas nach hinten versetzt, kniet sein Bruder *Fernando der Heilige*, dahinter der Entdecker Madeiras *João Gonçalves Zarco*. Auf der Ostseite kniet *König Afonso V.* hinter Heinrich. Er förderte dessen Unternehmungen nach Kräften. Bei dem gut gekleideten Herrn dahinter handelt es sich um *Vasco da Gama*, den Entdecker des Seeweges nach Indien.

Im *Inneren* des Denkmals geht ein Lift hinauf in den 6. Stock, darüber befindet sich die **Dachterrasse**. Von dort hat man eine grandiose Aussicht über Belém und den Fluss bis zum Atlantik sowie auf das große Bodenmosaik einer **Windrose** von *Cristino da Silva* auf dem Platz vor dem Denkmal. In der Mitte sind auf einer Weltkarte Schiffe und Routen der wichtigsten portugiesischen Seefahrten dargestellt.

Jenseits der Avenida de Brasil erstreckt sich dann die ausgedehnte begrünte **Praça do Império**, die wie das Entdeckerdenkmal anlässlich der Ausstellung der

Portugiesischen Welt 1940 entstand. Ihr Zentrum beherrscht das riesige Rund der *Fonte Luminosa* (Brunnen des Lichts) von 1963. Am Rand des Platzes findet jeden 3. Sonntag im Monat ein Flohmarkt statt.

78 Museu da Electricidade

Industriedenkmal ersten Ranges und unterhaltsames Elektrizitätsmuseum

Avenida de Brasília (Central Tejo)
Tel. 210 02 81 90

www.fundacao.edp.pt

Di–So 10–18 Uhr
Zug: Linha de Cascais, Tram: 15E,
Bus: 28, 714, 727, 729, 751

Rot leuchtet das imposante Backsteingebäude des Elektrizitätswerks am Tejo, das Lissabon 1919–75 mit Strom versorgte. Inzwischen beherbergt es ein spannendes interaktives Museum. In den Hallen stehen noch immer die alten Turbinen, Kondensatoren, Transformatoren, Pumpen und Heizkessel. Durch zugespielte Interviews, Filme und Fotos werden die einzelnen Arbeitsschritte bei der Stromerzeugung unterhaltsam veranschaulicht. Beeindruckend sind die von Licht- und Toneffekten begleiteten und mit Puppen lebensnah nachgestellten Szenarien von der Anlandung der Kohle oder ihrer Verfeuerung.

Eine modellbahnähnliche Darstellung des Lissabonner Stromnetzes erfreut besonders Kinder, die hier Lampen zum Leuchten bringen und Fahrzeuge in Bewegung setzen können. Natürlich kommen auch die Wegbereiter der elektrischen Energiegewinnung wie Michael Faraday, Georg Ohm oder Thomas A.

Pasteis de Belém oder ein süßer Traum

Niemand sollte Lissabon verlassen, ohne die **Pasteis de Belém** probiert zu haben. Nirgends sind diese mit Zimt und Zucker bestreuten Puddingtörtchen besser als in der **Antiga Confeitaria de Belém** (Rua de Belém 84, Tel. 213 63 74 23, www.pasteisdebelem.pt, Juni–Sept. tgl. 8–24, Okt.–Mai tgl. 8–23 Uhr). Schon seit 1837 werden hier Pasteis gebacken. Der vornehme Jugendstil-Tresen im von Backduft durchzogenen Verkaufsraum ist immer umlagert, ungezählte Köstlichkeiten werden für den Heimweg in hübsche Pappkartons verpackt. Da die Pasteten jedoch warm am Besten schmecken, sollte man sich ein Plätzchen in den Räumen des Cafés suchen – möglichst mit Blick in die Backstube.

TOP TIPP

Kann denn Süßes Sünde sein – Törtchen Pasteis de Belém als verführerisches Duo

Das Originalrezept für die Puddingtörtchen, das wohl Mönche des Mosteiro dos Jerónimos erfanden, wird von der Antiga Confeitaria gut gehütet. Nur zwei Mitarbeiter sollen wissen, was die sahnige Vanillecreme in den knusprigen Blätterteigförmchen ausmacht. Eine Annäherung ermöglicht jedoch folgendes Rezept für die andernorts **Pasteis de Nata** genannten Leckereien:

Zutaten: 2 Eigelb, 2 Eier, 2 TL Mehl, 2 EL Zucker, 2 TL Vanillezucker, 200 ml Milch, eine Prise Salz und 200 g ausgerollter Blätterteig

Zubereitung: Ofen auf 200°C vorheizen, unterdessen Eigelb, Ei, Mehl, Salz, Zucker und Vanillezucker gut verrühren. Milch aufkochen, vom Herd nehmen, die Eimischung unterrühren und unter ständigem Rühren bei mittlerer Hitze erwärmen. Dann abkühlen lassen. Unterdessen drückt man den Blätterteig in Muffinformen. Den Boden der kleinen Schälchen (ca. 8 cm Durchmesser) mit einer Gabel einstechen, mit der Vanillemasse füllen und anschließend 20 Min. backen. Dann die noch warmen Pasteten mit Zimt und Puderzucker bestreuen – fertig ist der Hochgenuss.

Garage mal ganz anders – großes Prachtkutschenaufgebot im Museu Nacional dos Coches

Edison mit ihren Entdeckungen nicht zu kurz. Breiten Raum gewähren die Aussstellungsmacher zudem der regenerativen Energiegewinnung aus Wind-, Wasser- und Sonnenkraft.

79 Palácio Nacional de Belém

Rosafarbener Amtssitz des Staatspräsidenten.

Praça Afonso de Albuquerque
Tel. 213 61 46 60
www.museu.presidencia.pt
Museum: Di–So 10–18 Uhr,
Palast: Sa 11–16, So 14.30–16 Uhr
Tram: 15E, Bus: 28, 714, 727, 729, 751

Am 3. Sonntag des Monats um 11 Uhr ist der Palácio Nacional de Belém Schauplatz eines besonderen Spektakels: Dann findet der *Wachwechsel* vor dem Präsidentenpalast statt, eine farbenprächtige Militärparade mit Pomp und Blasmusik, die zeitweise den Verkehr lahmlegt.

Den schönsten Blick auf den sich über mehrere, begrünte Terrassen erstreckenden Palastkomplex hat man von der Praça Afonso de Albuquerque aus. Dort erhebt sich ein monumentales Denkmal zu Ehren *Afonso de Albuquerques*, der 1510 Goa für Portugal eroberte und so die Macht seines Landes in Indien sicherte. 1726 erwarb *João V.* den auf das 16. Jh. zurückgehenden Palast. Die portugiesischen Könige brachten hier fortan ihre Gäste, Staatsoberhäupter und Mitglieder anderer Herrscherhäuser, standesgemäß unter. Zu Besuch kamen z. B. der englische König Eduard VII. und der deutsche Kaiser Wilhelm II.

Links von der Zufahrt zum Präsidentenpalast befindet sich das **Museu da Presidência da República**. Es stellt Staatsgeschenke an die portugiesischen Präsidenten aus, aber auch die Nationalfahne, Orden und Porträts portugiesischer Staatsmänner. Zudem erläutern Multimediastationen die Aufgaben des Präsidenten.

80 Museu Nacional dos Coches

Prunkvolle Kutschen im meistbesuchten Museum Lissabons.

Praça Afonso de Albuquerque
Tel. 213 61 8 50
www.museudoscoches.pt
Di–So 10–18 Uhr (Einlass bis 17.30 Uhr)
Tram: 15E, Bus: 28, 714, 727, 729, 751

Wo einst die edlen Rösser des Königs trainierten, wird heute eine der bedeutendsten Kutschensammlungen Europas präsentiert. Den würdigen Rahmen bildet die klassizistische *Hofreitschule* des

Palácio Nacional de Belém. Der Italiener *Giacomo Azzolini* nahm den Bau 1787 in Angriff, vollendet war er aber erst 1828. Von der umlaufenden Galerie aus konnte die königliche Familie bei der Dressur zusehen. Selbst die Deckengemälde sind der Reiterei gewidmet.

Königin Amélia veranlasste 1905 die Umwandlung der Halle zum Museu Nacional dos Coches. Ausgestellt sind 62 Kutschen des 17.–19. Jh., darunter Staatskarossen mit schwerem vergoldeten Holzschnitzwerk und kostbaren Malereien, wendige Coupéwagen, niedliche Kinderkutschen aus Paris und London, Sänften sowie vielfältige Reitaccessoires. Besonders stolz ist man auf die Ende des 16. Jh. in Spanien gebaute *Reisekutsche König Philipps II.* Sie ist eine der ältesten erhaltenen Kutschen überhaupt. Dennochl wirkt dieses königliche Gefährt eher schlicht im Vergleich zu den drei in Rom gefertigten *Carozze Romane* (1716). Sie gehörten dem Marquês de Fontes, Botschafter am Heiligen Stuhl unter Papst Clemens XI. Die üppig inszenierten Figurengruppen an Vorder- und Hinterachsen spielen auf das portugiesische Weltreich an.

Derzeit entsteht an der Avenida da Índia nach Entwürfen des brasilianischen Architekten *Paulo Mendes da Rocha* ein Neubau für das Kutschenmuseum, der ab 2013 mehr Platz für die Prunkkarossen bieten soll.

81 Palácio Nacional da Ajuda

Fürstliche Gobelins, Seidentapeten und silbernes Tafelgeschirr.

Largo da Ajuda
Tel. 213 63 70 95
Do–Di 10–17.30 Uhr (Einlass bis 17 Uhr)
www.pnajuda.imc-ip.pt
Tram: 18E, Bus: 729, 732, 742

Seine klassizistische Schauseite wendet der Palácio Nacional da Ajuda dem Largo da Ajuda zu. Links wie rechts akzentuieren jeweils um ein Stockwerk erhöhte Seitenrisalite die Fassade. Einlass zum Innenhof gewährt ein Portalbau mit drei Toren. Doch erst im Inneren entfaltet der Palast seine ganze Pracht: *Königin Maria von Savoyen*, eine Frau von erlesenem Geschmack, ließ ihn im 19. Jh. ganz nach ihren Vorstellungen einrichten.

José I. wählte die Anhöhe von Ajuda als Standort für seine Residenz, nachdem das Erdbeben 1755 den Königspalast an der heutigen Praça do Comércio [Nr. 1] zerstört hatte. Aus Angst vor weiteren Beben ließ er hier jedoch nur Zelte für sich und seine Familie aufstellen. Bald wurden diese durch komfortablere Holzbauten ersetzt, die über die Jahrzehnte immer prächtiger ausgestaltet wurden. Doch man blieb konsequent und verzichtete auf die Verwendung von Stein. So fanden die Flammen reiche Nahrung, als im Jahr 1794 ein Feuer ausbrach.

Prinzregent *João VI.* gab daraufhin einen neuen Palast in Auftrag, der 1802 nach Plänen von *Francisco Xavier Fabri* und *José da Costa e Silva* im klassizistischen Stil begonnen wurde. Die Arbeiten zogen sich jedoch hin, und selbst als *Luís I.* den Palast 1862 als offizielle königliche Residenz bezog, war dessen Westflügel noch nicht fertiggestellt – und ist es bis heute nicht.

Luís' Ehefrau, Maria von Savoyen, begann sogleich mit der Modernisierung der Räumlichkeiten. So entstand im Erdgeschoss der bezaubernde mit ägyptischem Alabaster verkleidete **Wintergarten**, in dessen Mitte ein Brunnen aus edlem Carrara-Marmor steht. Auch der mit kostbarstem Meissener Porzellan ausgestattete **Sachsensaal**, ein Traum in Rosarot, trägt Marias Handschrift. Zu den Highlights in der Beletage gehören der **Chinesische Saal**, dessen Wandbespannung und Decke einem Mongolenzelt nachempfunden ist, und der prunkvolle **Thronsaal** mit blank gebohnertem Parkett, viel rotem Samt und einem pompösen vergoldeten Kronleuchter. Fast bescheiden wirkt in diesem Ambiente der unter einem Baldachin stehende Thronsessel. Alles in allem sind 36 Gemächer und Säle mit ihrer exquisiten Einrichtung, mit Möbeln und Kunstwerken des 15.–20. Jh., zu bestaunen.

Etwas unterhalb des Palácio Nacional da Ajuda erstreckt sich über zwei große Terrassen der **Jardim Botânico da Ajuda** (Calçada da Ajuda, Tel. 213 62 25 03, www.isa.utl.pt/jardim, Mai–Sept. tgl. 9–20, April 9–19, sonst bis 18 Uhr), der einstige Palastgarten (1765–68). In seiner Mitte plätschert lustig ein Brunnen, Buchsbaumhecken lenken die exotische Blütenpracht und das sattgrüne Blattwerk in geometrisch geordnete Bahnen. Über die Kieswege stolzieren weiße Pfaue. Auf der oberen Terrasse bietet heutzutage eines der gewaltigen Gewächshäuser das passende Ambiente für ein Restaurant mit mediterraner Küche.

Estoril und Cascais, Queluz und Sintra – königliches Vergnügen

Bei glühender Sommerhitze fliehen die Lisboetas aus ihrer Hauptstadt in die nahe Umgebung, an den erfrischenden Atlantik oder in das kühle Bergklima von Sintra. An den über 20 km langen feinen Sandstränden der **Costa da Caparica** südlich vom Tejo setzen Sonnenschirme, Badehandtücher, Surfbretter und Strandrestaurants bunte Akzente. Man kann es aber auch dem europäischen Adel im 19./20. Jh. gleich tun und mit dem Zug der *Linha Cascais* vom Bahnhof Cais do Sodré in die vornehmen Seebäder **Estoril** und **Cascais** westlich von Lissabon fahren. Eine gepflegte Promenade verbindet beide Orte, die von herrlichen Villen, einigen interessanten Museen, attraktiven Boutiquen und malerischen Sandbuchten zwischen zerklüfteten Felsen geprägt werden. Oder man wandelt auf den Spuren der portugiesischen Könige, die jeden Sommer samt Gefolge in die bewaldeten Berge von Sintra zogen. Eine bequeme Anreise ermöglichen heutzutage die Vorortzüge der *Linha Sintra* vom Bahnhof Rossio. Noch hat man die Trabantenstädte Lissabons nicht hinter sich gelassen, da fordert etwa auf halber Strecke in **Queluz** der oft mit Versailles verglichene, entzückende Rokokopalast *Palácio Nacional de Queluz* einen Zwischenstopp. An der Endstation wartet **Sintra** mit seinen seit 1995 zum UNESCO Weltkulturerbe zählenden Schätzen: Im historischen Zentrum erhebt sich der *Palácio Nacional de Sintra*, der im Mittelalter prachtvoll ausgebaut wurde. Die auffälligen konischen Küchenkamine des Palastes sind zu Wahrzeichen avanciert. Oberhalb thront auf einem Fels der märchenhafte *Palácio Nacional da Pena*, den Fernando II. im 19. Jh. inmitten einer fantastischen Gartenanlage errichten ließ. Von Sintra ist es übrigens gar nicht mehr weit zum westlichsten Punkt des europäischen Kontinents am **Cabo da Roca**, jener windumtosten Felsnase, an der sich der eisig grünblaue Atlantik wild zischend bricht und von der man einen grenzenlosen Blick über den Atlantischen Ozean genießt.

Badefreuden und Burgenromantik – der Strand von Estoril hat Stil und Klasse

82 Costa da Caparica

Badefreuden am Atlantik.

Fähren: ab Lissabon Cais do Sodré über den Tejo nach Cacilhas, dann Bus 124 oder
ab Belém über den Tejo nach Trafaria, dann Bus 129 oder
Bus: 153 ab Praça de Espanha

Wer erleben will, wie die Lisboetas ihre Sommerwochenenden verbringen, der sollte sich nach Costa da Caparica jenseits des Tejo aufmachen. Herrliche Sandstrände säumen dort auf über 20 km den Atlantik. Der zu Lissabons südlicher Nachbargemeinde **Almada** gehörende Touristenort wird von schmucklosen Hotels aus den 1960er-Jahren dominiert. Doch im geschäftigen Ortskern und an der hübschen Strandpromenade mit Fahrradweg locken zahlreiche Cafés und Restaurants.

Allabendlich spielt sich an der **Praia da Mata** am südlichen Ortsrand ein einmaliges Spektakel ab. Unter großem Hallo werden die bunt bemalten Fischerboote auf den Strand gezogen und der Fang größtenteils direkt verkauft – frischer geht es nicht! Oberhalb startet die Bimmelbahn **Camboio de Praia** (tgl. 9–19 Uhr). Sie tuckert zu allen weiteren Stränden Richtung Süden, etwa zum 18 km entfernten und von FKK-Anhängern gerne besuchten Strand **Praia da Bela Vista**.

Nördlich von Costa da Caparica erstrecken sich bis Trafaria die etwas abgelegeneren Strände **Praias de São João** (Fähre Belém–Trafaria, Bus 129), die bei Wellenreitern und Bodyboardern besonders beliebt sind.

83 Estoril

Portugals Könige begründeten den Ruhm des mondänen Seebads.

Bahn: ab Lissabon Cais do Sodré mit der Linha Cascais bis Estoril-Tamariz
www.visiteestoril.com

Der Name Estoril (26 000 Einw.) hat in Portugal einen ganz besonderen Klang, er steht für exklusiven Lebensstil und das *Savoir-vivre* der oberen Zehntausend.

Denn mit den Badeaufenthalten der portugiesischen Königsfamilie ab 1890 ging Estoril als *erstes Seebad des Landes* in die Geschichte ein. Schon bald zog es auch Adlige und reiche Bürger an die portugiesische Riviera. Auch als Exil gekrönter Häupter diente Estoril, so lebte hier ab 1947 Spaniens Thronprätendent Juan.

Noch heute empfängt Estoril seine Gäste mit einem schmucken *Bahnhof*, dessen Vorhalle weiße Säulen flankieren. Er befindet sich unmittelbar am belebten, von herrschaftlichen Villen gerahmten Strand von **Tamariz**.

Stadteinwärts breitet sich eine ausgedehnte Parkanlage mit Palmen und Fontänen aus. An ihrem Ende erhebt sich der nüchterne Betonbau des **Casino Estoril** (Praça José Teodoro dos Santos, Tel. 214667700, www.casino-estoril.pt, tgl. 15–3 Uhr). Vom einarmigen Banditen bis zum Roulette sind alle Varianten des Glücksspiels in den edel ausstaffierten Räumen vertreten.

Rechter Hand, etwa auf halbem Weg vom Strand zum Kasino, prunkt das Luxushotel **Palácio Estoril** (Rua Particular, www.palacioestorilhotel.com). Seit den 1930er-Jahren empfängt es seine anspruchsvolle Klientel. Während des Zweiten Weltkriegs war es gar Treffpunkt von Diplomaten und Spionen. Zu letzeren zählte auch *Ian Fleming*, den die Atmosphäre im Hotel zu seinem ersten, 1953 erschienenen James-Bond-Roman *Casino Royal* inspirierte.

Kehrt man nun zurück zum Strand von Tamariz, kann man von dort an der wunderschönen **Strandpromenade** die 3 km bis nach Cascais flanieren. Unterwegs laden zahlreiche Restaurants und Cafés zum Verweilen.

84 Cascais

Charmanter Badeort im Schutz der Serra de Sintra.

Bahn: ab Lissabon Cais do Sodré mit der Linha Cascais bis Cascais
Kostenlose Leihfahrräder (biCas, tgl. 8–19 Uhr): am Bahnhof, Largo da Estação oder am Hotel Baía, Av. Marginal 2754
www.visiteestoril.com

Das Zentrum von Cascais (35000 Einw.) schmiegt sich um eine große felsgerahmte Sandbucht am Atlantik. Wie Estoril ist der Ort ein beliebtes Refugium der portugiesischen Oberschicht.

Schlendert man vom Bahnhof zum Meer, so ist bald die verkehrsberuhigte Rua Frederico Arouca mit ihren Edelboutiquen erreicht. Sie führt zum *Largo de Vitória*, in dessen Umgebung es besonders viele Fischlokale gibt. Deren Köche versorgen sich in der Auktionshalle **Doca Pesca** auf dem Platz mit frischen Meeresfrüchten, Tintenfisch oder Sardinen.

Folgt man der Uferstraße, gelangt man zur gewaltigen **Cidadela**. Ende des 16. Jh. ließ *König Filipe I.* die Festung auf einem Felsen über dem Atlantik errichten, um die Einfahrt in den Tejo zu sichern. Heute blickt sie auf einen Jachthafen herab.

Jenseits ragt der blau-weiß geflieste Leuchtturm **Farol Santa Marta** (Rua do Farol, Tel. 214815328, Mai–Sept. Di–So 10–19, sonst bis 18 Uhr) von 1848 empor. Er ist jetzt das Wahrzeichen des Badeortes. Ihm zu Füßen erstreckt sich eine weitere, auf 1640 datierte Festung. Ihre weiß gestrichenen Bauten dienen neben dem Turm als *Museum* zur Geschichte der Küstenfestungen und Leuchtfeuer.

Puppenstuben-Schönheit – im Herzen des malerischen Badeortes Cascais

Nebenan steht inmitten eines hübschen Gartens die **Casa de Santa Maria** (Rua do Farol, Tel. 214 81 53 82, Di–So 10–13 und 14–17 Uhr), die 1902 nach Entwürfen des portugiesischen Jugendstil-Architekten *Raul Lino* (1879–1974) erbaut wurde und spielerisch arabische mit italienischen Stilformen kombiniert. Bei der Innenausstattung wurden auch Azulejos aus dem 17. Jh. verwendet.

Über eine breite Steinbrücke kommt man zum **Palácio dos Condes de Castro Guimarães** (Avenida Rei Humberto II de Itália, Tel. 214 82 54 01, Di–So 10–17 Uhr). Mit dem 1892 erbauten Sommersitz erfüllte sich der Tabakhändler *George O'Neill* seinen Traum von einem Märchenschloss. Egal von welcher Seite man die Architektur betrachtet, immer entdeckt man neue Stilzitate: So ist es am *Haupteingang*, vor dem ein azulejogeschmückter Brunnen plätschert, die Bauweise aus maurischer Zeit. Der *Turm* dagegen präsentiert sich ganz im Stil der europäischen Romanik. Auch manuelinischer Zierat kommt nicht zu kurz. Hier und da entdeckt man sogar Kleeblätter, die auf die irische Abstammung O'Neills hinweisen. Im *Inneren* sieht man indisch-portugiesisches Mobiliar, wertvolle Kunstwerke und Bücher aus dem Besitz des Grafen von Guimarães, der das Anwesen 1910 dem in Geldnot geratenen O'Neill abkaufte.

Der **Parque Marechal Carmona** (Sommer tgl. 8.30–19.45, Winter bis 18 Uhr) erstreckt sich von hier bis zur Avenida da República. Er bezaubert mit wunderschönen Rosenbeeten, Palmen, Magnolien und allerlei Vögeln.

Die markanten rostroten Mauern auf der anderen Seite der Durchgangsstraße gehören zum 2009 errichteten Kunstmuseum **Casa das Histórias Paula Rego** (Avenida da República 300, Tel. 214 82 69 70, www.casadashistoriaspaularego.com, tgl. 10–19 Uhr). Mit den beiden kegelförmigen Türmen zitiert der Architekt *Eduardo Souto de Moura* (*1952) die Küchenkamine des Palácio Nacional de Sintra [s. S. 121]. Die Sammlung umfasst etwa 500 Werke von *Paula Rego* [s. S. 118]. Die Malerin wurde 1935 in Lissabon geboren und gehört zu den bekanntesten Künstlerinnen ihres

Brandaktuelle Museumsarchitektur für die Casa das Historias Paula Rego

Landes, obwohl sie seit vielen Jahren in London lebt und arbeitet.

Schön ist ein Ausflug entlang der zerklüfteten Steilküste des Atlantiks zur **Boca do Inferno** (ca. 1 km ab dem Jachthafen), etwa mit einem der kostenlosen Leihfahrräder der Stadt. Die Schlucht trägt nicht zufällig den Namen Höllenschlund. Dunkel und bedrohlich gluckert das Wasser zwischen den bizarr geformten Felsen und schießt bisweilen gefährlich in die Höhe. Die Wucht des anbrandenden Meeres kann man auch am Strand **Praia do Guincho** (ca. 9 km ab Jachthafen) erleben, den Wind- und Kitesurfer wegen der steten Winde und der bis zu 3 m hohen Wellen schätzen.

85 Palácio Nacional de Queluz

Von einem Silberschmied dekorierte Residenz der portugiesischen Könige.

Largo do Palácio Nacional, Queluz
Tel. 214 34 38 60
pnqueluz.imc-ip.pt
Mi–Mo 9–17 Uhr, doch bei Staatsbesuchen geschl.
Bahn: ab Lissabon Rossio mit der Linha Sintra bis Queluz-Belas, von dort ca. 1 km gen Süden

Ein zauberhaftes Beispiel später Rokokoarchitektur ist der Palácio Nacional de Queluz etwa 15 km nordwestlich von Lis-

Paula Rego – von der Hund-Frau und den tanzenden Straußen

Die Lissabonnerin **Paula Rego** (* 1935) hat sich in ihrer Wahlheimat **England** längst einen Namen als Künstlerin gemacht und ihre Werke werden in Londoner Museen wie Tate Britain und National Portrait Gallery gezeigt. Paula Rego studierte 1952–56 an der Slade School of Art in London, wo sie auch ihren künftigen Ehemann, den Maler **Victor Willing** (1928–1988), kennenlernte. Seit 1975 hat sie hier ihren ständigen Wohnsitz, doch sie blieb der portugiesischen Heimat stets eng verbunden. Ausstellungen ihrer aktuellen Arbeiten finden in allen Ecken des Landes statt, und auch in Lissabonner Sammlungen wie **Museu do Chiado** und **Centro de Arte Moderna** [Nr. 29 und Nr. 45] ist sie vertreten. 2009 wurde in *Cascais* sogar ein ihrem Werk gewidmetes Museum, die **Casa das Histórias Paula Rego** [s. S. 117], mit 500 ihrer Gemälde eröffnet.

Paula Rego und ihre geheimnisvollen Bilder – Marlbourough Gallery London, 1994

In ihren politischen Collagen der 1960er-Jahre setzt sich Paul Rego mit den Schrecken der Salazar-Diktatur auseinander. So zeigt ›The Firemen of Alijo‹ (1966) überdehnte zerrissene Körper von schreiender schmerzerfüllter Farbigkeit. Auch in ihren späteren Arbeiten, den großformatigen Leinwänden, bleibt ihre Bildsprache schockierend, polemisch und exaltiert. Mit Rückbezügen auf Goya, Hogarth, de Chirico, Dix, Beckmann und Bacon gestaltete Paula Rego in den 1980er-Jahren ihre unverwechselbare Variante des **Magischen Realismus**. Gemälde wie ›The Maids‹, ›The Family‹, ›The Fitting‹ und ›The Dance‹ (1987–89) thematisieren die Rolle der Frau und bedrückend-groteske Familienbeziehungen. Märchen und Fabeln bilden häufig den Hintergrund der Bilderzählungen, wobei nicht nur Tiere in menschlichen Posen und Regungen erscheinen, sondern auch Menschen in animalische Rollen schlüpfen. Am spektakulärsten sind wohl die beiden großen Bildserien der 1990er-Jahre, ›Dancing Ostriches‹ (Tanzende Strauße) und ›The Dog Woman‹ (Hund-Frau). Neu sind hier nicht nur die Pastellfarben der Gemälde (statt Acryl), neu ist auch die pralle Körperlichkeit der Frauenfiguren. Während die schwergewichtigen Balletteusen der Straußenbilder ihrer eigenen unwirschen Choreographie folgen, zeigt sich die Hund-Frau auf allen Vieren in allerlei beunruhigend-aggressiven Posen, die wahrlich keine Verwechslung mit Schoßhündchen erlauben.

Dekor und Personal im Überfluss – die Königsresidenz Palácio Nacional de Queluz

sabon. *Mateus Vicente de Oliveira* entwarf ihn 1747 für Pedro, den Bruder des Königs José I. Die dreiflügelige Sommerresidenz mit erhöhtem Mittelbau umgreift den weiten Largo do Palácio Nacional. Auf seiner Südseite gewahrt man die Zwiebelkuppel der 1752 eingeweihten Palastkapelle. An sie schließt sich der lang gestreckte Südflügel an, wo sich auch der Eingang für Besucher befindet.

Dom Pedro ließ den Palast nach der Hochzeit mit seiner Nichte, der Thronfolgerin Maria I. im Jahr 1760 durch den Franzosen *Jean-Baptiste Robillon* zur repräsentativen königlichen Residenz umbauen. Robillon, als Schüler des berühmten Silberschmieds Thomas Germain ein Meister der Dekoration, erneuerte in den folgenden Jahren die Ausstattung des Palastes und schuf einen prächtigen neuen Westflügel, den nach ihm benannten Pavilhão Robillon.

Im **Inneren** des Palastes betritt man zunächst den Thronsaal *Sala do Trono*, dessen blattgoldverzierte Stuckdecke mit den imposanten Kronleuchtern um die Wette funkelt. Große Spiegel reflektieren das Grün jenseits der hohen Fenster-

In den Sälen des Palácio Nacional de Queluz spielen putzige Putten allegorische Spielchen

türen, die sich zum Park öffnen. Freundlich, aber eher intim wirkt auch die benachbarte *Sala da Música* mit den feinen Stuckaturen und zarten Malereien an Wänden und Decken.

Der Rundgang führt weiter durch die königlichen Wohnräume in die prunkvolle *Sala dos Embaixadores*. Hier empfing das Königspaar ausländische Gesandte. Die Vasen zwischen den Fenstern rechts vom Thron zeigen chinesisch inspirierte Motive.

Sodann folgt der 1774 vollendete *Pavilhão Robillon*, ein Meisterstück Jean-Baptiste Robillons, der den Palast nach Westen abschließt. Glanzlicht unter seinen exquisit ausgestatteten Gemächern ist der *Quarto Dom Quichote*. Wände und Decke sind mit Malereien bedeckt, die Szenen aus dem Leben des Ritters von der traurigen Gestalt darstellen. Von der Nordwestecke des Pavilhão Robillon führt eine monumentale zweiläufige Treppe, die wegen ihres Statuenschmucks auch *Löwentreppe* genannt wird, in den Garten.

Die überaus elegante *Schaufassade* des Palastes blickt auf die ebenfalls von Robillon gestalteten **Rokoko-Gärten** (Mai–Sept. Mi–Mo 9–18, sonst bis 17 Uhr) mit dem Neptunbrunnen in der Mitte, mit steinernen Sphingen und Vasen, mit Buchsbaumhecken und einer herrlichen Magnolienallee auf der Südseite. Die angrenzenden verwunschenen Grünanlagen mit von Bäumen beschatteten Statuen und Grotten sowie einem mit Azulejos verzierten Kanal und einer Kaskade verraten den flämischen Einfluss von Robillons Mitarbeiter *Gerald van der Kolk*. Im Sommer bieten die Gärten den traumhaften Rahmen für Konzerte oder Tanzveranstaltungen während des *Festival de Sintra* [s. S. 132].

86 Sintra

Königliche Paläste und ein hübscher Ort inmitten bewaldeter Hügel.

www.cm-sintra.pt
Bahn: ab Lissabon Rossio mit Linha Sintra nach Sintra
Sintra: Bus 434 ab Bahnhof in die Altstadt, zum Castelo dos Mouros und Palácio de la Pena

Etwa 30 km nordwestlich von Lissabon erhebt sich der bewaldete Gebirgszug der *Serra de Sintra*. Mittendrin liegt der berühmte Ort Sintra. An kaum einer ande-

Portugiesisches Mittelalter ganz frisch – der Palácio Nacional de Sintra mit Kaminen

ren Stelle in Portugal gehen landschaftliche Schönheit und kulturelle Vielfalt eine so faszinierende Verbindung ein.

Geschichte Bereits die *Mauren* nutzten die Bergzüge von Sintra als natürliche Bollwerke und verstärkten sie im 8. Jh. durch eine Festung. Nach der *Reconquista* Portugals ließ sich *König Dinis* (1261–1325) einen Palast in Sintra bauen. Während der Sommermonate diente dieser Palácio Real als Rückzugsort der portugiesischen Könige. Mit Beginn der spanischen Herrschaft ab 1580 fiel das Schloss in einen Dornröschenschlaf. Seine zweite Blütezeit erlebte Sintra im 19. Jh. Nachdem *König Fernando II.* den verspielten Palácio da Pena in Auftrag gegeben hatte, errichteten auch einige Adlige ihre Landsitze in der frischen Bergluft. Im Jahr 1995 nahm die **UNESCO** die so entstandene Kulturlandschaft von Sintra in ihre Weltkulturerbeliste auf.

Besichtigung Vom Bahnhof ist es nicht weit zum verspielten bonbonfarbenen Rathaus. Von dort führt die Straße Volta do Duche bergan. Man geht vorbei an alten Denkmälern und modernen Skulpturen. Etwa auf halbem Weg kann man sich am kühlen Wasser der **Fonte Mourisca** laben. José da Fonseca fasste die Quelle 1922 mit einem Brunnenhaus im maurischen Stil.

Nach etwa 1 km ist die **Altstadt** von Sintra erreicht, die schon den britischen Romantiker Lord Byron entzückte. Putzige Häuser mit steilen Dachgiebeln säumen die verwinkelten Gassen. Mitten im Ort, am malerischen Marktplatz *Largo Rainha Dona Amélia*, erhebt sich

TOP TIPP

der **Palácio Nacional de Sintra** (Tel. 219 10 68 40, pnsintra.imc-ip.pt, Juni–Sept. Do–Di 9.30–19, Okt.–Mai 9.30–17.30, Einlass bis 18.30 bzw. 17 Uhr), die einzige erhaltene Palastanlage Portugals aus dem Mittelalter. Blickfang sind beiden konischen Küchenkamine. Der Palácio besteht aus einer Vielzahl ineinander verschachtelter Gebäude. Die Reminiszenzen an maurische Architektur verweisen auf den Vorgängerbau an gleicher Stelle: Es handelte sich um einen Maurenpalast, auf dessen Fundamenten König Dinis dann im 13. Jh. seine Sommerresidenz errichten ließ. Seine Nachfolger veranlassten zahlreiche Um- und Ausbauten, vor allem João I. (1357–1433) und Manuel I. (1469–1521).

Über eine breite Freitreppe gelangt man zum *Haupteingang*. Von dort geht es zunächst in die eher nüchterne *Sala dos Archeiros*, den Saal der Bogenschützen. Über der Vorhalle liegt der wegen seiner Deckenmalereien (um 1570) *Sala dos Cisnes*, Schwanensaal, getaufte Festsaal, in dem bereits unter König João I. getanzt und musiziert wurde. Die Kassettendecke der *Sala das Pegas* bevölkern 136 schwatzhafte Elstern. Sie sollen auf jene 136 Hofdamen anspielen, die überall herumtratschten, die Königin habe ihren Gemahl erwischt, als er eine von ihnen geküsst hätte. Die Elstern tragen Bänder mit Joãos I. Motto *por bem* (in Ehren) im Schnabel und Rosen in einer Kralle, die auf die Herkunft seiner Gattin Filipa aus dem Hause Lancaster verweisen.

Wände und Böden vieler Räume sind mit farbenfrohen *Azulejos* geschmückt, die zumeist aus Sevilla stammen. Besonders Manuel I. schätzte die Fliesen als Wandschmuck. Das beste Beispiel ist die mit Azulejos verkleidete *Sala dos Árabes*. Hier bilden dei vielfarbigen Fliesen vor-

Ein starkes Stück – Palácio da Pena oder von deutschen Burgen und maurische Minaretten

nehmlich geometrische Muster, mehrteilige Mosaike in Form von Rauten und Sternen. Die stillen Innenhöfe des Palastes hingegen schmücken Reliefﬂiesen mit Blüten- und Knospenornamenten, Akanthus- und Weinblättern.

Highlight des Palastes ist die 14 x 13 m große *Sala dos Brasões*, der Wappensaal Manuels I., mit seiner hohen achteckigen und holzverkleideten Kuppel. Vergoldetes Schnitzwerk rahmt die bemalten Felder: Unter dem zentralen, von einem geflügelten Drachen getragenen königlichen Wappen sind die Abzeichen von acht Söhnen und Töchtern des Königs sowie die von 72 Adelsfamilien angeordnet. Die Azulejos an den Wänden mit Hof- und Jagdszenen kamen um 1700 hinzu. Ebenso atemberaubend wie der Saal ist der Ausblick aus den hohen Fenstern, im Westen kann man bei guter Sicht sogar den Atlantik sehen.

Als nächstes verzaubert die *Palastkapelle* den Betrachter. Sie stammt aus der Zeit von Dinis, wurde aber von Manuel I. neu ausgestattet. Hübsche Malereien mit leicht variierten Taubenmotiven überziehen die Wände des Andachtsraums. Darüber wölbt sich eine fein gearbeitete, hölzerne Kassettendecke mit elaborierten Ornamenten im maurischen Stil. Eine Besonderheit ist die Gestaltung des Fußbodens im Mittelgang. Hier sieht man ein Mosaik aus Keramikfliesen, das wie ein bunt gemusterter Teppich zerscheint.

In gebührendem Abstand zu den Sälen befindet sich die **Palastküche**, da von ihr stets Brandgefahr ausging. Heute bildet sie das furiose Finale der Besichtigung. Über den blank gewienerten, weiß gefliesten Wänden, Kochstellen und Öfen erheben sich die beiden 33 m hohen konischen **Kamine**, die wegen ihrer eigenwilligen Gestalt gar zu *Wahrzeichen* der Stadt Sintra avancierten.

Vom Palast nimmt man am besten den Bus 434 hinauf zum **Castelo dos Mouros** (Tel. 219 23 73 00, www.parquesdesintra.pt, April–Sept. 9.30–20, Okt.–März 10–18 Uhr, die Kasse schließt 1 Std. früher), dem Kastell der Mauren. Seine Zinnen überziehen den Bergrücken wie der Kamm eines Drachen. Für den schweißtreibenden Aufstieg wird man durch grandiose Ausblicke belohnt. Besonders schön ist die Sicht vom Burgturm. Die Festung entstand im 8./9. Jh., wurde aber nach der Rückeroberung Lissabons durch Afonso Henriques 1147 aufgegeben. Erst König Fernando II. ließ das verfallene Bauwerk im 19. Jh. mit einigem Sinn für mittelalterliche Burgenromantik restaurieren. Beachtenswert ist die Ruine der romanischen Kapelle *Igreja de São Pedro* aus dem 12. Jh. gleich hinter dem Eingang.

Fernandos II. romantischer Ader verdankt Sintra auch seine größte Attraktion, den rund 2 km vom Ort entfernten **Palácio Nacional da Pena** (Tel. 219 23 73 00, www.parquesdesintra.pt, Palast: April–Sept. tgl. 9.45–19, sonst 10–18 Uhr; Park: April–Sept. tgl. 9.30–20, sonst 10–18 Uhr, die Kasse schließt 1 Std. früher). Im Jahr 1838 erwarb der kunstsinnige Königingemahl, der einer österreichischen Linie des Hauses Sachsen-Coburg und Gotha entstammte, die malerischen Überreste eines Hieronymitenklosters von 1511. Die Ruinen ließ der Mittelalterbegeisterte sichern und um eine neue Sommerresidenz für die königliche Familie erweitern. So entstand 1842–54 unter Leitung des deutschen Amateur-Baumeisters *Wilhelm Baron von Eschwege* ein extravagantes Schloss, ein Paradebeispiel des Eklektizismus. Inspiration fanden Architekt und Bauherr allenthalben: Rheinburgen und orientalische Minarette, dazu portugiesische Azulejos und italienische Renaissancekuppeln, Portale und Fenster im Stil der Manuelinik und zu guter Letzt noch gotische Türmchen und Burgzinnen in Gelb, Rot und Blau.

Die originale Inneneinrichtung aus der Zeit Fernandos II. blieb weitgehend erhalten und wirkt geradezu gemütlich. Die Ottomanen in der *Salão Nobre* etwa scheinen zum Verweilen einzuladen. An ein Märchen aus 1001 Nacht erinnert die *Sala Árabe* über dem Kreuzgang des mittelalterlichen Klosters.

Der Palast liegt inmitten des ausgedehnten **Parque da Pena**. Fernando II. ließ Seen und Inseln, Teiche, Bäche, Brunnen und Grotten anlegen, Tempel und Pavillons errichten sowie Pflanzen aus aller Welt setzen. Die kalifornischen Riesenmammutbäume, chinesischen Gingkobäume und australischen Baumfarne haben inzwischen erstaunliche Höhen erreicht. Ein steiler Pfad führt hinauf zum Gipfelkreuz **Cruz Alta** auf 529 m. Es markiert den höchsten Punkt der Serra de Sintra und ermöglicht den wohl besten Blick hinüber zum Palácio de Pena.

Wenn man von Sintra einen Ausflug ans Meer machen möchte, nimmt man die historische Straßenbahn (Tel. 219 23 87 89, im Sommer Fr–So 10–17 Uhr etwa alle 60 Min.), die von der *Rua J. Almeida* in Bahnhofsnähe bis zum **Praia das Maçãs** durch die liebliche Serra da Sintra schaukelt.

Vom Bahnhof in Sintra verkehren zudem Ausflugsbusse (Circuito de Roca, 10–17 Uhr alle 60 Min.) oder seltener Linienbusse (Richtung Cascais) zum 19 km entfernten **Cabo da Roca**. Wenn der Wind die Wellen gegen das 140 m senkrecht in den Atlantik abfallende Felskap peitscht und an den Kleidern zerrt – Jacke und Sonnenschutz sollte man nicht vergessen –, fühlt man sich mit den Naturgewalten auf bewegende Weise verbunden. Vom westlichsten Punkt des europäischen Festlands schweift der Blick über die endlosen Weiten des Meeres, auf dem einst die Seefahrer fernen Ländern und großen Reichtümern entgegen segelten.

Cabo da Roca – von Camões verewigt als der Ort ›wo das Land endet und das Meer beginnt‹

Pastéis de Belém
desde 1837

Lissabon aktuell A bis Z

Vor Reiseantritt

ADAC Info-Service:
Tel. 018 05/10 11 12 (0,14 €/Min.)

Unter dieser Telefonnummer und bei den ADAC Geschäftsstellen können ADAC Mitglieder kostenloses **Informations- und Kartenmaterial** anfordern. Im ADAC Verlag sind zudem die Reiseführer und Reiseführer plus *Portugal* und *Algarve* erschienen.

ADAC im Internet:
www.adac.de
www.adac.de/reisefuehrer

Lissabon im Internet:
www.visitlisboa.com
www.askmelisboa.com

Informationen erhält man auch beim Portugiesischen Fremdenverkehrsamt:

Deutschland/Österreich/Schweiz
Turismo de Portugal, Zimmerstr. 56, 10117 Berlin, Tel. 030/254 10 60, www.visitportugal.com

Portugiesische Botschaften:

Deutschland
Embaixada de Portugal, Zimmerstr. 56, 10117 Berlin, Tel. 030/590 06 36 00, www.botschaftportugal.de

Österreich
Embaixada de Portugal, Opernring 3, 1010 Wien, Tel. 0043/(0)1/586 75 36, viena@mne.pt

Schweiz
Embaixada de Portugal, Weltpoststr. 20, 3015 Bern, Tel. 0041/(0)31/352 86 68, mail@scber.dgaccp.pt

Allgemeine Informationen

Reisedokumente

Es genügt ein gültiger Personalausweis, ansonsten ein Reisepass oder bei Kindern unter 12 Jahren ein Kinderreisepass.

Kfz-Papiere

Erforderlich sind Führerschein und Zulassungsbescheinigung Teil 1 (vormals Fahrzeugschein), empfohlen wird zudem die Mitnahme der *Internationalen Grünen Versicherungskarte* und der Abschluss einer Kurzkasko- und Insassenunfallversicherung.

Krankenversicherung

Die europäische Krankenversicherungskarte ist in die übliche Versicherungskarte integriert. Sie wird in ganz Europa anerkannt und garant iert die medizinische Versorgung. Zusätzlich empfiehlt sich der Abschluss einer Auslandsreisekranken- und Rückholversicherung.

Hund und Katze

Für Hunde und Katzen ist bei Reisen innerhalb der EU ein gültiger, vom Tierarzt ausgestellter EU Heimtierausweis vorgeschrieben, ebenso die Kennzeichnung durch Mikrochip.

Zollbestimmungen

Innerhalb der EU dürfen Waren zum eigenen Verbrauch unbegrenzt mitgeführt werden. Zur Abgrenzung von privater und gewerblicher Verwendung gelten folgende Richtmengen: 800 Zigaretten, 400 Zigarillos, 200 Zigarren, 1 kg Tabak, 10 l Spirituosen, 20 l Zwischenerzeugnisse, 90 l Wein (davon max. 60 l Schaumwein) und 110 l Bier.

Für Reisende aus Nicht-EU-Ländern (Schweiz) gelten folgende Obergrenzen: 200 Zigaretten oder 50 Zigarren, 2 l Wein, 1 l Spirituosen mit mehr als 22 % alc. oder 2 l unter 22 % alc., 50 ml Parfüm, 250 ml Eau de Toilette, 500 g Kaffee, 100 g Tee.

Geld

Kreditkarten werden in Banken, den meisten Hotels, Restaurants und vielen Geschäften akzeptiert. An zahlreichen *EC-Maestro-Geldautomaten* kann man rund um die Uhr Bargeld abheben.

Lisboa Card

Die Tourismusbüros in Lissabon verkaufen die **Lisboa Card**, die 24, 48 oder 72 Stunden (18,50, 31,50 bzw. 39 €) gültig ist und die kostenlose Nutzung der öffentlichen Verkehrsmittel erlaubt. Zudem bietet die Karte freien oder ermäßigten Eintritt zu Museen und Sehenswürdigkeiten.

Tourismusbüros

Touristenauskunft-Hotline, Tel. 808 78 12 12 (gebührenfrei innerhalb Portugals)

Lisboa Welcome Center, Praça do Comércio, Tel. 210 31 28 10, tgl. 9–20 Uhr

Lisbon Shop, Rua do Arsenal 15, Tel. 210 31 28 20, tgl. 9.30–19.30 Uhr (mit Geschäft für Kunsthandwerk u.ä.)

Aeroporto, Flughafen, Ankunftshalle, Tel. 218 45 06 60, tgl. 7–24 Uhr

Y Lisboa, Rua Jardim do Regedor 50/ Praça dos Restauradores, Tel. 213 47 21 34, tgl. 10–19 Uhr (speziell für junge Reisende)

Palácio Foz, Praça dos Restauradores, Tel. 213 46 33 14, tgl. 9–20 Uhr

Estação de Santa Apolónia, Bahnhof, Tel. 218 82 16 06, Mo–Sa 8–13 Uhr

Rua Augusta-Quiosque, Baixa, Tel. 213 25 91 31, tgl. 10–13 und 14–18 Uhr

Belém-Quiosque, Mosteiro dos Jerónimos, Tel. 213 65 84 35, Mo–Sa 10–13 und 14–18 Uhr

Cascais, Rua Visconde da Luz 14, Tel. 214 82 23 27, www.visiteestoril.com, tgl. 10–18 Uhr

Estoril, Arcadas do Parque, Tel. 214 68 76 30, www.visiteestoril.com, tgl. 10–18 Uhr

Sintra, Praça da República 23, Tel. 219 23 11 57, www.cm-sintra.pt, tgl. 9–19 Uhr

Notrufnummern

Notruf (Número Nacional de Emergencias): Tel. 112 (EU-weit, auch mobil: Polizei, Unfallrettung, Feuerwehr)

Touristenpolizei (Policía de Seguridad Pública – Comisaría Turismo), Palácio Foz, Praça dos Restauradores, Tel. 213 42 16 23

Automóvel Club de Portugal (ACP), Rua Rosa Araújo 24issabon, Tel. 213 18 01 00, cm.acp@mail.telepac.pt, www.acp.pt

ADAC Notrufstation Barcelona: Tel. 00 34/935 08 28 08 (die Deutsch sprechenden Mitarbeiter sind auch für Portugal zuständig)

ADAC-Notrufzentrale München: Tel. 00 49/89/22 22 22 (24 Std.)

ADAC-Ambulanzdienst München: Tel. 00 49/89/76 76 76 (24 Std.)

ÖAMTC Schutzbrief-Nothilfe: Tel. 00 43/(0)1/251 20 00, www.oemtc.at

TCS Zentrale Hilfsstelle: Tel. 00 41/(0)2 24 17 22 20, www.tcs.ch

Gesundheit

Bei Krankheit oder Verletzung sucht man am besten die Notaufnahme (*Urgência*) eines Krankenhauses (*Hospital*) auf, z.B.:

Centro Hospitalar de Lisboa Ocidental, EPE – Hospital de Egas Moniz, Rua da Junqueira 126, Lisboa, Tel. 210 43 10 00

Hospital de D. Estefânia (Kinderkrankenhaus), Rua Jacinta Marto, Lisboa, Tel. 213 12 66 00

Apotheken (*Farmácias*) sind in der Regel Mo–Fr 9–19, Sa 9–13 Uhr geöffnet, manche sind 13–15 Uhr geschl. Adressen für den 24-Std.-Notfalldienst hängen aus.

Diplomatische Vertretungen

Deutschland
Embaixada da Republica Federal da Alemanha, Campo dos Mártires de Pátria 38, Lisboa, Tel. 218 81 02 10, info@lissabon.diplo.de, www.lissabon.diplo.de

Österreich
Embaixada da Áustria, Avenida Infante Santo 43, Lisboa, Tel. 213 94 39 00, lissabon-ob@bmeia.gv.at, www.embaixadadaaustria.pt

Schweiz
Embaixada da Suíça, Travessa do Jardim 17, Lisboa, Tel. 213 94 40 90, www.eda.admin.ch/lisbon; konsularische Dienste: Tel. 00 41/800 24 73 65, helpline@eda.admin.ch

Besondere Verkehrsbestimmungen

Tempolimits (in km/h): innerorts 50. Pkw, Motorräder und Wohnmobile bis 3,5 t 90, auf Schnellstraßen 100, auf Autobahnen 120. Wohnmobile über 3,5 t außerorts 80 bzw. 90, auf Autobahnen 110. Pkw mit Anhänger außerorts 70 bzw. 80, auf Autobahnen 100.

Fahrer, die den *Führerschein* noch kein Jahr besitzen, dürfen max. 90 km/h fahren. Wohnmobile und Anhänger sind bis zu 2,5 m Breite und 12 m Länge zugelassen, Gespanne bis zu 18 m Gesamtlänge.

Rechts hat Vorfahrt, jedoch motorisierte Fahrzeuge vor Radlern und Fuhrwerken.

Auf Autobahnen muss auch tagsüber mit *Abblendlicht* gefahren werden.

Die *Promillegrenze* liegt bei 0,5.

Die Altstadtviertel Alfama und Bairro Alto sind für den allgemeinen Autoverkehr gesperrt. Die Zufahrt ist nur für Anwohner möglich (Videokontrolle, Poller).

Zeit

In Portugal gilt die Mitteleuropäische Zeit (MEZ) bzw. die Mitteleuropäische Sommerzeit (MESZ) minus 1 Std.

Anreise

Auto

Für die etwa 2500–3000 km lange Fahrt von Deutschland nach Lissabon sollte man gut drei Tage veranschlagen.

Französische, spanische und portugiesische Autobahnen sind gebührenpflichtig, auch die Tejo-Brücken nach Lissabon.

Infos zu Mautgebühren in Portugal: www.estradas.pt/portagensestrangeiros, www.lusoponte.pt

Portugal besitzt ein flächendeckendes Netz von *Tankstellen* mit bleifreiem Superbenzin (*Gasolina sem chumbo*). Tankstellen sind in der Regel 7–22 Uhr, Autobahntankstellen durchgehend geöffnet.

Bahn

Die schnellste Zugverbindung führt in rund 30 Std. über Paris mit dem *TGV* bis Hendaye und weiter mit dem *Sud-Expresso* nach Lissabon (Santa Apolónia). An der französisch-spanischen Grenze muss man wegen unterschiedlicher Spurweiten umsteigen. Schlaf- und Liegewagen werden auf andere Fahrwerke gehoben. Lissabons Hauptbahnhof ist der **Gare do Oriente** im Osten der Stadt. Viele Fernzüge verkehren von/nach **Estação Santa Apolónia**. Infos:

Comboios de Portugal, Tel. 808 20 82 08 (innerhalb Portugals) Tel. 0035/707 20 12 80 (von außerhalb), www.cp.pt

Fahrplanauskunft

Deutsche Bahn, 018 05/99 66 33 (0,14 €/Min.), Tel. 08 00/150 70 90 (sprachgesteuert), www.bahn.de

Österreichische Bundesbahn, Tel. 05 17 17, www.oebb.at

Schweizerische Bundesbahnen, Tel. 09 00 30 03 00, www.sbb.ch

Bus

Fernreisebusse steuern Lissabon via Paris und Irún an. Die Busse sind komfortabel, aber die Fahrt dauert etwa 40 Std. Der Zentrale Busbahnhof (*Terminal rodoviário*) von Lissabon befindet sich am Bahnhof Sete Rios (Metroanschluss).

Deutsche Touring, Am Römerhof 17, 60486 Frankfurt am Main, Tel. 069/790 35 01, www.touring.de

Flugzeug

Lufthansa fliegt z.T. mehrmals täglich von Frankfurt, München, Düsseldorf und Hamburg, TAP Portugal mehrmals wöchentlich ab Frankfurt, Hamburg, München, Zürich und Genf nach Lissabon.

Aeroporto Lisboa, Alameda das Comunidades Portuguesas, Portela, 7 km nördlich von Lissabon, Tel. 218 41 35 00, www.aeroportodelisboa.com.pt

Die **Metrolinie** *Linha Vermelha* (rot) verbindet den Flughafen seit Sommer 2012 mit der Innenstadt und dem Metronetz, direkt bis/ab Gare do Oriente.

Aerobus (www.yellowbustours.com) unterhält drei Buslinien von/zum Flughafen. **Linie 1** (City Center) pendelt zwischen Flughafen, Stadtzentrum und Cais do Sodré (tgl. 7–23 Uhr alle 20 Min.). Von dort Metro-, Tram-, Bus-, Bahn- und Fähranschlüsse. **Linie 2** (Orient) fährt direkt zum/vom Gare do Oriente (8.50–21.50 Uhr alle 30 Min.). **Linie 3** (Financal Center) verkehrt bis/ab Avenida José Malhoa Sul und fährt u.a. den Zentralen Busbahnhof an (tgl. 7.40–22.10 Uhr alle 30 Min.).

Bank, Post, Telefon

Bank

Banken sind in der Regel Mo–Fr 8.30–15 Uhr geöffnet.

Post

Postämter (*Correios und CCT*) sind Mo–Fr 9–18 Uhr geöffnet. Die Postämter an der Praça dos Restauradores, am Cabo Ruivo und am Flughafen haben werktags bis 20 Uhr geöffnet, am Wochenende kürzer.

Telefon

Internationale Vorwahlen
Portugal 003 51
Deutschland 00 49
Österreich 00 43
Schweiz 00 41

In Portugal sind die Ortsvorwahlen fester Bestandteil der Teilnehmernummer und werden immer mitgewählt.

Es können Mobiltelefone aller deutschen Anbieter benutzt werden. Ferngespräche kann man auch von Münztelefonen oder *Credifons* führen, Telefonkarten dafür verkaufen Postämter und Kioske.

Einkaufen

Öffnungszeiten: in der Regel Mo–Sa 10–19 Uhr. Kleinere Läden sind mittags 13–15 und Sa ab 13 Uhr geschl.

Shopping Center

Centro Comercial Colombo, Avenida Lusíada, Luz (Metro: Colégio Militar), Lisboa, Tel. 217 11 36 00, www.colombo.pt, tgl. 9–24 Uhr. Einkaufsparadies mit 420 Geschäften, 10 Kinosälen, 60 Cafés und Restaurants.

El Corte Inglés, Avenida António Augusto de Aguiar 31, São Sebastião, Lisboa, Tel. 213 71 17 00, www.elcorteingles.pt, Mo–Do 10–22, Fr/Sa 10–23.30, So 10–20 Uhr. Einkaufsvergnügen am Parque Eduardo VII., vorzügliche Feinkostabteilung, Restaurant im 7. Stock mit herrlicher Aussicht.

Centro Comercial Vasco da Gama, Avenida Dom João II, Olivais, Lisboa, Tel. 218 93 06 01, www.centrovascodagama.pt, tgl. 9–24 Uhr. Stylish wie die Architektur am Gare do Oriente sind die Boutiquen und die Cafés. Insgesamt gibt es 166 Geschäfte, 36 Restaurants, 10 Kinosäle und ein Parkhaus.

Spezialitäten- und Fachgeschäfte

A Carioca, Rua Misericordia 9, Bairro Alto, Lisboa, Tel. 213 42 03 77. Kaffee aus fernen Ländern. Die Chinoiserien auf den Einbauschränken ergötzen die Augen der Wartenden in dem kleinen, stets gut besuchten Laden.

Casa das Vellas Loreto, Rua Loreto 53–55, Bica, Lisboa, Tel. 213 42 53 87. Von Domingos Sá Pereira de Melo 1789 als Kerzenfabrik gegründet. Hier kann man handgemachte Kerzen kaufen.

Claudio Corallo, Rua Cecilio da Sousa 85, Bairro Alto, Lisboa, Tel. 914 951 610, www.claudiocorallo.com. Die eigenen Kakao- und Kaffeeplantagen auf São Tomé und Príncipe sorgen für qualitativ hochwertige Produkte, Kaffee und Schokolade.

Conserveira de Lisboa, Rua dos Bacalhoeiros 34, Alfama, Lisboa, Tel. 218 86 40 09, www.conserveiradelisboa.pt. Schon 1930 stapelten sich hier bunte Dosen mit Fisch und Muscheln.

Fábrica Sant'Anna, Rua do Alecrim 95, Chiado, Lisboa, Tel. 213 42 25 37, www.santanna.com.pt. Große Auswahl an kunstvoll bemalten Azulejos.

Luvaria Ulisses, Rua do Carmo 87A, Carmo, Lisboa, Tel. 213 42 02 95, www.luvariaulisses.com. Klein aber fein. Handgefertigte Lederhandschuhe – auch nach Maß innerhalb weniger Tage.

A Outra Face da Lua, Rua da Assunção 22, Baixa, Lisboa, Tel. 218 86 34 30, www.aoutrafacedalua.com. Retro-Kleidung, Retro-Accessoires und angesagtes Café.

Nunes Corrêa, Rua Augusta 250, Baixa, Lisboa, Tel. 213 24 09 30, www.nunescorrea.pt. Herrenausstatter mit Familientradition seit 1856. Edle Oxford-Schuhe, feine Hemden und Seidenkrawatten.

Teresa Alecrim, Rua Nova do Almada 76, Chiado, Lisboa, Tel. 213 42 18 31, www.teresaalecrim.com. Handtücher und Tischwäsche in alten Eichenregalen.

Mode-Boutiquen

Ana Salazar, Rua do Carmo 87, Carmo, Tel. 213 47 22 89 und Avenida de Roma 16, Campo Pequeno, Lisboa, Tel. 218 48 67 99, www.anasalazar.pt. Die Grand Dame der neuen portugiesischen Mode.

Fátima Lopes, Rua da Atalaia 36, Bairro Alto, Lisboa, Tel. 213 24 05 46, www.fatima-lopes.com. Ausgefallene Mode und Schmuckstücke in avantgardistischen Showrooms.

Lena Aires, Rua da Atalaia 96, Bairro Alto, Lisboa, Tel. 213 46 18 15, www.lena-aires.com. Extravagante farbenfrohe Kleider vom Shootingstar der Modebranche.

Essen und Trinken

Die Restaurants servieren in der Regel Mittagessen (*Almoço*) 12–15 Uhr, Abendessen (*Jantar*) 19–22 Uhr.

Viele Restaurants und Cafés bieten günstige Mittagsmenüs an. Nicht alle haben eine Lizenz zum Ausschank von Alkohol. Das Trinkgeld für den Kellner wird beim Gehen auf den Tisch gelegt (10%).

Der kleine **Cafè** (auch *Bica*) ist dem italienischen Espresso vergleichbar. Beliebt sind auch *Galão*, Milchkaffee, oder Milch pur (*Leite*). Übrigens: am Tresen ist es billiger als am Tisch mit Bedienung.

Cafés

TOP TIPP **Antiga Confeitaria de Belém**, Rua de Belém 84–92, Belém, Lisboa, Tel. 213 63 74 23, www.pasteisdebelem.pt. Die frischen Pastéis de Belém sind immer heiß begehrt. Zum Mitnehmen werden sie am Jugendstil-Tresen verpackt.

A Brasileira, Rua Garrett 120, Carmo, Lisboa, Tel. 213 46 95 41. Drinnen kann man den Café gemütlich im hübschen Interieur genießen, draußen ist es hektischer.

TOP TIPP **Café Nicola**, Rossio, Praça Dom Pedro IV. 24, Baixa, Lisboa, Tel. 213 46 05 79. Das Kaffeehaus existiert seit 1787, wurde 1935 im Art-déco-Stil umgestaltet. Der Dichter Bocage ist als Skulptur verewigt. Flinke Kellner und frisches Gebäck.

Confeitaria Nacional, Praça da Figureia 18, Baixa, Lisboa, Tel. 213 42 44 70, www.confeitarianacional.com. Seit 1829 gehört das Eckcafé zu den ersten Adressen für feines Gebäck. Berühmt ist der weihnachtliche Früchtekuchen *Bolo Rei*.

TOP TIPP **Kaffeehaus**, Rua Anchieta 3, Chiado, Lisboa, Tel. 210 95 68 28, www.kaffeehaus-lisboa.com. Nahe der Oper gibt es österreichische Spezialitäten wie Sachertorte und Wiener Schnitzel, aber auch das beste *Tosta Mista* der Stadt. Beliebte Adresse für den Sonntags-Brunch (Mo geschl.).

Linha d'Água, Rua Marquês de Fronteira, São Sebastião, Lisboa, Tel. 213 81 43 27. Oase der Ruhe im Jardim Amália Rodrigues oberhalb des Parque Eduardo VII.

Noobai Café, Rua da Santa Catarina, Bica, Lisboa, Tel. 213 46 50 14, www.noobaicafe.com. Das trendige Café bietet Terrassen mit Tejo-Blick. Serviert werden frischgepresste Säfte, Salate, Toasts und Quiches.

Panificaçao Reunida São Roque, Rua Dom Pedro V. 57, Bairro Alto, Lisboa, Tel. 213 22 43 56. Alteingessene Eck-Bäckerei, die mit Säulen sowie Azulejos aufwendig ausgestattet ist und deswegen auch *Kathedrale des Brotes* genannt wird.

Pastelaria 1800, Largo do Rato 7, Rato, Lisboa, Tel. 213 88 26 31. Hübsch gefliestes Café mit gutem Mittagsmenü.

Pastelaria Doce Real, Rua Dom Pedro V. 121, Bairro Alto, Lisboa, Tel. 213 46 59 23. Das kleine Stehcafé nahe der Praça Principe Real lohnt einen Stopp. Köstliche Backwaren frisch aus dem Ofen.

Pasteleria Suiça, Rossio, Praça Dom Pedro IV. 96, Baixa, Lisboa, Tel. 213 21 40 90, www.casasuica.pt. Das 1922 gegründete Café bietet eine riesige Kuchenauswahl.

TOP TIPP **Pastelaria Versailles**, Avenida da República 15, Saldanha, Lisboa, Tel. 213 54 63 40, www.pastelariaversailles.com. Die spiegelverglaste Tresenfront und die Kronleuchter können es fast mit der Pracht französischer Schlösser aufnehmen. Die Auswahl an Kuchen, Desserts und Mittagessen ist göttlich!

Pois Café, Rua São João da Praça 93, Alfama, Lisboa, Tel. 218 86 24 97, www.poiscafe.com. Selbstgemachte Kuchen und vegetarische Vollwertkost in angenehm familiärer Atmosphäre (Di–So 11–22 Uhr).

Salão de Chá, Largo do Carmo 21, Lisboa, Tel. 213 42 13 05. Erlesene Teesorten, frisch gepresster Orangensaft und ein gutes Mittagsmenü (So geschl.).

Restaurants

Gourmet-Restaurants

A Confraria, York House Hotel, Rua das Janelas Verdes 32, Santos, Lisboa, Tel. 213 96 24 35, www.yorkhouselisboa.com. Kreative portugiesische Küche von Nuno Diniz in historischem Ambiente.

TOP TIPP **A Travessa**, Travessa do Convento das Bernardas 12, Santos, Lisboa, Tel. 213 90 20 34, www.atravessa.com. Exzellentes portugiesisches Restaurant in einem früheren Kloster. Im Sommer speist man im Kreuzgang (Sa/Mo mittags und So geschl.).

Bica do Sapato, Avenida Infante Dom Henrique, Santa Apolónia, Lisboa, Tel. 218 81 03 20, www.bicadosapato.com. Am Cais da Pedra legt man viel Wert auf elegantes Design, leichte Gerichte und vorzügliche Weine (Mo mittags geschl.).

Belcanto, Largo de São Carlos 10, Chiado, Lisboa, Tel. 213 42 06 07, www.joseavillez.pt. Der junge portugiesische Sternekoch José Avillez steckt voller Ideen – vor allem kulinarisch (So, Mo geschl.).

Eleven, Rua Marquês da Fronteira, São Sebastião, Lisboa, Tel. 213 86 22 11, www.restauranteleven.com. Spitzenkoch Joachim Koerper verwöhnt mit exquisiten Speisen und Blick über den Jardim Amália Rodrigues (So/Fei geschl.).

Espaço Lisboa, Rua Cozinha Económica 16, Alcântara, Lisboa, Tel. 213 61 02 12, www.espacolisboa.pt. Traditionelle portugiesische Küche in altem Industriebau.

Feitoria, Altis Belém Hotel, Doca do Bom Sucesso, Belém, Lisboa, Tel. 210 40 02 00, www.restaurantefeitoria.com. Das Restaurant am Tejo trägt seit 2012 zu Recht einen Michelin-Stern (So, Aug. geschl.).

Gemelli, Rua Nova da Piedade 99, Santos, Lisboa, Tel. 213 95 25 52, www.augusto gemelli.com. Küchenchef Augusto Gemelli garantiert authentische mediterrane Genüsse (Sa mittags und So geschl.).

TOP TIPP **Olivier**, Rua do Alecrim 23, Chiado, Lisboa, Tel. 213 42 29 16, www.restau rante-olivier.com. Edel-plüschiges Restaurant, das portugiesische Spezialitäten neu interpretiert. Empfehlung: Degustationsmenü (Mittags, So geschl.)

Tavares, Rua da Misericórdia 35, Bairro Alto, Lisboa, Tel. 213 42 11 12, www.restau rantetavares.pt. Das 1784 gegründete Restaurant mit Spiegelsaal gilt als ältestes Lissabons. Arlindo Madeiras Kochkünste verdienen den einen Michelin-Stern (So/Mo geschl.).

Portugiesisch

Antigo 1° de Maio, Rua da Atalaia 8, Bairro Alto, Lisboa, Tel. 213 42 68 40. Winziger Klassiker mit bester Hausmannskost. Unbedingt reservieren (So geschl.).

Bota Alta, Travessa da Queimada 35, Bairro Alto, Lisboa, Tel. 213 42 79 59. Seit Jahrzehnten beliebt bei Alt und Jung, deshalb sind Plätze häufig rar.

Casa do Alentejo, Rua das Portas de Santo Antão 58, Baixa, Lisboa, Tel. 213 40 51 40. Restaurant im gleichnamigen Kulturzentrum mit deftiger Alentejo-Küche und neomaurischer Pracht.

TOP TIPP **Cervejaria Trindade**, Rua Nova da Trindade 20, Carmo, Lisboa, Tel. 213 42 35 06, www.cervejariatrin dade.pt. Traditionslokal seit 1840. Der vordere große Saal ist mit schönen Azulejos der vier Jahreszeiten geschmückt.

Mãe d'Água, Travessa das Amoreiras 10, Amoreiras, Lisboa, Tel. 213 88 28 20. Die leckersten Steaks, dazu Stierkampfbilder (Sa/So und Fei geschl.).

O Bacalhoeiro, Rua dos Sapateiros 224, Baixa, Lisboa, Tel. 213 43 14 15. Nahe Rossio gelegenes, bei Einheimischen beliebtes schnörkelloses Lokal mit alten Fischerfotos an den Wänden.

TOP TIPP **Pap'Açorda**, Rua da Atalaia 57, Bairro Alto, Lisboa, Tel. 213 46 48 11. Elegant-ungezwungene Atmosphäre zeichnet das Lokal aus. Die namengebende Brotsuppe mit Garnelen und Koriander begeistert Gourmets (So/Mo geschl.).

Real Fábrica, Rua da Escola Politécnica 275, Rato, Lisboa, Tel. 213 85 20 90, www. realfabrica.pt. Bodenständige portugiesische Küche mit viel Fisch und Fleisch in einer einstigen Seidenmanufaktur.

Ribadouro, Avenida da Liberdade 155, São José, Lisboa, Tel. 213 54 94 11, www. cervejariaribadouro.pt. Große Auswahl an *Mariscos* (Meeresfrüchten), die sehr gut, aber nicht billig sind.

Sardinheira, Rua Sampaio Pina 72, São Sebastião, Lisboa, Tel. 213 87 20 12. Gutes Frühstück und vorzügliche Mittagsmenüs, auch vegetarisch (Sa/So geschl.).

International

Casa México, Avenida Dom Carlos I 140, Santos, Lisboa, Tel. 213 96 55 00, www.casa mexico.pt. Feurige mexikanische Küche und super Margaritas in knallig buntem Ambiente (mittags und So geschl.).

Casanova, Avenida Infante Dom Henrique, Santa Apolónia, Lisboa, Tel. 218 87 75 32, www.restaurantecasanostra. com. Gute und beliebte Pizzeria am Tejo.

Estufa Real, Calçada do Galvão, Ajuda, Lisboa, Tel. 213 61 94 00, www.estufareal.com. Stilvoll mediterran speisen in einem alten Gewächshaus mit Blick in den Botanischen Garten von Ajuda (abends und Sa geschl.).

Ibo, Cais do Sodré, Armazém A, Baixa, Lisboa, Tel. 213 42 36 11, www.ibo-restaurante. pt. Hier am Tejo bereichern die afrikanisch-indischen Genüsse Mosambiks die portugiesische Küche (So abends und Mo geschl.).

Flor da Laranja, Rua da Rosa 206, Bairro Alto, Lisboa, Tel. 213 42 29 96. Schmackhafte marokkanische Küche mit Couscous, Tahine und Zitronenhuhn (So ganztags und Mo mittags geschl.).

Flor de Sal, Praça das Flores 40, Bairro Alto, Lisboa, Tel. 213 97 50 65. Zur guten Küche kommt die Lage am charmanten Platz (Di–Fr mittags und Mo geschl.).

Tamarind, Rua da Gloria 43, Baixa, Lisboa, Tel. 213 46 60 80. Moderne Küche Indiens, günstigere Mittagskarte (Mo geschl.).

Tentações de Goa, Rua de São Pedro Mártir 23, Mouraria, Lisboa, Tel. 218 87 58 24. Die Küche Goas in aller Vielfalt, vegetarierfreundlich (So/Fei geschl.).

TOP TIPP **Uai!**, Rocha Conde de Óbidos, Santos, Lisboa, Tel. 213 90 01 11, www.uai.pt. Exzellente Spezialitäten aus der Goldgräberregion Minas Gerais in Brasilien und der beste Caipirinha der Stadt. Tische am Tejo (So abends, Di/Mi mittags und Mo geschl.).

Vegetarisch

Os Tibetanos, Rua do Salitre 117, São José, Lisboa, Tel. 213 14 20 38, www.tibetanos.com. Vegetarisches Restaurant mit lauschigem Garten (Sa/So/Fei geschl.).

Terra, Rua da Palmiera 15, Bairro Alto, Lisboa, Tel. 213 42 14 07, www.restauranteterra.pt. Reichhaltiges Büffet (Mo geschl.).

Außerhalb Lissabons

Almada

Cabana do Pescador, Praia Cabana Pesador, Costa da Caparica, Almada, Tel. 212 96 21 52. Einfaches Strandlokal mit Fisch und Meeresfrüchten frisch aus dem Atlantik.

Kontiki, Praia de São João, Costa da Caparica, Almada, Tel. 967 96 73 43, www.kontikibar.com. Strandbar mit guter Küche, Sangria wird auch in den Liegestühlen und Sitzkissen am Sandstrand serviert (tgl. 10–20 Uhr).

Ponte Final, Cais do Ginjal 72, Cacilhas, Almada, Tel. 212 76 07 43. Lokal am Ende des Kais mit köstlichem Fisch und schöner Aussicht auf Lissabon.

Cascais

Mar do Inferno, Avenida Rei Humberto II. de Itália, Cascais, Tel. 214 83 22 18, www.mardoinferno.guiadacidade.com. Frische *Mariscos* (Meeresfrüchte) mit Blick auf die Boca do Inferno (Mi geschl.).

Estoril

Estoril Mandarim, Casino Estoril, Praça José Teodoro dos Santos, Estoril, Tel. 214 66 72 70, www.casino-estoril.pt. Chinesische Küche mit Gourmetstandard (Mo/Di geschl.).

Queluz

Cozinha Velha, Palacio Nacional de Queluz, Queluz, Tel. 214 35 02 32. Edelrestaurant im einstigen Küchentrakt des Königspalastes.

Feiertage

1. Januar: Neujahr (*Ano Novo*), Februar: Faschingsdienstag (*Terça-feira de Carnaval*), März/April: Karfreitag (*Sexta-feira Santa*), 25. April: Jahrestag der Nelkenrevolution 1974 (*Dia da Liberdade*), 1. Mai: Tag der Arbeit (*Dia do Trabalhador*), Juni: Fronleichnam (*Corpo de Deus*), 10. Juni: Todestag von Luís de Camões (*Dia de Portugal*), 13. Juni: Tag des Hl. Antonius (*Dia de Município*), 15. August: Mariä Himmelfahrt (*Assunção*), 5. Oktober: Ausrufung der Republik 1910 (*Dia da República*), 1. November: Allerheiligen (*Todos os Santos*), 1. Dezember: Befreiung von spanischer Herrschaft 1640, Unabhängigkeitstag (*Dia da Restauração*), 8. Dezember: Mariä Empfängnis (*Imaculada Conceição*), 25. Dezember: Weihnachten (*Natal*)

Festivals und Events

Über das Kulturprogramm informieren monatlich die Hefte ›Follow Me Lisboa‹ (span./engl.) und ›Agenda Cultural‹ (port., www.agendalx.pt). Dienstags erscheint das Magazin ›Time Out Lisboa‹ (port., www.timeout.pt).

Kartenvorverkauf

A.B.E.P., Praça dos Restauradores, Lisboa, Tel. 213 47 58 24

Fnac, Rua Nova do Almada 104, Lisboa, Tel. 213 22 18 00, und Centro Comercial Colombo, Lisboa, Tel. 217 11 42 37f

Ticket Line, Lisboa, Tel. 707 23 42 34 (innerhalb Portugals), Tel. 003 51/217 04 14 00 (von außerhalb), www.ticketline.pt

Programm

März

Meia Maratona de Lisboa, 3. So., www.lisbon-half-marathon.com. Halbmarathon, der auf der Ponte 25 de Abril startet und am Mosteiro dos Jerónimos endet.

April

Peixe em Lisboa, 2. Aprilhälfte, www.peixemlisboa.com. Einwöchiges Gourmetfestival rund um Fisch und Fischspezialitäten im Pátio da Galé.

April/Mai

IndieLisboa, Ende April/Anf. Mai, www.indielisboa.com Internationales Indepedent Filmfestival mit Wettbewerb.

Mai

Jazz Estoril, www.projazz.pt. Renommiertes zehntägiges Jazz-Festival im Kasino von Estoril.

Mai/Juni

Rock in Rio-Lisboa, letztes Mai-, 1. Juni-Wochenende alle zwei Jahre (2012, 2014 ...), www.rockinriolisboa.sapo.pt. Internationales Open-Air-Festival mit absoluten Top Acts im Parque de Bela Vista.

Juni

Festas de Lisboa, www.festasdelisboa.com. Im Juni gibt es zahlreiche Volksfeste zu Ehren von Heiligen; der Stadtpatron Antonius wird am 12. und 13. Juni mit besonders großem Turbel gefeiert [s. S. 38].

Festa do Fado. An den Wochenenden finden Fado-Konzerte im Castelo de São Jorge und im Fado-Museum statt.

Juni/Juli

Festival de Sintra, www.ccolgacadaval.pt. 14 Tage klassische Musik- und Tanzvorführungen mit internationalen Stars u.a. in den Palästen von Queluz, Sintra und Pena.

Juli

Semanas de Música de Estoril, www.estorilfestival.net. Ein Monat mit klassischen Konzerten u.a. in historischen Bauten von Estoril und Cascais.

Festival de Almada, Anfang Juli, www.ctalmada.pt. Zweiwöchiges internationales Theaterfestival am Südufer des Tejo.

Delta Tejo, 1. Wochenende, www.deltatejo.com. Livemusik und Brasilien-Flair im Parque Florestal de Monsanto.

Superbock-Superrock, 2. Wochenende, www.superbocksuperrock.pt. Ein großes Rockfestival mit internationalen Stars.

August

Jazz em Agosto, 1. Augustwoche, www.musica.gulbenkian.pt. Die Fundação Calouste Gulbenkian stellt bei ihren Jazzkonzerten internationale Trends vor.

Oktober

Doclisboa, 2. Oktoberhälfte, www.doclisboa.org. Internationale Dokumentarfilme in Culturgest, Cinema São Jorge und Cinema Londres mit Preisverleihung.

November

São Martinho, 11. November. Der Martinstag wird mit einer *Magusto* gefeiert, einem Fest mit gerösteten Maroni und *Água pé*, jungem Wein.

Dezember

Festa de Fim de Ano, 31. Dezember. Konzerte und Riesenfeuerwerk zum Jahreswechsel im Parque das Nações und auf der Praça do Comércio.

Klima und Reisezeit

Ein mild-subtropisches Klima ohne große Temperaturunterschiede macht Lissabon zu einem ganzjährig angenehmen Reiseziel. Die Sommer sind heiß und fast immer scheint die Sonne, und selbst im Winter ist etwa jeder zweite Tag sonnig. Der meiste Regen fällt in der Zeit von November bis März. Frühjahr und Herbst bieten mit angenehmen Temperaturen und sonnigen Tagen die besten Bedingungen für eine Stadtbesichtigung. An der nahen Atlantikküste herrschen im Hochsommer gute Badebedingungen, sonst ist das Wasser zu kalt.

Klimadaten Lissabon

Monat	Luft (°C) min./max.	Wasser (°C)	Sonnen-std./Tag	Regen-tage
Januar	9/15	15	5	7
Februar	9/16	15	6	6
März	11/17	15	7	8
April	12/20	16	9	5
Mai	14/22	17	11	3
Juni	17/25	18	11	1
Juli	19/28	19	12	0
August	20/28	20	12	0
September	19/26	20	9	2
Oktober	16/22	19	7	4
November	13/19	17	5	7
Dezember	10/16	16	6	7

Kultur live

Fado

A Tasca do Chico, Rua do Diário de Notícias 39, Bairro Alto, Lisboa, Tel. 213 43 10 40. Authentisches Fado-Haus, das auch Amateuren eine Chance gibt (Mo, Mi).

Parreirinha de Alfama, Beco do Epírito Santo 1, Alfama, Lisboa, Tel. 218 86 82 09. Gemütliches Fado-Lokal, das mit rührender Musik und gutem Essen begeistert.

Bacalhau de Molho, Beco dos Armazéns do Linho 2, Alfama, Lisboa, Tel. 218 86 50 88, www.casadelinhares.com. Fado-Lokal mit eleganter Atmosphäre.

Café Luso, Travessa Queimada 10, Bairro Alto, Lisboa, Tel. 213 42 22 81, www.cafeluso.pt. Traditionelles portugiesisches Essen, dazu Fado von Könnern.

Oper, Theater, Ballett

Chapitô, Costa do Castelo 7, Alfama, Lisboa, Tel. 218 85 55 50, www.chapito.org.

Zirkus, Performance-Schule, Freies Theater und Restaurant unterhalb der Burg.

Teatro Camões, Passeio de Neptuno, Olivais, Lisboa, Tel. 218 92 34 77, www.cnb.pt. Sitz des Balletts Companhia Nacional de Bailado im Parque das Nações. Die Bühne ist speziell für Tanz, Musik und Theater-Perfomances konzipiert.

Teatro Nacional de São Carlos, Rua de Serpa Pinto 9, Chiado, Lisboa, Tel. 213 25 30 45, www.saocarlos.pt. Die Nationaloper glänzt mit internationalen Gastspielen und Konzerten des Orquestra Sinfónica Portuguesa.

Teatro Politeama, Rua das Portas de Santo Antão 109, Baixa, Lisboa, Tel. 213 40 57 00, www.teatro-politeama.com. 1913 eingeweihte Bühne für Operetten, Musikals, Varieté und Chanson.

Weitere Veranstaltungsorte

Coliseu dos Recreios, Rua das Portas de Santo Antão 96, Baixa, Lisboa, Tel. 213 24 05 85, www.coliseulisboa.com. In der Arena finden Opern-, Theater- und Ballettaufführungen und Konzerte statt.

Fabrica Braço de Prata, Rua da Fábrica do Material de Guerra 1, Boço do Bispo, Lisboa, Tel. 965 51 80 68, www.bracode prata.net. Kulturzentrum, das Konzerte und Ausstellungen im Programm hat.

Pavilhão Atlântico, Rossio dos Olivais, Olivais, Lisboa, Tel. 218 91 84 09, www.pavilhaoatlantico.pt. Veranstaltungsort für Mega-Konzerte, Musicals, Sportevents und Kongresse.

Teatro do Bairro, Rua Luz Soriano 63, Bairro Alto, Lisboa, Tel. 213 47 33 58, www.teatrodobairro.org. Theater, Kino, Tanz und Musik in einer früheren Druckerei.

Nachtleben

Die Klubs und Diskotheken am Tejo in den einstigen Hafenanlagen, den *Docas*, von Santa Apolónia, über Cais do Sodré, Alcântara bis Belém, erfreuen sich großer Beliebtheit, aber auch die Locations entlang der *Avenida 24 de Julho* sind angesagt – vor allem die in Nähe des Bahnhofs Santos. Vor 24 Uhr ist allerdings selten etwas los. Zur Einstimmung auf eine lange Nacht eignen sich die Viertel Bairro Alto und Bica mit gemütlichen Restaurants und stylishen Bars. Zudem gibt es im Bairro Alto – wie auch in der Alfama –, Fado-Lokale, die allabendlich landestypische Musik und Küche bieten. Auch im Kasino oder in den Lokalen im Parque das Nações kann man sich die Nächte gut um die Ohren schlagen. Die *Nachtbusse* mit den 200er-Nummern sorgen für den Transport.

Bars

Estado Liquido, Largo de Santos 5, Santos, Lisboa, Tel. 213 95 58 20, www.estado liquido.com. Coole Bar mit Sushi-Lounge.

Kais, Cais do Viscondessa, Rua da Cintura, Santos, Lisboa, Tel. 213 93 29 30, www.kais-k.com. Bar-Restaurant in einer riesigen Lagerhalle aus dem 19. Jh. direkt am Tejo mit guter Küche (So/Mo geschl.).

Onda Jazz, Arco de Jesus 7, Alfama, Lisboa, Tel. 218 88 32 42, www.ondajazz.com. Live-Jazz in gemütlichem Gewölbe, gemischtes Publikum (So/Mo geschl.).

Pavilhão Chinês, Rua Dom Pedro V 89, Bairro Alto, Lisboa, Tel. 213 42 47 29. Stimmungsvolle Bar mit mehreren Räumen, Billardtischen und Plüschsesseln. Die Tee- und Cocktailkarte ist so dick wie ein Taschenbuch [s. Nr. 33].

Solar do Vinho do Porto, Rua de São Pedro de Alcântara 45, Bairro Alto, Lisboa, Tel. 213 47 57 07. Das Portweininstitut im Keller des Palácio Ludovice offeriert in entspannter Atmosphäre erlesene Portweine (So geschl.).

Klubs und Diskotheken

Incógnito, Rua dos Poiais de São Bento 37, Santa Catarina, Lisboa, Tel. 213 90 87 55, www.incognitobar.com. Je nach DJ läuft Alternativ Pop, Electronic, Indie oder Post-Punk (Mi–Sa).

Kremlin, Avenida 24 de Julho/Escadinhas da Praia 5, Santos, Lisboa, Tel. 213 95 71 01, www.grupo-k.pt. House und Underground in alten Mauern (Fr/Sa).

Lux Fragil, Avenida Infante Dom Henrique, Santa Apolónia, Lisboa, Tel. 218 82 08 90, www.luxfragil.com. Szeneklub mit Electro, Dancefloor und Mainstream. Geniale Dachterrasse (Do–Sa).

Musicbox, Rua Nova do Carvalho 24, Cais do Sodré, Lisboa, Tel. 213 43 01 07, www.musicboxlisboa.com. Acid, Funk, Afrobeat und Electronic im Wechsel (Mi–Sa).

Op Art Café, Doca de Santo Amaro, Santo Amaro, Lisboa, Tel. 213 95 67 87, www.opartcafe.com. Nachts verwandeln internationale DJs oder Live Acts das Café mit Electronic, House, Techno zum Dancefloor direkt am Tejo (Mo geschl.).

Kasinos

Casino Lisboa, Alameda dos Oceanos, , Olivais, Lisboa, Tel. 218 92 90 00, www.casino-lisboa.pt, So–Do 15–3, Fr/Sa 16–4 Uhr. Automaten, Roulette, Black Jack, Poker und Shows im Parque das Nações.

Casino Estoril, Praça José Teodoro dos Santos, Estoril, Tel. 214 66 77 00 www.casino-estoril.pt, tgl. 15–3 Uhr, Showprogramm ab 21 Uhr. Das älteste Kasino Portugals blickt auf eine spannende Geschichte als Spionen-Treff zurück.

Sport

Golf

Die Umgebung Lissabons eignet sich hervorragend zum Golfen. Die Anlagen gehören wegen der herrlichen Naturkulisse zu den beliebtesten Europas.

Estoril Golf, Avenida da República, Estoril, Tel. 214 68 01 76, www.palacioestorilhotel.com. Der 18-Loch-Platz von Mackenzie Ross gehört zu den Klassikern, zudem gibt es einen 9-Loch-Parcours.

Penha Longa Atlantic, Estrada da Lagoa Azul Linhó, Sintra, Tel. 219 24 90 31, www.penhalonga.com. Abwechslungsreicher 18-Loch-Platz im Naturschutzgebiet zwischen Sintra und Cascais.

Radfahren

Es gibt schöne Radwege am Tejo entlang im Parque das Nações, zwischen Cais do Sodré und Belém, sowie in den Badeorten Cascais, Estoril, Costa da Caparica. Fahrradverleihd (*Aluguer de bicicletas*) bei:

Belém Bike, Av. de Brasília (Uferpromenade am Museu Electrícidade), Belém Tel. 13678202833,, www.belembike.com, Mi–Fr 12–20, Sa/So 10–20 Uhr

Tejo Bike, Rossio dos Olivias (zwischen Pavilhão Atlântico und de Portugal), Parque das Nações, Lisboa, Tel. 916 12 98 67,www.tejobike.pt, März–Okt. tgl. 10–20, sonst 1–18 Uhr

Schwimmen

Für einen Badeausflug empfehlen sich die über 20 km langen, breiten Sandstrände der Costa da Caparica [Nr. 82] südlich von Lissabon oder die von Felsen gerahmten Sandbuchten zwischen Estoril und Cascais [Nr. 83, 84] im Westen.

Segeln

Der Tejo und der nahe Atlantik bieten ausgezeichnete Segelreviere. Moderne Marinas befinden sich am Tejo in Alcântara, Santo Amaro und Belém.

Surfen

Wassersportler finden in und um Lissabon hervorragende Bedingungen vor. Wind- und Kite-Surfer wissen die steten Winde zu schätzen, Wellenreiter und Bodyboarder die hohen Atlantikwellen. Ein Paradies für Surfer ist *Guincho* bei Cascais an der Atlantikküste *Costa do Sol* .

Stadtbesichtigung

CarrisTur, Praça da Figueira, Baixa, Lisboa, Tel. 213 61 31 93, www.yellowbustours.com. *Tejo-* und *Olisipo-Tour* im offenen Doppeldeckerbus Richtung Belém bzw. Parque das Nações (Start/Ziel: Praça da Figueira, reine Fahrtzeit: jeweils 2 Std.). Mit einem 24-Std.-Ticket kann man an jeweils über 20 Stopps die Fahrt beliebig oft unterbrechen. *Colinas-Tour* mit historischer Tram (Start/Ziel: Praça do Comércio, Fahrtzeit: 1 Std. 20 Min.) über die Hügel der Altstadt.

Lisbon Walker, Rua dos Remédios 84, Baixa, Lisboa, Tel. 218 86 18 40, www.lisbonwalker.com. Historische Stadtspaziergänge in Englisch (Deutsch nach Vereinbarung).

Red Tour, Rua dos Fanqueiros 18, Baixa, Lisboa, Res.-Tel. 910 80 20 00, www.red-tourgps.com. GPS-geführte (Englisch) Touren mit Segways, Elektrorädern oder Elektrobuggies für 2–4 Pers.

Statistik

Lage: Die portugiesische Hauptstadt Lissabon liegt am Nordufer des Tejo-Beckens, etwa 18 km vor der Flussmündung in den Atlantik, im äußersten Südwesten des europäischen Kontinents. Die Stadt blickt gen Süden auf die Gemeinde Almada. Im Westen liegen Cascais und Estoril, nordwestlich Sintra und Queluz.

Verwaltung: Portugal ist seit 1976 eine parlamentarische Demokratie. Der Staat wird zentral von Lissabon aus regiert und verwaltet.

Hauptstadt: Lissabon (548 000 Einw., im Großraum Grande Lisboa 2,1 Mio.)

Fläche: Das Stadtgebiet umfasst 88 km^2.

Bevölkerung: Im Großraum Lissabon lebt ein Viertel aller Portugiesen, darunter viele Einwanderer aus den früheren Kolonien. Etwa 93 % der Bevölkerung sind Katholiken, es gibt protestantische, muslimische und jüdische Minderheiten.

Bildung: Lissabon hat drei öffentliche Hochschulen mit insgesamt 55 000 Studenten: die Universität Lissabon, die Technische und die Neue Universität, sowie sechs private mit weiteren 44 500 Immatrikulierten: die Katholische, die Internationale, die Moderne und die Atlantik-Universität, die Lusíada sowie die Lusófona.

Wirtschaft: Obwohl Portugal seit Aufnahme in die EU 1986 zwei Jahrzehnte lang einen wirtschaftlichen Aufschwung erlebte, zählt es zu den ärmsten Ländern der EU. Die hohe Staatsverschuldung und ein großes Handelsdefizit stürzten Portugal in die Finanzkrise, die den Staat zu Rentenkürzungen, Steuererhöhungen, Privatisierungen zwingt. Die Region Lissabon erwirtschaftet 45 % des portugiesischen BIP vornehmlich im Dienstleistungsbereich. Der Hafen ist der größte Portugals, mit wichtigen Container- und Kreuzfahrt-Terminals in Alcântara und Santa Apolónia. Südlich vom Tejo gibt es Ölraffinerien, chemische Industrie, Metall-und Automobilindustrie, z.B. das Autoeuropa-Werk (VW) in Pamela.

Unterkunft

Apartments

TOP TIPP **Lissabon-Altstadt**, Kopenhagener Str. 26, Berlin, www.ferienwohnung-lissabon.de. Die deutsch-portugiesische Agentur mit Ansprechpartnern vor Ort vermittelt hervorragend ausgestattete Wohnungen, meist in wunderschönen Altbauten von der Alfama bis Belém.

Camping

Eine Auswahl geprüfter Campingplätze (*Parque de campismo*) bietet der jährlich erscheinende ADAC Camping Caravaning Führer (Band Südeuropa), erhältlich im Buchhandel und in den ADAC Geschäftsstellen ist. Wildes Campen ist nicht erlaubt.

Campismo de Monsanto, Estrada da Circunvalação, Lisboa, Tel. 217 62 82 00, www.lisboacamping.com. Auf einer Anhöhe im Wald gelegener Platz mit Pool, auch 70 Hütten sind vorhanden.

Jugendherbergen

In Lissabon gibt es zwei Jugendherbergen, *Pousada da Juventude*, Tel. 217 23 21 00, www.pousadasjuventude.pt

Lisboa, Rua Andrade Corvo 46, São Sebastião, Lisboa, Tel. 213 53 26 96

Parque das Nações, Rua de Moscavide 47, Olivais, Lisboa, Tel. 218 92 08 90

Deutsches Jugendherbergswerk, Bismarckstr. 8, 32756 Detmold, Tel. 052 31/ 740 10, www.jugendherberge.de

Hostels

TOP TIPP **Living Lounge Hostel**, Rua do Crucifixo 116, Baixa, Lisboa, Tel 213 46 10 78, www.lisbonlounge hostel.com. Modernes Design in kreativ gestalteten Einzel-, Doppel- und Mehrbett-Zimmern, großzügige Aufenthaltsräume zum Kochen, Spielen oder Musik hören. WLAN überall im Altbau, gemeinsame Abendessen und Stadtführungen werden außerdem angeboten.

Rossio Hostel, Calçada do Carmo 6, Baixa, Lisboa, Tel. 213 42 60 04, www.rossio hostel.com. Hübsche Zimmer mit wunderbarer Aussicht. Das mehrsprachige Personal gibt wertvolle Lissabon-Tipps.

Traveller's House, Rua Augusta 89, Baixa, Lisboa, Tel. 213 46 31 56, www.travellers house.com. Das 250 Jahre alte Gebäude in der Fußgängerzone ist beliebt bei jungen Gästen aus aller Welt.

Gästehäuser

As Janelas Verde, Rua das Janelas Verdes 47, Santos, Lisboa, Tel. 213 96 81 43, www.asjanelasverdes.com. Luxuröses Gästehaus in einem Stadtpalais aus dem 18. Jh. gleich neben dem Museu Nacional de Arte Antiga.

Casa de São Mamede, Rua da Escola Politécnica 159, Rato, Lisboa, Tel. 213 96 31 66, www.casadesaomamede.pt. Familiäre Unterkunft in einem Stadthaus (1758) gegenüber der Kirche São Mamede.

Solar do Castello, Rua das Cozinhas 2, Alfama, Lisboa, Tel. 218 80 60 50, www.solardocastelo.com. Der kleine Palast (18. Jh.) im Castelo São Jorge bietet stilvoll eingerichtete Zimmer und sehr guten Service.

Hotels

*****__Bairro Alto__, Praça Luís de Camões 2, Bairro Alto, Lisboa, Tel. 213 40 82 88, www.bairroaltohotel.com. Edel-elegant eingerichtetes Haus in Top-Lage. Ein Besuch der Hotelbar lohnt wegen des Tejo-Blicks von der Dachterrasse.

TOP TIPP *******Four Seasons Hotel Ritz**, Rua Rodrigo da Fonseca 88, Avenidas, Lisboa, Tel. 213 81 14 00, www.fourseasons.com/lisbon. Das 12-stöckige Hotel aus der Salazarzeit wurde mit viel Sinn für Denkmalschutz und Kunst exquisit eingerichtet. Direkt am Parque Eduardo VII bieten die Zimmer eine wunderbare Aussicht. Biokost und Biokosmetik ergänzen das Wohlfühlprogramm.

*******Lapa Palace**, Rua do Pau de Bandeira 4, Lapa, Lisboa, Tel. 213 94 94 94, www.olissippohotels.com. Mächtiger Palast in einem Garten mit Pool. Das Hotel beherbergte schon gekrönte Häupter.

TOP TIPP ******Avenida Liberdade**, Avenida da Liberdade 28, São José, Lisboa, Tel. 213 40 40 40, www.heritageavliberdade.com. Architekt Miguel Câncio Martins brachte frischen Wind in das alte Stadthaus an Lissabons Prachtboulevard. Das nette Personal sorgt für heimelige Atmosphäre, ebenso wie die altmodische Teetheke und die Bibliothek.

******Britânia**, Rua Rodrigues Sampaio 17, São José, Lisboa, Tel. 213 15 50 16, www.hotel-britania.com. Das 1944 im Art-déco-Stil von Architekt Cassiano Branco erbaute und einfühlsam restaurierte Hotel bietet modernsten Komfort.

******Jerónimos 8**, Rua dos Jerónimos 8, Belém, Lisboa, Tel. 213 60 09 00, www.jeronimos8.com. Puristisches Designerhotel beim Mosteiro dos Jerónimos.

******Lisboa Plaza**, Travessa Salitre 5, São José, Lisboa, Tel. 213 21 82 18, www.lisbonplazahotel.com. Familiengeführtes Haus, in dem die Idee von den charmanten Heritage-Boutiquehotels in aufgemöbelten Lissabonner Altbauten entstand.

******LX Boutique Hotel**, Rua do Alecrim 12, Chiado, Lisboa, Tel. 213 47 43 94, www.lxboutiquehotel.pt. Nahe am Cais do Sodré und daher verkehrsgünstig gelegenes Hotel mit charmanten Zimmern.

******Mundial,** Praça Martím Moniz 2, Mouraria, Lisboa, Tel. 218 84 20 00, www.hotel-mundial.pt. Verkehrsgünstig gelegener Hotelklotz mit schönen Zimmern und wunderbarer Dachterrasse im 9. Stock.

******York House**, Rua das Janelas Verdes 32, Lapa, Lisboa, Tel. 213 96 24 35, www.yorkhouselisboa.com. Ein schmuckes Kleinod mit idyllischem Garten und exzellentem Restaurant.

******Internacional**, Rua da Betesga 3, Baixa, Lisboa, www.internacional-design-hotel.com. Das gelungene Designerhotel spiegelt auf vier Stockwerken – Zen, Pop, Tribu und Urban – vier Kontinente.

*****Lisboa Tejo**, Rua Condes de Monsanto 2, Baixa, Lisboa, Tel. 218 86 61 82, www.lisboatejohotel.com. Zentral gelegenes, farbenfroh ausgestattetes Hotel zwischen Praça de Figueira und Praça Martím Moniz.

****Sete Colinas**, Avenida Almirante Reis 67, Anjos, Lisboa, Tel. 213 51 07 20, www.setecolinas.com.pt. Modernes Hotel mit freundlicher Atmosphäre und gutem Preis-Leistungs-Verhältnis direkt an der Metro-Station Anjos.

Residencial Florescente, Rua Portas de Santo Antão 99, Baixa, Lisboa, Tel. 213 42 66 09, www.residencialflorescente.com. Schlicht, aber freundlich eingerichtete Zimmer. Von hier lässt sich die Stadt bestens zu Fuß erkunden.

Verkehrsmittel

Öffentliche Verkehrsmittel

Ein modernes Chipsystem reguliert den Zugang zu den öffentlichen Verkehrsmitteln. Die wiederaufladbaren Chipkarten *Viva Viagem* oder *7 Colinas* zum Grundpreis von 0,50 € (gültig ein Jahr ab Entwertung) werden nach Bedarf aufgeladen: mit Einzeltickets (*Bilheta 1 zona*, gültig 60 Min. ab Entwertung) für 1,25 € oder mit einem Geldbetrag (*Zapping*) von 2 € bis 15 €, von dem automatisch der entsprechende, reduzierte Fahrpreis abgebucht wird. Empfehlenswert ist ein **24-Std.-Ticket** (*Bilheta 1 dia*) für 5 €. Mit der *Lisboa Card* [s. S. 125] ist die Nutzung der öffentlichen Verkehrsmittel frei.

Kaufen und Aufladen kann man die Chipkarten an Automaten in den Metro-Stationen und an Carris-Verkaufsstellen (z.B. Praça da Figueira, Cais do Sodrè) sowie an Kiosken (*Quiosquemob*).

Einzeltickets (*Tarifa de bordo*, gültig eine Stunde ab Entwertung) direkt lösen kann man in Bussen (1,75 € pro Fahrt), Straßenbahnen (2,85 € pro Fahrt), Standseilbahnen (3,50 € Hin- und Rückfahrt), Aufzug (5 € Hin- und Rückfahrt) – Kleingeld parat halten! – diese berechtigen jedoch nicht zum Umsteigen.

Metro

Zur Lissabonner U-Bahn Metropolitano de Lisboa gehören vier Linien, die tgl. von 6.30–1 Uhr verkehren.

Servicebüros, Metrostationen Marquês de Pombal, Alameda, Santa Apolónia, Tel. 213 50 01 15, www.metrolisboa.pt

Carris

Die Companhia de Carris de Ferro de Lisboa betreibt in Lissabon über 70 Bus-, 5 Straßenbahnlinien (*Eléctricos*, tgl. etwa 5–24 Uhr), 3 Standseilbahnen (*Ascensor*) und 1 Aufzug (*Elevador*, tgl. 9–21 Uhr). Nachtbusse (*Rede da Madrugada*, Nr. 201–210) verkehren zum Normaltarif.

Carris, Rua 1º de Maio, Lisboa, Tel. 213 61 30 00, www.carris.pt

Von der Praça Espanha (Metroanschluss) verkehren Busse in den Großraum Lissabon und die nähere Umgebung, z. B. die TST-Busse (Transportes Sul do Tejo, www.tsuldotejo.pt) auf die südliche Tejoseite.

Suburbano

Die Züge der **Linha Cascais** nach Cascais über Belém und Estoril fahren ab Estação Cais do Sodré, tgl. 5.30–1.30 Uhr.

Die Züge der **Linha Sintra** nach Sintra über Queluz fahren ab Estação Rossio, Mo–Fr 7–1.30, Sa/So 6–0.50 Uhr.

Einzelfahrten kosten 2,05 €.

Comboios de Portugal, Tel. 808 20 82 08 (innerhalb Portugals) Tel. 0035/707 20 12 80 (von außerhalb), www.cp.pt

Transtejo

Den Fährverkehr über den Tejo unterhält **Transtejo (TT)**, zwischen Cais do Sodré–Cacilhas (tgl. 6.30–23 Uhr), zwischen Terreiro de Paço–Barreiro (tgl. 5.45–2.30 Uhr), Belém–Trafaria (tgl. 6.30–22.30 Uhr). Die einfache Überfahrt kostet zwischen 1,15–2,25 €. Hier gilt die *Lisboa Card* nicht.

Rua da Cintura do Porto de Lisboa, Terminal Fluvial do Cais do Sodré, Lisboa, Tel. 210 42 24 00, www.transtejo.pt

Mietwagen

Die ADAC Autovermietung bietet Mitgliedern Mietwagen zu günstigen Konditionen. Buchungen in jeder ADAC Geschäftsstelle oder unter Tel. 018 05/31 81 81 (0,14 €/Anruf). Büros der großen Autovermieter (*Automóveis de aluguer*) befinden sich am Flughafen.

Taxi

Taxistände gibt es am Flughafen, an den Bahnhöfen sowie vor großen Hotels und Sehenswürdigkeiten. Bei Stadtfahrten gilt der Preis des Taxameters. Taxifahren ist in Lissabon nocht relativ günstig. Eine Fahrt vom Flughafen ins Zentrum kostet etwa 15 €.

Sprachführer
Portugiesisch für die Reise

Das Wichtigste in Kürze

Ja/Nein	*Sim/Não*
Bitte/Danke	*Por favor/ Obrigado*
Entschuldigung!	*Desculpe!*
Wie bitte?	*Como?*
Ich verstehe Sie nicht.	*Eu não compreendo.*
Können Sie mir helfen?	*Poderia ajudar-me?*
Das gefällt mir (nicht).	*(Não) gosto disso.*
Haben Sie …?	*Tem …?*
Wie viel kostet das?	*Quanto custa (é) isso?*
Kann ich mit Kreditkarte bezahlen?	*Posso pagar com cartão de crédito?*
Hallo!/Wie geht's?	*Olá!/Como vai!*
Auf Wiedersehen/Tschüs!	*Adeus!*
Bis bald!	*Até logo!*
Wie ist Ihr Name?	*Como é o seu nome?*
Mein Name ist …	*O meu nome é …*
Ich bin Deutsche(r)	*Sou alemão/alemã.*
Ich komme aus Deutschland.	*Venho da Alemanha.*

Wochentage

Montag	*segunda-feira*
Dienstag	*terça-feira*
Mittwoch	*quarta-feira*
Donnerstag	*quinta-feira*
Freitag	*sexta-feira*
Samstag	*sábado*
Sonntag	*domingo*

Zahlen

0	*zero*	20	*vinte*
1	*um, uma*	21	*vinte e um(a)*
2	*dois, duas*	22	*vinte e dois (duas)*
3	*três*	30	*trinta*
4	*quatro*	40	*quarenta*
5	*cinco*	50	*cinquenta*
6	*seis*	60	*sessenta*
7	*sete*	70	*setenta*
8	*oito*	80	*oitenta*
9	*nove*	90	*noventa*
10	*dez*	100	*cem*
11	*onze*	101	*cento e um(a)*
12	*doze*	200	*duzentos*
13	*treze*	1 000	*mil*
14	*catorze*	2 000	*dois mil*
15	*quinze*	10 000	*dez mil*
16	*dezasseis*	1 000 000	*um milhão*
17	*dezassete*	¼	*um quarto*
18	*dezoito*	½	*meio, meia*
19	*dezanove*		

Monate

Januar	*Janeiro*
Februar	*Fevereiro*
März	*Março*
April	*Abril*
Mai	*Maio*
Juni	*Junho*
Juli	*Julho*
August	*Agosto*
September	*Setembro*
Oktober	*Outubro*
November	*Novembro*
Dezember	*Dezembro*

Maße

Kilometer	*quilómetro(s)*
Meter	*metro(s)*
Zentimeter	*centímetro(s)*
Kilogramm	*quilo(s)*
Pfund	*libra(s)*
Gramm	*grama(s)*
Liter	*litro(s)*

Unterwegs

Nord/Süd/West/Ost	*Norte/Sul/Oeste/Este*
oben/unten	*em cima/em baixo*
geöffnet/geschlossen	*aberto/fechado*
geradeaus	*a direito*
links/rechts	*à esquerda/à direita*
zurück	*para trás*
nah/weit	*perto/longe*
Wie weit ist das?	*Qual é a distância?*
Ist das die Straße nach …?	*Esta é a rua/estrada que vai dar a …?*
Wo ist …	*Onde é (fica) …*
der Bahnhof/	*a estação de camiho de ferro/*
der Busbahnhof/	*a estação rodoviária/*
der Fährhafen/	*a estação fluvial/*
der Flughafen?	*o aeroporto?*
Gilt dieser Preis für Hin- und Rückfahrt?	*Este preço corresponde a ida e volta?*
Wo ist die Toilette?	*Onde é o toilet?*
Wo ist die (der) nächste	*Onde é …*
Polizeidienststelle/	*o posto de polícia/*
Geldautomat?	*a caixa automatica mais próximo*
Wo ist …	*Onde é …*
eine Bäckerei/	*uma padaria /*
ein Kaufhaus/	*um armazém/*
ein Supermarkt	*um supermercado/*
ein Markt?	*o mercado/a feira?*

Tankstelle

Wo ist die nächste Tankstelle?	*Onde é o próximo posto de gasolina*
Ich möchte … Liter … Super/ Diesel/ bleifrei.	*Quero … litros de … gasolina super/ gasóleo/ gasolina sem chumbo.*

Krankheit und Notfälle

Können Sie mir einen guten Deutsch sprechenden Arzt/ Zahnarzt empfehlen?	*Poderia me recomendar-me bom médico/dentista que fale alemão?*
Wo ist die nächste Apotheke?	*Onde é a farmácia mais próxima?*
Hilfe!	*Socorro!*
Achtung!/Vorsicht!	*Atenção!/Cuidado!*
Rufen Sie bitte … einen Krankenwagen/ die Polizei/ die Feuerwehr.	*Por favor chame … uma ambulância/ a polícia/ os bombeiros.*
Geben Sie mir bitte Ihren Namen und Ihre Adresse.	*Por favor dê-me o seu nome e a sua marado.*
Ich möchte eine Anzeige erstatten.	*Quero apresentar uma queixa.*
Man hat mir … mein Geld/ meine Papiere gestohlen.	*Roubaram … o meu dinheiro/ os meus documentos.*
Ich habe eine Panne.	*Tenho uma avaria.*
Können Sie mir einen Abschleppwagen schicken?	*Pode mandar um veículo pronto-socorro?*

Hotel

Können Sie mir ein Hotel/eine Pension empfehlen?	*Poderia recomendar-me um hotel/ uma pensão?*
Ich habe hier ein Zimmer reserviert.	*Reservei um quarto aqui.*
Wie lange gibt es Frühstück?	*Até que horas servem o pequeno-almoço?*
Haben Sie ein Fax/ Internet?	*Tem … um fax/ Internet?*
Ich reise heute Abend/ morgen früh ab.	*Vou partir hoje à tarde/ amanhã de manhã.*

Restaurant

Wo gibt es ein gutes/günstiges Restaurant?	*Onde encontro um restaurante bom/ barato?*
Die Speisekarte/ Getränkekarte, bitte.	*A ementa/a carta (lista) de bebidas, por favor.*
Welches Gericht empfehlen Sie?	*Que prato recomenda?*
Haben Sie typische Gerichte der Region?	*Tem pratos típicos da região?*
Haben Sie vegetarische Gerichte?	*Tem comida vegetariana?*
Die Rechnung, bitte!	*A conta, por favor!*

Essen und Trinken

Abendessen	*jantar*
Apfelsine	*laranja*
Aubergine	*beringela*
Bier	*cerveja*
Brot/Brötchen	*pão/pãozinho*
Butter	*manteiga*
Espresso	*café/bica*
Fisch	*peixe*
Fleisch	*carne*
Frühstück	*pequeno-almoço*
Gemüse	*legumes*
Hühnchen	*frango*
Kartoffel	*batata*
Käse	*queijo*
Meeresfrüchte	*mariscos*
Milch	*leite*
Milchkaffee	*galão*
Mineralwasser	*água mineral*
Mittagessen	*almoço*
Stockfisch/Kabeljau	*bacalhau*
Suppe	*sopa*
Wein (Weiß-/Rot-/Rosé-)	*vinho … (branco/tinto/ rosé)*

Hinweise zur Aussprache

Im Portugiesischen werden Vokale vor Konsonanten meist nasaliert. Bei Doppellauten werden immer beide Vokale gesprochen, wobei der erste stärker betont wird (meu pai = *méu pái*, mein Vater). Die Betonung liegt meist auf der vorletzten Silbe, ansonsten liegt sie auf dem Akzent.

ã, õ	wie ›ang, ong‹, Bsp.: S**ão**
c	vor ›e, i‹ wie scharfes ›s‹, Bsp.: **c**erveja vor ›a, o‹ wie ›k‹, Bsp.: fa**c**a
ch	wie ›sch‹, Bsp.: du**ch**e
ç	wie scharfes ›s‹, Bsp.: pre**ç**o
ção	wie ›saong‹, Bsp.: esta**ção**
é	wie lang gezogenes ›äh‹, Bsp.: cr**é**dito
g	vor ›a, o,u‹ wie ›g‹, Bsp.: **g**asolina vor ›e, i‹ wie weiches ›g‹ (Ra**g**e), Bsp.: lon**g**e
h	am Wortanfang stumm
j	wie weiches ›g‹ (Ra**g**e), Bsp.: ho**j**e
nh	wie lang gezogenes ›nj‹, Bsp.: di**nh**eiro
o	am Wortende als kurzes ›u‹, Bsp.: zer**o**
qu	vor ›e, i‹ wie ›k‹, Bsp.: **qu**ero, **qu**ilo vor ›a, o‹ wie ›kw‹, Bsp.: **qu**arto
x	wie ›sch‹, Bsp.: quei**x**a
z	wie ›sch‹ am Wortende, Bsp.: fa**z** favor sonst wie ›s‹, Bsp.: on**z**e

Register

A

Afonso I., König 12, 35, 36, 39, 44, 49, 51, 80
Afonso V., König 28, 95, 110
Albuquerque, Afonso de 34, 47, 112
Alcaçova 39, 40
Alfama 25, 32–43, 103
Almada 19, 115
American Bridge Company 102
Angreja, Marquês de 82
Antonius von Padua 36, 37, 38
Aqueduto das Águas Livres 66, 90, 99
Arco Triunfal 19, 22
Armazéns do Chiado 51
Armazéns Grandella 50
Arraiais Populares 38
Ascensor da Bica 68
Ascensor da Glória 64, 71
Ascensor do Lavra 71, 72
Assembleia da República 97
Avenida da Liberdade 49, 70, 71–72, 73
Avenida de Roma 76
Aviz-Dynastie 13, 104, 106
Azulejos 62, 63, 67, 73, 77, 78, 79, 80, 81, 84, 85, 86, 87, 117, 120, 121, 122, 123

B

Bairro Alto 43, 62–69, 71
Baixa 18–31, 50, 62, 72
Baixa Pombalina 18, 30
Basílica da Estrela 37, 48, 90–91
Basílica dos Mártires 51
Batoni, Pompeo 91
Belém 24, 104–113
Benfica Lissabon 78, 79, 83
Bica 38, 62–69
Bragança-Dynastie 14, 46
Braga, Teófilo 23, 47

C

Cabo da Roca 114, 123
Cabral, Pedro Alvares 47
Cacilhas 69
Caetano, Marcello 15, 58
Café A Brasiliera 50, 53
Café Luso 43
Café Nicola 27
Cais das Colonas 19, 21
Cais do Ginjal 103
Cais do Sodré 69
Calatrava, Santiago 88
Camões, Luís Vaz de 13, 23, 47, 50, 54, 55, 105
Campo Pequeno 75–76
Capela de São João Baptista 50
Caracol da Graça 48
Carlos I., König 22, 46
Carmo 50–61
Casa dos Bicos 34–35
Casa Fernando Pessoa 92
Casa Malhoa 76
Casa-Museu de Amália Rodrigues 97–98
Casa-Museu Dr. Anastácio Gonçalves 76–77
Casa-Museu Fundaçao Medeiros e Almeida 72–73
Cascais 69, 114, 116–118
Casino Estoril 116
Casino Lisboa 88
Castelo de São Jorge 26, 32, 37–40, 48, 103
Castelo dos Mouros 122
Castelo São Jorge 63
Castilho, João de 105
Castro, Joaquim Machado de 22, 36, 45, 48, 51, 91
Cemitério dos Prazeres 90, 93–94, 103, 106
Centro Cultural Belém (CCB) 104, 107–108
Centro Cultural Culturgest 76
Centro de Arte Moderna 70, 74–75
Cerca Velha 41
Chagas 18
Chermayeff, Peter 89
Chiado 15, 50–61, 103
Coliseu dos Recreios 31
Convento da Madre de Deus 84, 85
Convento do Carmo 24
Convento dos Cardaes 62, 67
Costa da Caparica 114, 115
Costa, Manuel de Oliveira Gomes da 15, 58
Cristo Rei 48, 96, 100, 102

D

Dias, Bartolomeu 13
Dinis I., König 12, 18, 121, 122
Doca de Alcântara 96, 100, 101
Doca de Santo Amaro 100, 101

E

Eléctrico 12 103
Eléctrico 28 33, 44, 103
Elevador de Santa Justa 18, 26
Erdbeben von Lissabon 14, 24
Ermida da Nossa Senhora da Saúde 49
Ermida de Nossa Senhora do Monte 48
Estação do Rossio 19, 28
Estação Fluvial 21
Estádio da Luz 83
Estádio de Alvalade 83
Estado Novo 15, 58
Estoril 69, 114, 115
Eusébio 83
EXPO 1998 15, 84

F

Fado 43, 44, 49
Feira da Ladra 46
Feira International de Lisboa 89
Fernando II., König 46, 95, 121, 122, 123
Fernando I., König 12, 13
Fundação José Saramago 35

G

Galeria dos Reis 78, 80
Gama, Vasco da 13, 22, 24, 47, 54, 101, 105, 110
Gare do Oriente 15, 28, 84, 88
Gonçalves, Dr. José Anastácio 76, 77
Gonçalves, Nuno 95
Gonçalves Zarco, João 110
Graça 44–49, 103
Grandes Armazéns 50
Gulbenkian, Calouste Sarkis 74, 76

H

Heinrich der Seefahrer 13, 47, 110

I

Igreja da Conceição Velha 33
Igreja da Graça 44, 47–48
Igreja de Fátima 70, 75
Igreja de Santa Cruz 39, 40
Igreja de Santa Engraçia 46
Igreja de Santa Luzia 41
Igreja de Santa Maria de Belém 105
Igreja de Santo António 32, 36–37
Igreja de São Domingos 29
Igreja de São Miguel 32, 42
Igreja de São Roque 48, 50, 59–61
Igreja do Carmo 26, 50, 57
Igreja Nossa Senhora da Encarnaçao 54
Igreja Nossa Senhora das Necessidades 94
Igreja Nossa Senhora do Loreto 54, 55

J

Jardim Botânico 62, 66
Jardim Botânico da Ajuda 113
Jardim da Estrela 91
Jardim do Torel 71, 72
Jardins d'Água 84, 88
Jesuiten 13, 14, 59, 60, 61, 96
João III., König 13, 106
João I., König 121
João IV., König 14, 46
João VI., König 73, 80, 113
João V., König 29, 30, 85, 94, 98, 99
José I., König 18, 22, 30, 31, 61, 113

K

Kalifat von Córdoba 12
Keil, Maria 77, 86, 87
Kreuzfahrtterminal 100

L

Largo da Graça 48
Largo das Portas do Sol 41, 42
Largo de São Domingos 28
Largo do Carmo 26, 57
Largo do Chiado 50, 51, 53–54
Largo São Domingos 29
Largo Trindade Coelho 59

Linha Cascais 69, 114
Linha Sintra 114, 118, 120
Loyola, Ignatius von 60, 61
Ludovice, João Frederico 29
Luís Filipe, Kronprinz 22, 46
Luís I., König 113
Lusitanier 12

M

Mãe d'Água 98–99
Malhoa, José 76, 77
Manuel II., König 23
Manuel I., König 13, 18, 21, 34, 37, 39, 59, 104, 105, 106, 108, 109, 110, 121, 122
Manuelinik 104, 106, 108, 123
Mardel, Carlos 30, 99
Maria II., Königin 95
Maria I., Königin 31, 57, 90, 91
Mauren 12, 35, 121, 122
Mercado da Ribeira Nova 68–69
Metro-Kunst 77
Miradouro da Graça 47–48
Miradouro de Nossa Senhora do Monte 48
Miradouro de Santa Catarina 63, 67
Miradouro de Santa Luzia 41
Miradouro de São Pedro de Alcântara 62, 63, 71
Monsanto 78
Montijo 69
Mosteiro de São Vicente de Fora 44–46
Mosteiro dos Jéronimos 24, 104–107, 110
Mouraria 38, 43, 44
Museu Antoniano 37
Museu Arqueológico 50
Museu Arqueológico do Carmo 57–59
Museu Calouste Gulbenkian 70, 74–75
Museu Colecção Berardo 104, 108
Museu da Carris 103
Museu da Cidade 25, 78, 80–81
Museu da Electricidade 104, 111–112
Museu da Farmacia 63, 67–68
Museu da Marinha 104, 107
Museu da Marioneta 96–97
Museu da Presidência da República 112–113
Museu das Artes Decorativas 41
Museu de Arte Sacra 59, 61
Museu de Ciênca 66
Museu de Macau 101–102
Museu de São Roque 59–61
Museu do Chiado 56–57
Museu do Design e da Moda (MUDE) 23–25
Museu do Fado 33, 42–43
Museu do Oriente 100–101
Museu Dr. Anastácio Gonçalves 70
Museu Fundaçao Arpad Szenes - Vieira da Silva 90, 98
Museu Nacional de Arqueologia 104, 106
Museu Nacional de Arte Antiga 56, 74, 90, 95–96
Museu Nacional de História Natural 66
Museu Nacional do Azulejo 67, 84, 85–86, 87
Museu Nacional dos Coches 104, 112–113
Museu Nacional do Teatro 78, 83
Museu Nacional do Traje 78, 83
Museu Rafael Bordalo Pinheiro 78, 82
Museu Teatro Romano 37

N

Nachtleben 62, 64
Nossa Senhora da Conceição dos Cardaes 67
Núcleo Arqueológico – Fundação Millenium bcp 25–26

O

Oceanário de Lisboa 84, 89
Oliveira, Mateus Vicente de 37, 90
Onofriana, Maria Severa 49

P

Padrão dos Descobrimentos 104, 110–111
Painéis de São Vicente 95
Palácio da Ajuda 21
Palácio da Independência 28, 29
Palácio das Necessidades 21, 90, 94–95
Palácio de São Bento 14, 90, 97
Palácio do Loreto 53
Palácio dos Marqueses de Fronteira 78, 79–80, 87
Palácio Estoril 116
Palácio Foz 70
Palácio Nacional da Ajuda 104, 113
Palácio Nacional da Pena 114, 121, 122
Palácio Nacional de Ajuda 24
Palácio Nacional de Belém 112
Palácio Nacional de Queluz 37, 114, 118–120
Palácio Nacional de Sintra 114, 121
Palácio Pimenta 78, 80
Panteão da Casa de Bragança 46
Panteão Nacional 46–47, 98
Parque das Nações 84, 88–89
Parque do Monteiro-Mor 78, 82–83
Parque Eduardo VII. 70, 73
Parque Mayér 66, 72
Parreirinha de Alfama 43
Pasteis de Belém 104, 111
Pasteleria Suiça 27
Pavilhão Atlântico 89
Pavilhão Chinês 62, 64–65
Pavilhão de Portugal 89
Pavilhão do Conhecimento - Ciênca Viva 89
Pedro II., König 79
Pedro I., Kaiser von Brasilien 14, 27
Pedro IV., König 46
Pessoa, Fernando 53, 56, 92, 106
Philipp II., König von Spanien 13, 45, 113
PIDE 15, 58
Pinheiro, Columbano Bordalo 56, 71, 77
Pinheiro, Rafael Bordalo 56, 78, 82
Pombal, Marquês de 14, 18, 22, 26, 30, 69, 72, 73, 87, 95
Ponte 25 de Abril 15, 48, 67, 95, 99, 100, 102
Ponte Vasco da Gama 15, 84, 89
Portucale, Grafschaft 12
Praça da Figueira 27, 103
Praça do Comércio 18, 19, 21–22, 30, 36, 41
Praça do Império 104, 111
Praça Dom Pedro IV. 18, 26–28
Praça do Municipio 22–23, 30
Praça do Príncipe Real 62, 65–66
Praça dos Restauradores 64, 70–71
Praça Luís de Camões 50, 55
Praça Marquês de Pombal 70, 71, 72
Praça Martim Moniz 44, 49, 103
Praça Príncipe Real 64

Q

Queluz 114

R

Rato 98
Reconquista 39, 40
Rego, Paula 56, 80, 117, 118
Reservatório Patriarcal 66
Robillon, Jean-Baptiste 119
Rodrigues, Amália 43, 47, 97
Rossio 18, 19, 26–28, 30, 114
Rua Augusta 19, 22, 23
Rua da Alfândega 21
Rua da Graça 48
Rua D. Almada 29
Rua da Misericordia 53
Rua da Rosa 62
Rua das Portas de Santo Antão 19, 28, 29–31
Rua de São Paulo 68
Rua do Arsenal 21, 22
Rua do Norte 62
Rua Garrett 50, 50–53, 51

S

Salazar, António de Oliveira 15, 26, 35, 40, 49, 50, 58, 70, 110
Santa Catarina 63
Sant'Ana 18, 72
Santos, Reinaldo Manuel dos 99
São Roque 63, 64, 72
Saramago, José 35
Seixal 69
Sé Patriarcal 32, 35–36
Serra da Sintra 123
Silva, Maria Helena Vieira da 98
Sintra 28, 98, 114, 120–123
Sporting Lissabon 78, 83
Stierkampf 75
Szenes, Arpad 98

T

Tapada das Necessidades 94–95
Tasca do Chico 43
Teatro Eden 70
Teatro Maria Vitória 72
Teatro Nacional de São Carlos 50, 55–56
Teatro Nacional Dona Maria II. 28
Teatro Romano 32
Tejo 18–31
Teleférico 84, 88
Terreiro do Paço 18
Tesouro da Sé 36
Torre de Belém 88, 104, 109, 110
Torre do Tombo 39
Torre Vasco da Gama 84, 88

Impressum

Chefredakteur: Dr. Hans-Joachim Völse
Textchefin: Dr. Dagmar Walden
Chef vom Dienst: Bernhard Scheller
Lektorat: Dr. Dagmar Walden, Thomas Paulsen
Bildredaktion: Astrid Rohmfeld
Aktualisierung: Renate Nöldeke
Klappenkarten: ADAC e.V. Kartografie/KAR
Karten Innenteil: Computerkartographie Carrle
Layout: Martina Baur
Herstellung: Barbara Thoma
Druck, Bindung: Rasch Druckerei und Verlag

Printed in Germany

Ansprechpartner für den Anzeigenverkauf:
Kommunalverlag GmbH & Co KG,
MediaCenterMünchen, Tel. 089/92 80 96-44

ISBN 978-3-86207-015-2

Neu bearbeitete Auflage 2012

Bildnachweis

Umschlag-Vorderseite:
Musealer Schienenverkehr auf Lissabons Straßen
Foto: Laif/Tobias Gerber

Alimdi: 29 (Webandpicture) – **Andia**: 49 (Rascao) – **Anzenberger Agency**: 97 (Fausto Giaccone) – **Artur images**: 102, 107.2 (Axel Hartmann) – **Bildagentur Huber**: 2.2 (Wh.), 4.2 (Wh.), 7.1, 57 (Kaos03), 3/1 (Wh.), 7.2 (Gräfenhain), 27.2 (Howard Michael), 39 (Paolo Giocoso) – **Bilderberg**: 51.2 (Wolfgang Kunz), 81.2 (Felipe J. Alcoceba), 89 (Georg Knoll), 120/121 (Lubenow) – **Bridgeman Art**: 12 – **Casa Museu Fundaçao Medeiros e Almeida**: 72 – **Casas das Historias Paula Rego**: 117.2 – **Dpa Picture Alliance**: 15.1 (Jarland), 15.2 (epa Lusa Inaciio Rosa), 22 (Lou Avers), 24 (akg-images), 38 (epa Lusa Mario Cruz), 83 (epa Lusa Andre Kosters), 99 (Jerzy Dabrowski), 124.3 (Lou Avers) – **F1 Online**: 2.3 (Wh.), 73 (Prisma) – **Fotolia**: U4.1 (Mihai-Bogdan Lazar) – **Images.de**: 2.4 (Wh.), 11.3, 45.2, 56, 66, 96 (2), 108 (Lonely Planet Images/Greg Elms), 34 (Wolfgang Kunz), 69.2 (Lonely Planet Images/Anders Blomqvist), 71 (Lonely Planet Images/Adina Tovy Amsel), 75, 87 (Lonely Planet Images/Brent Winebrenner) – **Inter Topics**: 67 – **Siegfried Kuttig**: 122 – **Helga Lade Fotoagentur**: 91 (Ott) – **Laif**: 3.3 (Wh.), 6, 36, 45 oben, 55, 105 (hemis.fr/Maurizio Borgese), 4.1 (Wh.), 4.3 (Wh.), 5.3 (Wh.), 9.1, 11.2, 21, 27.1, 28.1, 48, 103, 106, 111, 124.1 (Miquel Gonzalez), 5.1 (Wh.) 64, 124.2 (Malte Jaeger), 9.2, 68, 107.1 (Russe/Le Figaro Magazine), 9.3, 85 (hemis), 43 (Kristensen), 74, 112, 119.2 (hemis.fr/Jean-Baptiste Rabouan), 76 (hemis.fr/Bruno Perousse), 123 (hemis.fr/Philippe Body), 124.4 (Joerg Modrow) – **Look**: 8, 79 (Saga Photo/Stephane Gautier), 19 (travelstock44), 51.1, 53, 124.5 (age fotostock), 11.4, 93, 109 (Wh.), 119.1 (Thomas Peter Widmann) – **Mauritius images**: 28.2, 46, 81.1, 92, 117.1 (age), 82.1 (Wojtek Buss), 115 (World Pictures) – **Museu de Artes Decorativas Portuguesas**: 40 (FRESS) – **Museu do Design e da Moda (MUDE)**: 3.4 (Wh.), 11.1, 23 – **Museu do Fado**: 42 – **Museu do Oriente**: 101 – **Museu Nacional de Arte Antiga**: 5.2 (Wh.), 95 – **Museu Rafael Bordalo Pinheiro**: 82.2 (Grupo Visabeira) – **Santa Casa da Misericórdia de Lisboa/Museu de São Roque**: 61 (Júlio Marques) – **Schapowalow Bildagentur**: 2.1 (Wh.), 40, 88 (Atlantide), 16 (Huber), 47, 94 (Robert Harding), 65 (Krieg) – **Shutterstock**: U4.2 (kps 1664) – **Ullstein Bild**: 10 (Ilona Studre), 11.2 (Giribas), 14, 54 (Granger Collection), 30 (Roger Viollet), 31 (Archiv Gerstenberg), 33, 110 (imagebroker.net), 58 (AP), 118 (Lebrecht Music & Arts Photo Library) – **Visum**: 3.2 (Wh.), 13, 26 (Nicolas van Ryk), 63 (Björn Göttlicher) – **Ernst Wbra**: 69.1

Ein Tag in Lissabon

Zunächst sollte man vom Tejo durch die **Baixa** zum **Rossio** flanieren. Nach einer Pause in den Traditionscafés Nicola oder Suiça, fährt man mit der legendären Tram **Eléctrico 28** durch die steilen Gassen der Altstadtviertel Mouraria, Graça und Alfama bis zum zauberhaften Aussichtspunkt **Miradouro de Santa Luzia**. Von hier folgt man den Wegweisern zum **Castelo de São Jorge**. Die Burg bietet den besten Überblick über die Stadt.

Hügelabwärts geht es zur Kathedrale **Sé Patriarcal**, und mit der Tram 28 erneut bergan zur Praça Luis de Camões. Von dort bummelt man die Rua Garrett in die Baixa hinunter, um gleich wieder mit dem Aufzug **Elevador de Santa Justa** zum Carmo hinaufzufahren. Oben lohnt die prachtvolle **Igreja de São Roque** samt Museum einen Besuch.

Anschließend genießt man die Aussicht vom **Miradouro de São Pedro de Alcântara** und lässt den Tag dann im **Bairro Alto** im Restaurant, bei einem Fado-Abend oder einer Clubnacht ausklingen.

Ein Wochenende in Lissabon

Freitag: Nach der Ankunft in Lissabon sollte man zum **Castelo São Jorge** aufsteigen und sich eine Übersicht über die Stadt, ihre Lage am Tejo und anhand der hiesigen Ausstellung über deren Geschichte verschaffen.

Auf dem Weg durch **Alfama** und **Baixa**, besucht man dann die Kathedrale **Sé Patriarcal** und schlendert über die Praça do Comércio zum Cais do Sodré. Von dort nimmt man die Fähre nach **Cacilhas**, spaziert am Kai längs zum Ponte Final, um beim Abendessen den Blick auf Lissabon im Lichterglanz zu genießen. Später kann man sich ins Nachtleben an den Docas zwischen Santa Apolónia und Alcântara oder an der Avenida 24 de Julho stürzen.

Samstag: Nach dem Frühstück in einem der Traditionscafés am **Rossio** – Nicola oder Suiça –, folgt ein Einkaufsbummel in der **Rua Augusta**. Dann fährt man mit dem Aufzug **Elevador de Santa Justa** zum **Carmo** hinauf, um in der mit schönen Azulejos geschmückten Cervejeria Trinidade zu Mittag zu essen. Nachmittags bewundert man die sakralen Schätze der **Igreja de São Roque** und ihres Museums und genießt die Aussicht vom nahen **Miradouro de São Pedro de Alcântara**. Ein Tee oder Drink im Pavilhão Chinês und ein Essen im Pap'Açorda stimmen auf den Abend im **Bairro Alto** ein. Entweder unterhält man sich in den Bars oder man lauscht im Café Luso den melancholischen Gesängen einer Fadista.

Sonntag: Eine Fahrt nach **Belém** muss sein – nach einem Zwischenstopp im **Museu Nacional de Arte Antiga** mit Meisterwerken von Bosch, Dürer und Cranach. In Belém selbst stärkt man sich mit ofenfrischen Pasteis für den Besuch des **Mosteiro dos Jéronimos** mit seinem weltberühmten Kreuzgang. Anschließend geht es an den Tejo – zum **Torre de Belém** und zum Entdeckerdenkmal **Padrão dos Descobrimentos**. Beim Spaziergang an der Uferpromenade genießt man noch einmal das maritime Flair der Hafenstadt Lissabon.